“十二五”职业教育国家规划立项教材

创新电子商务系列教材

电子支付与网络银行

主　编◇蔡　红

副主编◇孙天慧　刘　凯

编　者◇张　璐　杜作阳

华东师范大学出版社

图书在版编目(CIP)数据

电子支付与网络银行/蔡红主编. —上海:华东师范大学出版社,2014.9
ISBN 978-7-5675-2560-3

Ⅰ.①电… Ⅱ.①蔡… Ⅲ.①电子商务—银行业务—高等职业教育—教材 Ⅳ.①F830.49

中国版本图书馆CIP数据核字(2014)第219926号

电子支付与网络银行

主　　编　蔡　红
责任编辑　孔　凡
审读编辑　丁　倩
责任校对　时东明
装帧设计　卢晓红

出版发行　华东师范大学出版社
社　　址　上海市中山北路3663号　邮编200062
网　　址　www.ecnupress.com.cn
电　　话　021-60821666　行政传真021-62572105
客服电话　021-62865537　门市(邮购)电话021-62869887
地　　址　上海市中山北路3663号华东师范大学校内先锋路口
网　　店　http://hdsdcbs.tmall.com

印 刷 者　常熟市文化印刷有限公司
开　　本　787×1092　16开
印　　张　15.25
字　　数　317千字
版　　次　2015年1月第1版
印　　次　2019年6月第4次
书　　号　ISBN 978-7-5675-2560-3/F·306
定　　价　33.00元

出 版 人　王　焰

创新电子商务系列教材
编 委 会

总序

沈丹阳

诺贝尔经济学奖的保罗·萨缪尔森曾预言说，电子商务模式将会彻底改变经济生态、商业生态。他的预言正在全世界范围内逐渐变成事实。如今，互联网金融、大数据时代、移动电子商务、跨境电商、传统企业触网等热潮，正推动着电商产业走到中国经济的舞台中央。

近几年，从事电子商务行业的人数正在迅猛增长，但人才培养与市场需要之间的鸿沟在扩大，电子商务专业的教学面临着极大的挑战和极好的机遇。电子商务实践需要科学的理论的指导，因此，构建一个既源于电子商务实践又经得起电子商务实践检验的科学的课程体系与理论，是电子商务专业教师和实践者的共同追求。华东师范大学出版社组织出版的这套以职业为导向的电子商务教材是在为我国的电子商务教材建设添砖加瓦，特别可贵的是他们的探索和创新。

我国电子商务的蓬勃发展，主要源于经济快速发展的肥沃土壤，离开了这片土壤，理论的鲜活性和普适性就会受到不同的影响。这套教材立足于实践和企业真实案例，充分阐释了“实践之树常青”的涵义。

但是，电子商务是个可能每分钟都在发生变化的行业，而且带有高科技的光环，这决定了它对从业者的要求是多重的：创新能力、技术性思维、快节奏的反应等。另外，电子商务学科处于快速发展中且与多个学科交叉，这个专业非常需要教师和学习者有开放的心态、创新意识和快速学习的能力。电子商务专业需要复合型人才，需要培养既要懂得技术，又要具备专业的产品知识，同时还具有商务洞察能力的专业人才。这套教材在这方面也作出许多努力，在案例讲授、问题讨论、情境体验等方面颇有创新。

值得一提的是，教材十分注重师生互动尤其是学生间的互动实践，这会成为未来电子商务教学的重要趋势。我相信电子商务专业的进步将会带来我国电子商务行业发展的更加美好的明天。

2014 年 12 月

前言

二十世纪后叶，经济全球化、信息技术进步与金融创新三大潮流给全球金融业带来了深刻的变革，建立一个高效而合法的电子支付体系，对于一个国家金融体系的健康发展乃至经济发展至关重要。电子支付原来是一个鲜为人知的领域，以前都是在银行的专网之下运作，其运作方式很难为普通人所了解。但是随着互联网的发展，电子支付的领域逐渐扩大，从银行内部专网的电子支付逐渐发展到以互联网为平台的网上支付。

2005 年 4 月 1 日，《中华人民共和国电子签名法》正式实施，标志着 2005 年是我国的“安全支付年”，也预示着电子支付领域从此将经历一场史无前例的变革。同年，首先是阿里巴巴集团联合中国工商银行、建设银行等国内多家金融机构花费 3000 万美元巨资开发了淘宝网，共同打造“支付宝”网上电子支付交易服务工具。然后是从事多元化电子支付应用及服务的提供商通融通公司也进军国内电子支付领域，推出 YeePay 电子支付平台。再者是云网正式推出企业级在线支付系统支付@网。伴随着电子商务的快速发展，网络支付平台如雨后春笋般飞速发展，如财付通、快钱等，纷纷占领电子支付市场。电子支付逐渐成为人们关注的热点。到目前为止，我国提供网上第三方支付服务的机构据估计已不下几十家。据 2013 年统计，中国银行业网上银行交易总额达 1066.97 万亿元人民币，同比增长 21.79%，并预计未来几年仍将呈现稳定增长趋势，将进一步推动我国电子支付事业的健康发展。

电子支付的快速发展对商业银行传统的经营思想、经营理念产生冲击，对中央银行也提出了许多新的需要研究的课题。而电子货币的出现更是向现代金融理论提出了挑战。网络银行以其突破时空的优势，成为现代银行竞争的焦点之一。随着网络经济的快速发展，电子支付与网络银行的理论和实践也发展得极为迅速，相关知识和操作技能更新极快，现有的教材更注重学科知识体系的传统模式，已不能完全满足强化技能技术型的高职教学要求。由此，针对目前对高职电子商务专业内涵建设的改革需求，华东师范大学出版社与编者产生了共鸣，在出版社的精心组织下，几所兄弟院校具有丰富教学经验的一线专业教师进行了深入探讨与交流，与部分银行专职人员进行了电子支付应用的现状分析与研究，最终构成了本教材的特色，也形成了具有高职教育特征的项目任务式的框架和教学内容。本教材具有如下特色：

1. 框架上：打破了传统教材的章节目录编排，用项目引领、任务驱动的理念组织教学架构，每个项目都有案例导入，引出教学问题，用任务驱动式的教学模式来组织教学内容，充分体现高职教学以能力为本的特色。

2. 内容上：每个任务的设计在以能力为主的同时，都融入了理论知识的教学，尽量做到体现“教、学、做”理论实践一体化的教学模式。且在教材相关知识点处提供与时俱进的“应用拓展”、“应用实例”或“小资料”等，促使学生开拓视野，掌握最新动态。

3. 实践上：每个教学任务都设计了仿真模拟的案例，尽量结合目前电子支付的真实案例，教学任务后还设计了提高技能的实训题和拓展题。

本教材共分八大项目，每个项目的主要内容介绍如下：

项目一：电子支付。主要介绍电子支付的定义、特点、分类等相关基础知识，帮助学生认识电子支付，构建基础知识体系。

项目二：电子支付工具。重点介绍电子现金、电子信用卡、电子钱包、电子支票等电子支付主要的工具以及目前出现的创新型工具，使学生掌握电子支付工具的应用流程。

项目三：网络银行。从网络银行的概念、网络银行与传统银行的区别等角度出发，重点介绍网络银行的功能和类型，树立网络银行的建设、管理和服务理念。

项目四：网上支付。主要介绍网上支付的概念、特点、功能、类型及网上支付的流程与模式，提升网上支付的应用知识和操作技能。

项目五：移动支付。主要介绍移动支付的概念、流程与模式、产业链构成与业务类型、移动支付发展现状及趋势等内容。

项目六：第三方支付应用案例。首先以第三方支付的基础知识为切入点，导出支付宝、PayPal 等相关案例，每个案例又侧重不同的理论体系。以基础知识引出案例，在案例中再深化理论知识，从而构成理论与实践的联动模式，强调知识应用和职业技能的完整性。这也是本教材的特色之一。

项目七：电子支付安全技术。侧重介绍电子支付所涉及的相关技术。

项目八：电子支付安全的法律保障。介绍学生必备的电子支付相关法律知识，提升学生专业技能与职业素养。

全书由蔡红负责整体框架设计，孙天慧、刘凯、张璐、杜作阳负责具体内容的编写。其中，张璐、杜作阳负责并完成项目一的编写工作，张璐负责并完成项目二的编写工作，孙天慧负责并完成项目三、项目五的编写工作，刘凯负责完成项目四的编写工作，孙天慧、杜作阳负责并完成项目六的编写工作，蔡红、刘凯负责并完成项目七的编写工作，蔡红、孙天慧负责并完成项目八的编写工作。最后，由蔡红完成统稿和审阅。

本书可以作为电子商务专业、计算机信息管理专业以及其他相关专业高等职业教育的教材，也可以作为电子商务相关领域工作者和操作人员的参考用书。同时，在此衷心感谢为本书编写提供了丰富的参考文献的学者们和行业专家们，也感谢支持本书出版的刘春霞、田春和王莹老师。希望本书的出版能为我国电子支付的推广和普及作出贡献。

鉴于编者学术水平有限，书中可能存在错误和不妥之处，敬请各位同仁和读者给予批评和指正。

编者

2014 年 12 月

Contents 目 录

项目一

01

电子支付

项目知识点

1. 掌握支付的定义、特点及分类。
2. 理解支付系统的构成。
3. 了解目前国内的支付系统。
4. 掌握电子支付的分类。
5. 了解电子支付产业的发展现状及存在的问题。

项目技能点

熟练掌握各类电子支付工具的操作流程。

项目素质点

培养快速了解一个产业发展现状的综合分析能力。

案例导入

随着移动互联网的鼎盛发展，各类超越传统货币支付方式的新兴支付方式席卷而来，给传统货币市场带来了极大的冲击。传统支付方式是会被各种移动互联网支付方式“PK”掉，还是会出现传统货币支付方式与新兴互联网支付模式并存的新格局呢？

消费者常用的线下非货币支付方式，以各类的银行卡与信用卡的刷卡结账消费方式为主。现在刷卡消费已经基本普及，各种各样的卡类，让人应接不暇，各类商场或者店家都会有 POS 机。以前的钱包内装的全是货币，而现在钱包内都是些花花绿绿的卡，卡类支付确确实实地影响着传统的货币支付。

除了线下的支付方式，现在已延伸出基于互联网的 PC 终端的线上支付：如支付宝与财付通。在“双十一”天猫商品促销节，据媒体报道 2013 年支付宝的交易额已超

350 亿，这确实是令人叹为观止的数字。“双十一”在给普通线下零售业带来了巨大的冲击的同时，也给人们带来了对线上支付的全新感受。

手机支付也叫移动支付，是指手机用户的 SIM 卡绑定本人的银行卡，随着手机发出的短信指令完成一系列的支付动作。据 2013 年 11 月止的数据统计，在手机支付试点三年后，中国的手机支付交易额已突破千亿元大关。

现在，二维码支付也在不断普及，大街小巷随处可见二维码的身影。二维码支付就是利用智能手机扫描二维码，按照指令进行手机在线支付的方式。可以说二维码支付完美地结合了线下商务与互联网支付，缔造了 O2O 商务领域的新神话。

从最开始的刷卡变迁到现在的各种互联网手机支付，生活中很多消费习惯和支付方法都发生了翻天覆地的改变。

任务一　理解支付和支付系统

随着电子商务时代的到来，支付问题已经越来越突出，如何处理互联网上每天所产生的成千上万个交易流的支付？如何与全球范围内的电子商务活动中的支付接轨？首先，我们要了解关于支付的几个概念。

1. 支付的定义

支付是指经济行为人之间由于商品交换和劳务关系所引起的债权、债务关系的清偿，以及资产所有人对资产的所有权及资产保存方式的转变。在我们的日常生活中，支付基本上是银行向客户提供的主要服务，因为银行作为客户资产的保管代理人和债务人，负有以客户资产或信誉作为质押物向客户提供支付服务的义务。

2. 支付结算

在我国《票据法》和《支付结算办法》中规定，支付结算是指单位、个人在社会经济活动中使用票据、银行卡和汇兑、托收承付、委托收款等结算方式进行货币给付及其资金清算的行为。概括起来，支付结算有如下几个特征：

(1) 支付结算必须依法进行。

(2) 支付结算是一种要式行为(所谓要式行为，就是指必须采用一定法律形式而进行的行为)。

(3) 支付结算的发生取决于委托人的意志。

(4) 支付结算必须通过中国人民银行批准的金融机构进行。

(5) 支付结算实行统一和分级管理相结合的管理体制。

3. 清算

清算通常是发生在银行同业之间的货币收付，用以清讫双边或多边债权债务的过程和方法。清算活动含国内清算与国际清算，实现了全球范围内各种行为所产生的债权债务的最终清偿。

1.1.1 支付的基本概念

1. 常用支付工具简介

(1) 传统票据

传统票据有本票、汇票和支票等。

本票是一项书面的无条件的支付承诺，由一人作成，并交给另一人，经制票人签名承诺，即期或定期或在可以确定的将来时间，支付一定金额的货币给某个特定的人或他的指定之人，或持票人。

汇票是由一人开致另一人的书面的无条件命令，即发出命令的人签名，要求接受命令的人立即或定期或在可以确定的将来时间，把一定金额的货币支付给某个特定的人或他的指定之人，或持票人。汇票与本票的区别是，汇票的付款人可以是其他人，也可以是开票人，而本票的付款人是开票人。

支票是一种开票人(Drawer)对其银行存款账户开出的具有签字的、指令其银行(Drawee)即时将指定金额支付给指定的第三方(Payee)的书面文件。支票是很多经济发达国家普遍使用的一种支付工具，是一种借记支付工具。其支付指令由收到支票的收款人发出，收款人银行通过支票的托收使资金从付款人账户转移到收款人账户。支票与汇票的区别是，支票的付款人是银行。支票在流动性上等同于现金，并且可以在经过背书后进行转让。

收款人在收到付款人提交的支票后，将支票存入银行。其开户银行在贷记收款人账户后，要对支票进行大量的内部处理工作，如将存入支票的金额用磁墨水编写成支票清分处理机可以认读的编码，根据支票下一步要送交的机构(如付款人银行、支票清算所、代理行或中央银行)对支票进行清分，安排托收等业务。在托收过程中，支票要经过多个金融中介机构才能到达最终收款银行。付款银行同样也要对支票进行内部处理后付款人账户才能被借记。其支付过程如图 1－1 所示。

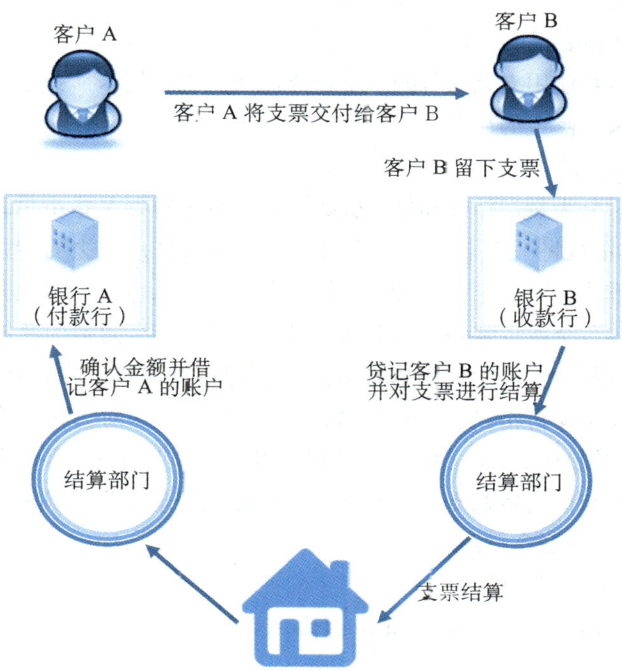

图 1－1
支票的支付过程

银行A是客户A的开户行,为客户A开出的支票进行付款;银行B是客户B的开户行,也是客户B的收单行。

首先,客户A将支票交与客户B,客户B将支票交与他的收单行银行B。大部分情况下,支票交付后将立即贷记客户B的账。银行B将当日所有收到的支票传送给结算部门,并进行排序;第二天,这些支票会被送往清算机构进行清算,客户A开出的支票将被发往银行A,通常在一天后,银行A将确认支付金额并对客户A的账户进行借记操作。

如果支票上的签名不匹配,或出现其他问题造成支付金额未获得确认,那么支票将被退回收单行并给出提示,说明退单的原因。银行A通常会在一个工作日内处理该问题。这些所谓的退单(returned-items)是支票作为一种支付工具产生的最主要的问题,它造成支付的不确定性以及处理成本的提高,同时也会带来信用风险。

如果支付金额获得确认,那么第二天,银行A和银行B将通过清算安排计算出应付或应收的头寸,同时在各自的中央银行特定账户上分别进行借记和贷记操作。

因此,从支票的支付过程可以看出,使用支票进行交易面临的首要问题是支票的接受程度。商品或劳务的提供方用商品或劳务交换对方的支票,但支票要经过银行对支票的托收才能成为供货方的银行存款,而供货方在向对方提供商品或劳务时并不能确切知道他所收到的支票是否为一张有效的支票,这就产生了交易中对支票的接受程度问题。

为了增强支票的流通性,许多银行为信誉好的顾客提供保付支票服务,在一定金额内,银行保证支票的解付,实际上是银行用信誉对支票进行担保。支票从开出到托收完成,资金从付款人账户转移到收款人账户,不可避免地存在一定的时滞(float),因此付款人就能享受到迟滞付款的好处,享受到资金的时间价值,这是很多人喜欢使用支票支付的一个重要原因。但信用卡所提供的免息期给支票的使用带来了巨大的冲击。

(2) 转账支付

转账支付分为贷记转账和借记转账两类。贷记转账是指由付款人发出支付指令,指令其银行将一定金额转移到指定的收款人账户中去的转账支付。消费者可用这种方式支付房租、医疗保险、煤气费、水电费、电话费以及归还银行的房屋贷款利息等。企业也常利用这种方式支付职员工资,而美国政府支付给美国公民的社会福利金也广泛使用这种方式。借记转账与贷记转账相反,借记转账是由收款人发出支付指令,指令对方银行将一定金额从对方银行客户的账户转移到收款人的银行账户中。债权人可用这种方式收取房租、水电费、保险费等。贷记转账支付与借记转账支付都非常适合自动化处理。为了解决支票的退单问题,出现了贷记转账支付系统。

(3) 自动清算房支付

自动清算房(Automated Clearing House, ACH)是由成员存款机构达成的在成员机构间以电子借记或贷记方式进行支付的一种安排，一般用于小额交易支付，通常以净额结算的形式，对支付指令采取批量处理方式进行。

随着纸质清算任务的不断增加，银行开始寻找更自动化的支付方法，而计算机的出现和信息技术与通信技术的发展为此提供了契机。1968 年，加利福尼亚一个银行组织成立了一个特殊的无纸化委员会，并于 1972 年成立了加利福尼亚清算房协会，这是美国的第一个自动清算房。英国的情况也很类似，第一个自动清算中心于 1968 年产生，并于 1971 年成立了银行自动服务组织（Bankers Automated Clearing Service，BACS）。1974 年美国银行家协会组建了由各地方自动清算所参加的全国自动清算所协会，对跨地区电子支付的规则及标准格式进行设计。目前 12 家储备银行都为美国财政部及其他政府部门发起的自动清算所支付进行处理，除纽约联储银行外，其他 11 家联储银行还对私营公司通过存款机构发起的自动清算所支付进行处理。美国自动清算所网络成员目前约有 14000 家金融机构，分属 29 个地方自动清算所协会。

目前美国自动清算所主要进行 5 种形式的支付：①现金集中，就是大型连锁公司通过 ACH 将各地零售机构的资金向总部进行集中，便于总部对资金的利用；②雇员工资的直接发放；③财政部养老金及社会福利的直接发放；④固定金额资金的支付，如保险费、住房抵押贷款利息等；⑤企业间货款的支付。

ACH 系统的运作过程与纸质清算过程相似，只不过是以电子方式实施。在 ACH 的早期阶段，用磁带进行信息的传输，后来逐渐被远程通信所代替，并实现了实时交易。在美国，ACH 最初处理的信息被称作企业现金支付信息（Corporate Cash Disbursement，CCD），由 94 个字符组成，用来确认被支付者、金额以及其他细节。近来，传送的信息更加丰富，并且数据传输的格式也符合电子数据传输（EDI）标准。ACH 系统被广泛用于企业支付雇员的工资等业务，在美国普及率达 26%，欧洲一些国家已达到 90%以上，在日本则有将近 100%的企业实现了通过自动清算房将工资直接存入雇员的账户。ACH 特别适合中小型交易和固定支付，对于大型交易，由于是批量清算而非实时清算，其风险增加。在美国，ACH 主要用于小额支付，大额支付大多通过 FEDWIRE 和 CHIPS 完成。

(4) 金融卡支付

利用卡片进行支付的想法最初产生于 1915 年，美国的一些旅馆和商店发行一些所谓的“购物卡片”招揽生意，这是信用卡的雏形。1952 年，加州的富兰克林国民银行向其客户发行一种上面记着客户账户以及存款数量的卡片，客户可以用这种卡片在当地的零售商店进行购物。由于这种方式深受客户欢迎，各银行争相效仿。早期的信用卡不对持卡人收取费用和利息，但要求持卡人在既定的结算日前必须将债务全部归还。1965 年美洲银行在美国西海岸形成了第一个信用卡网络，随后伊利诺伊州的银行也组成了中西部银行卡协会，这就是维萨卡和万事达卡的前身。信用卡为银行客户和广大零售商提供了一种方便并且安全的支付方式，因此深受欢迎，信用卡业务迅速发展。

伴随信息技术的发展和客户需求的增加，出现了联机支付的卡片——借记卡、ATM卡以及具有联机支付和脱机支付双重功能的卡片——预付卡等多种卡基支付工具，并且借记卡和预付卡的使用率近年来在全球迅速增长。金融卡是所有用作支付工具的卡基支付工具的总称，金融卡已逐渐成为主要的小额支付工具。金融卡包括商业金融卡(简称商业卡，如商业信用卡)和银行卡。

信用卡是一种发卡行在取得信用卡发行公司的商标使用授权后，授予持卡人一定信用额度的卡片。持卡人可以在既定信用额度内进行购物或提取现金，在指定的结算时间持卡人需将已使用的信用额度全部归还或部分归还。信用卡卡片交易与支付过程如图1-2所示。

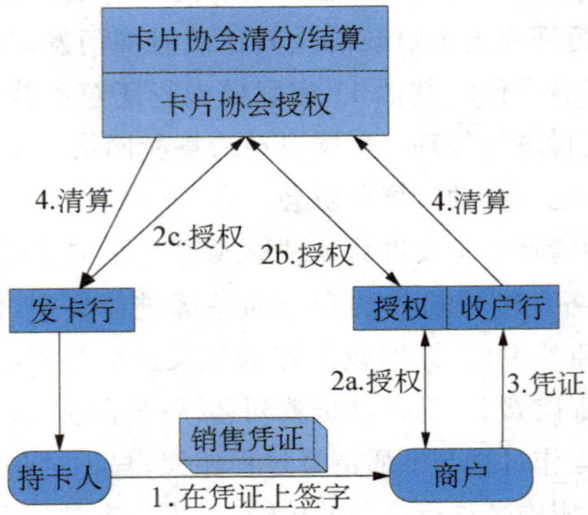

图1-2 信用卡支付过程

信用卡产业一直充满竞争，现在世界上主要有两大信用卡公司，即维萨国际组织(VISA International)和万事达卡国际组织(MasterCard International)。信用卡用于零售交易，意味着商户和持卡人都接受该种卡片，但信用卡公司并不直接与商户和持卡人进行交易，而是由其会员(通常为银行)来进行操作。发行信用卡的银行称作发卡行(card-issuing-bank)，商户所注册的银行称做收单行(acquiring-bank或acquirer)。

在基于纸质的信用卡支付中，商户要准备销售凭证，该凭证必须包括付款人卡片号码、支付金额、日期以及商品描述等信息。同时，交易需要授权，授权包括查看卡号是否在黑名单上以及账户上是否有足够的金额进行支付。在当天交易结束后，销售凭证被商户交付收单行，并通过卡片协会进行清算。随后商户的账户被贷记，而持卡人的账户被借记，这些交易细节会出现在下个月的月结单上。

随着信用卡技术的发展和应用范围的拓展，信用卡协会正致力于减少基于纸质的信用卡交易，带有持卡人签名的销售凭证只有在争议发生时起作用，而信用卡所传输的众多信息都是电子化的。由于交易成本的存在，过小金额一般不适合通过信用卡交易。

信用卡是先消费后付款的卡片，真正的信用卡不需要在交易发生的当月月末进行补款，即持卡人对其在银行的账户不必在当月月末进行支付，而是在银行约定的时间进行支付；另一种需要在交易发生的当月月末进行补款的卡片，这种卡片通常称作充值卡、签账卡、记账卡或准贷记卡。

知识拓展

信息技术推动交易方式转变

步入信息时代，自有分工而有交易、经货币而广交易以来，一向看得见、摸得着的支付行为悄然蜕去了“一手交钱，一手交货”的形态。不知从什么时候开始，人们习惯了出门不带钱包，只需带一个内置了几张卡的手机钱包；购物不走、不站、不上银行取钱，只需坐着看看网页点一点；企业收付款不用跑银行办支票、汇票，只需上网完成几个支付操作；农民卖货不必担心被赊账拖欠，只需拿个手持POS机或手机按一按。

在这场蜕变中，银行并不是唯一的弄潮者。在现金占绝对主导的前印刷时代，支付向大型商业银行集中。在16世纪，即使在安特卫普这样有着惊人数量的货币交易的城市中，要想在定期汇票交易外搞到一大笔款项几乎是不可能的。商人手中必须筹措大量现金以备交易支付和收取，当资金回笼后他还必须懂得怎样有效及时地投资这笔大数额的现金。在大型商业银行里集中进行支付及金融交易使商人从赚钱和投资的周期性限制中解脱出来。既然商人和生意伙伴使用同一家银行，把交易款项从一个账户转移到另一个账户，资产和债务就彻底平衡了。这样，生意人和银行都只需预备比以前需要留在手里少得多的现金就可以了。

银行以支票替代现金，减少交易支付所需的现金，从而降低了交易成本。现代商业银行以经营存款业务为基础形成经典的存贷汇业务框架，在经济交易中扮演了不可或缺的金融媒介角色。

现代支付体系的创新主要体现为网络信息技术在支付领域的应用。电子信息技术的出现，产生了基于信息技术网络的新支付工具、新支付系统应用，更催生了不同于传统交易的电子交易方式。

1.1.2 支付系统概述

支付系统（Payment System）也称清算系统、支付结算系统。它是一个国家或地区对伴随着经济活动而产生的交易者之间、金融机构之间的债权债务关系进行清偿的制度安排，由提供支付清算服务的中介机构和实现支付指令传送及资金清算的专业技术手段共同组成，用以实现债权债务清偿及资金的转移。

支付系统可以促进经济活动，方便市场交易，减少使用现金，维护市场秩序，规范结算行为，防止支付风险，加快资金周转，提高社会资金使用效率，打击洗钱、逃债、逃贷、腐败等，维护金融稳定，为中央银行实施公开市场操作等货币政策提供基础。

支付系统的基本任务是快速、有序、安全地实现货币所有权在经济和社会活动参与者间的转移。

1. 支付系统的总体结构

(1) 系统拓扑结构

根据中国银行业的组织体系,同时考虑提高系统运行效率、减少系统风险、适应商业银行业务逐渐集中的需要,保障支付业务和资金清算快速安全地进行处理,支付系统在物理结构上大致设立了两级处理中心:第一级为国家处理中心(NPC),第二级为全国地市级及其以上城市的城市处理中心(CCPC),国家处理中心分别与各城市处理中心连接。

(2) 各系统的接入

各政策性银行、商业银行由其省(市)分行与支付系统省会(首府)城市 CCPC 连接。随着商业银行业务处理的集中,待条件成熟后,经中国人民银行批准,可由其总行与支付系统一个接口集中接入。商业银行的支付业务,既可以通过行内系统由其总行提交支付系统处理,也可以由其分支行直接提交支付系统城市处理中心处理。但商业银行地(市)以下机构(含)不与支付系统直接连接,其支付业务由其省(市)管辖行提交支付系统处理。城市信用社、农村信用合作社等中小金融机构与所在地支付系统 CCPC 连接。

(3) 网络通信

NPC 与 CCPC 之间的通信网络采用专用或虚拟网络,以地面网为主,卫星网备份。NPC、CCPC 与其他各商业银行的接入系统之间也通过地面网连接。

2. 支付系统的主要应用系统

为适应各类支付业务处理的需要,现代化支付系统主要由大额实时支付系统(HVPS)和小额批量支付系统(BEPS)两个应用系统组成。另外还包含两个辅助系统:清算账户管理系统(SAPS)和支付管理信息系统(PMIS)。

(1) 大额实时支付系统(HVPS)

大额实时支付系统是一个实时全额清算系统,主要处理银行间大额资金转账,通常发起方和接受方都是商业银行或在中央银行开户的金融机构。它是国家支付体系的核心应用系统。建立大额支付系统是为了给银行和广大企事业单位以及金融市场提供快速、高效、安全的支付清算服务,防范支付风险。它对中央银行更加灵活、有效地实施货币政策具有重要作用。

(2) 小额批量支付系统(BEPS)

小额批量支付系统是一个净额清算系统,主要处理预先授权的定期贷记(如发放工资)、定期借记(如公共设施交费)业务。建设小额批量支付系统的目的是为社会提供低成本、大业务量的支付清算服务,支撑各种支付业务的使用,满足社会各种经济活动的需要。

(3) 清算账户管理系统(SAPS)

清算账户管理系统是支付系统的核心辅助系统。建设清算账户管理系统的目的是为了加强对清算账户的集中处理,保障大额支付业务和小额批量支付业务的资金清算,以及中央银行办理现金存取、再贷款和再贴现等单边业务的处理。

(4) 支付管理信息系统(PMIS)

支付管理信息系统是支付系统的另一个辅助系统。建设支付管理信息系统的目的是为了保障支付系统的正常运行，便于对支付信息的管理、存贮和统计监测。

3. 支付系统的参与者

支付系统的参与者根据其参与支付系统的身份不同，分为直接参与者、间接参与者和特许参与者。

(1) 直接参与者

支付系统直接参与者是中国人民银行地(市)以上中心支行(库)以及在中国人民银行开设清算账户的银行和非银行金融机构。直接参与者与城市处理中心直接连接，通过城市处理中心处理其支付清算业务。

(2) 间接参与者

支付系统间接参与者是中国人民银行县(市)支行(库)和未在中国人民银行开设清算账户而委托直接参与者办理资金清算的银行以及经中国人民银行批准经营支付结算业务的银行金融机构。间接参与者不与城市处理中心直接连接，其支付业务通过行内系统其他方式提交给其清算资金的直接参与者，由该直接参与者提交支付系统处理。

(3) 特许参与者

特许参与者是经中国人民银行批准通过支付系统办理特定业务的机构。外汇交易中心、债券一级交易商等特许参与者在人民银行当地分支行开设特许账户，特许参与者拥有的系统与当地城市处理中心连接，通过与其连接的城市处理中心办理支付业务；中央国债登记公司、公开市场操作室等特许参与者与系统国家处理中心连接，办理支付交易的即时转账。

4. 支付系统的功能

支付系统主要具有以下功能：

(1) 支付系统可支持货币政策的实施

主要包括支持中央银行公开市场操作、支持债券发行与兑付、支持外汇交易市场的资金清算、支持同业拆借市场的资金清算以及引入自动质押回购和设置日间透支机制。

(2) 支付系统可支持金融监管的实施

主要包括支持中国人民银行对法定存款准备金的管理、支持对有关金融监管信息的统计分析、支持对异常支付的预警监视。

(3) 支付系统可支持风险控制和安全管理

主要包括支持流动风险的管理与规避信用风险、保障支付业务信息安全、业务出错与异常情况的处理、自身账务平衡与数据核对、灾难与故障的应急对策。

5. 中国目前的支付系统

中国的金融体制是以国有商业银行为主体、多种金融机构并存的现代银行体制。经过20多年的努力，中国已经初步建立了与本国现代银行体制相适应的支付体系。目前，中国有八类支付系统：同城清算所、全国手工联行系统、电子联行系统、电子汇兑系统、银行卡支付系统、网上银行系统、中国国家现代化支付系统及邮政储蓄和汇兑系统。其中的中国国家现代化支付系统是正在建设中的系统，是中国支付系统的大动脉。

(1) 同城清算所

同城清算所是由中央银行拥有和运行的。其主要负责同城支付交易的资金清算。所有的同城跨行支付和大部分同城行内支付都是通过同城清算所进行票据交货，并完成自己结算的。中国有 300 多家城市清算所和 2000 多个县城票据交换所。清算所的成员行把按接收行分好的票据提交给清算所，票据在成员行之间进行交换后，各成员行按发出和收到的所有贷记、借记支付项目，计算出一个净清算金额，提交给中央银行城市分行营业部，以便当日过账到结算账户。目前，绝大多数同城清算仍然采用实物票据交换。部分同城交换开始采用磁介质交换信息，个别大城市同城交换开始采用票据清分机或用网络交换支付信息。同城清算的自动化水平正在迅速提高。

(2) 全国手工联行系统

中国人民银行(以下简称人民银行)的全国手工联行系统分县辖、省辖和全国三级，是三级联行系统。其业务处理内容包括：①支付凭证的交换，即一般通过信汇或电汇在发起行和接收行之间进行的直接交换。②资金结算，即发起行和接收行根据支付项目的联行清算范围，将支付总金额记到相应账户。③对账监督，即每天每个分/支行向其上级机构报告往来账发生额，以便管辖行实施对账监督，并计算联行往来汇差(净额结算金额)。当汇差超过规定金额时，才借记分行头寸。目前，各大商业银行内都建立了全国性电子资金汇兑系统，把三级联行的手工处理改成电子方式，大大加快了异地支付的处理速度。

知识拓展

三级联行

所谓三级联行，是指县辖联行、省辖联行和全国联行。支付工具一般通过邮寄或电报方式交换。支付工具的清算和结算则十分复杂。在手工处理的情况下，一笔支付交换往往要经过几周或几个月才能最终完成。结算是通过人民银行清算账户在一家商业银行的各分行之间周期性地汇转净结算余额而完成的。

(3) 中央银行的全国电子联行系统

为解决手工联行存在的效率低、在途资金多和安全性差等严重问题，人民银行于 1989 年开始建设全国电子联行系统，于 1991 年正式投入运营。该系统对加快我国的资金周转，提高社会资金的运用效益，促进国民经济的发展，发挥了重要作用，是我国银行业异地资金划汇的主渠道。

(4) 各商业银行电子汇兑系统

1996 年，中国工商银行、中国农业银行、中国银行和中国建设银行这四大国有商业银行都先后建成了自己的全国电子汇兑系统，并以之取代了原先各自的手工联行系统。这些系统的各级处理中心在日终或次日营业前，就可为各成员分行机构计算出净额结算余额，大大加快了支付指令的处理速度。

(5) 银行卡支付系统

为了促进银行卡的跨行信息交换网络的建立，推动跨行和跨地区的 ATM 交易和 POS 交易，从 1993 年起，全国“金卡工程”在各试点城市开始了跨行的银行卡信息交换中心建设，并于 1997 年 9 月全部开通运行。全国银行卡信息交换中心也于 1998 年年底投入试运行。全国性和地区性的银行卡信息交换中心的建立和推广应用，推动了我国自助银行系统的发展。

(6) 网上银行系统

20 世纪 90 年代中后期，随着互联网的快速发展和电子商务的兴起，我国的银行开始建立网上银行系统，为客户提供网上支付和网上银行服务。招商银行、中国银行、中国建设银行等银行，都已建立了自己的网上银行系统，并为客户提供网上支付服务和网上银行服务。当今的网上银行服务主要包括个人银行服务和企业银行服务。

(7) 中国国家现代化支付系统

中国国家现代化支付系统(CNAPS)是在国际级金融通信网(CNFN)上运行的我国国家级的现代化的支付系统，是集金融支付服务、支付资金清算、金融经营管理和货币政策职能为一体的综合性金融服务系统。

(8) 邮政储蓄和汇兑系统

像许多国家一样，中国邮政支付系统在个人消费者支付汇款中发挥着重要作用。邮政局提供信汇和电报汇款，主要面向消费者个人客户。汇款人通常要携带现金到附近邮局办理汇款手续，收款邮局通知收款人到指定邮局领取。邮政局还开办了邮政储蓄业务，消费者可以从其邮政储蓄账户汇出(或汇入)资金。各邮局之间的资金结算是通过开设在中国人民银行的特殊账户实现的。

任务二　认识电子支付

电子支付是电子商务活动中最核心、最关键的环节。所谓电子支付，是指电子交易的当事人，包括消费者、厂商和金融机构以商用电子化设备和各类交易卡为媒介，以计算机技术和通信技术为手段，通过计算机网络系统直接或间接向银行业金融机构发出支付指令，实现货币与资金的转移。

电子支付的业务类型按电子支付指令发起方式分为网上支付、电话支付、移动支付、销售终端交易、自动柜员机交易和其他电子支付。而其中最主要的是存在于互联网的网上支付，并且已经建立起了三种不同类型的支付系统，即预支付系统、即时支付系统和后支付系统。

(1) 预支付系统是银行和在线商店首选的解决方案，即先付款，然后才购买到产品或服务。由于他们要求用户预先支付，所以不再需要支付这些钱的利息，而且可以在购买商品的瞬间将钱传给在线商店，从而防止了数字欺骗。预支付系统工作方式和真实商店是一样的：顾客进入商店用现金购买商品，然后得到所需的商品。

(2) 即时支付系统是“在线支付”的基本模式，是以交易时支付的概念为基础的。因为即时支付必须访问银行内部数据库，所以必须采用更加严格的安全措施，是实现起来最复杂的系统，但它同时也是最强大的系统。

(3) 后支付系统允许用户购买商品后再付款。信用卡是一种最普遍的后支付系统，但安全性低。与信用卡相比，借记卡相对比较安全，它要求顾客证实自己是卡的真实持有者，但相关的费用太高。

电子支付是交易双方实现各自交易目的的重要一步，也是电子商务得以进行的基础条件。没有它，电子商务只能是一种电子商情或电子合同。离开电子商务的电子支付又会变成单纯的金融支付手段。因此，只有把电子商务和电子支付相结合，才能形成完整的电子商务过程。

与传统的支付方式比较而言，它具有以下特点：

(1) 电子支付是采用先进的技术完成信息传输的，其各种类型都是采用数字化的方式进行款项支付的；而传统的支付方式则是通过现金的流转、票据的转让及银行的汇兑等物理实体来完成款项支付的。

(2) 电子支付的工作环境是开放的网络平台，而传统支付则是在较为封闭的系统中运作的。

(3) 电子支付使用的是最先进的通信手段，对软、硬件设施的要求很高，一般要求有联网的计算机、相关的软件及其他一些配套设施；而传统支付使用的则是传统的通信媒介，对软、硬件的要求相对较低。

(4) 电子支付具有方便、快捷、高效、经济的优势。用户只要拥有一台可以上网的计算机，便可足不出户，在很短的时间内完成整个支付过程，支付费用仅相当于传统支付的几十分之一，甚至几百分之一。

知识拓展

广电系统将加强新技术融合应用　推广电子支付业务

国家新闻出版广电总局副局长聂辰席在2014年3月19日的CCBN主题报告中指出，广电未来将会利用自身优势，推广智能家庭、电子支付、民生服务等新业务，实现广电与新技术融合应用的服务业态的创新发展。

据悉，广电将优化升级服务体系，加速服务融合，以“三大平台”为基础和保障，适应新需求，走向服务端，建设面向用户、互动体验、多元智能、内容丰富的服务新体系。在服务融合化方面，将会创新服务业态，加强广电与物联网、数字家庭等新技术的融合应用，推广智能家庭、远程医疗、电子支付、民生服务等新业务，提供便捷的多媒体综合服务。

聂辰席谈到目前融合的新趋势时认为，传统单一的电视接收终端将转变为集电视节目接收、娱乐、通信、购物等多功能于一体的视听媒体服务中心。

在服务上，广电将会改变单一的播出服务模式，推进影视内容的多终端、多屏幕传播，并将社交属性引入传统媒体节目，增强互动性，在保障用户多渠道、多选择收看内容的同时，做到内容精准投放。

为了更加满足移动端用户观看节目的需求，广电还将实现融合播控，将融合播控作为智能协同覆盖的必要支撑，集内容集成、服务封装、认证收费、用户管理等多功能于一体，构建涵盖传统媒体与新媒体业务，适配广电网络与电信网络传输，面向多终端全媒体服务的集成播控平台，实现内容的碎片化集成、亮点化索取、最优化组合，提升服务质量和播出效率。

（资料来源：飞象网）

任务三　掌握电子支付的分类

在电子商务环境下，传统的支付方式（现金和票据支付）已不能适应商务活动电子化的需求，须由全新的电子支付方式来代替。由于使用网络传输、传输协议和支付程序的不同，电子支付的形式也越来越多。这些支付形式概括地可以分为如下三种：

1. 电子货币

电子货币(E-money)又称为数字货币，如电子现金、电子钱包等，主要用于小额交易。它是对现实世界货币的电子模拟或数字模拟，具有灵活、匿名、快速简便、多用途等特点。电子货币把现实中各种金额的币值用一系列的加密序列数来表示。电子货币存储于银行服务器和用户计算机终端上，通过互联网流通。当使用者需要支付或清偿债务时可将电子数据直接转移给支付对象。

2. 电子支票

电子支票(Electronic Check)是作为纸张支票的电子替代品而存在的，同纸张支票的功能类似，既适合个人付款，也适合企业之间的大额付款。电子支票包括有关支票的用户自定义数据以及在纸张支票上常见的内容，如被支付方姓名、支付方账户信息、支付金额和日期等信息。使用电子支票付款时，客户使用的电子支票簿，是一种类似IC卡的硬件装置，这个卡片大小的装置中有一系列程序和设备，插入客户的计算机的插口以后，客户可以通过密码或其他手段激活这个装置，这个装置就能够像传统的支票簿一样在电脑的屏幕上显示出支票来。客户只需要像填写纸张支票那样在上面填写相应的信息即可；填写完毕后，根据电子支票簿中客户的私有密钥，电子支票簿会自动生成客户的电子签名；同时计算机程序会像一个信封一样把购货等相关信息封装起来；当客户把这张封装好的“支票”通过网络传给商家以后，商家会使用同样的签名技术在支票上进行“背书”，并把经过“背书”的电子支票交给自己的开户银行；开户银行通过网络和银行间的清算设备同客户的开户银行进行结算；最后，商家的开户银行通知商家钱已经到了商家的账户上，客户的开户银行也会通知客户支票上的钱已经付给对方。

电子支票根据其发出处理指令的不同，可以分为两类：一类是借记支票(Credit Check)，即债权人向银行发出支付指令，以向债务人收款的划拨；另一类是贷记支票(Debit Check)，即债务人向银行发出支付指令，以向债权人付款的划拨。

3. 信用卡支付

信用卡支付(Credit Card Based System)是一种以电子信用卡为基础的支付方式，它是通过专用网络或互联网传送信用卡号来完成支付的。持卡人对其所传送的信息，先进行电子签名，然后将信息本身、电子签名经过CA认证机构的认证以后，连同电子证书等一并传送至商家。信用卡支付主要包括如下几种形式：

(1) 账号直接传输

即客户在网上购物后把信用卡号码信息加密后直接传输给商家。但要求商家有良好的信誉，否则，客户难以放心地将信用卡号码予以告知。

(2) 专用账号

这种支付方式要求商家在银行的协助下核实每一个客户是否为银行卡的持卡人，并且由商家为每一客户建立一个与银行卡对应的虚拟账户，每个虚拟账户都有一个独立的账号和密码。当客户使用虚拟账户在互联网上付款时，账号和密码在加密后被传输到商家系统，避免在网上直接使用银行卡的卡号和密码，保证了银行卡账户的安全。因而，是一种具有较高安全性的支付方式。

(3) 专用协议

这种方式的关键点是在客户、商家和电子支付服务供应商之间采用一种专用加密协议，把信用卡账号转化为密码。由电子支付服务供应商向其客户和商家免费提供客户端软件。这种软件自动地通知商家把电子订购表格发送给客户，让客户填写姓名和信用卡号码，再通过这种软件译成密码发送给商家。由于采用这种具有加密功能的软件及特殊的服务器，商家无法从客户的支付数据中得到信用卡账号的任何信息，保证了支付信息的安全性。

(4) 安全电子交易(SET)

SET(Secure Electronic Transaction)规范是由MasterCard和VISA两大国际知名的信用卡组织及一些跨国公司共同开发的安全交易规范，主要用于保障互联网上信用卡交易的安全性。由于安全电子交易规范提供商家和收单银行的认证，确保了交易数据的安全性、完整可靠性和交易的不可抵赖性，特别是具有保护消费者信用卡号不暴露给商家等优点，因此它成为目前公认的信用卡/借记卡网上交易的国际标准，是未来电子支付系统的发展方向。

任务四 分析电子支付的现状

自20世纪90年代以来，以计算机和网络技术为代表的信息技术对金融业产生了巨大影响，不仅改变了人们的金融意识、投资方式、融资行为，而且改变着金融企业的经营方式、经营理念和经营行为。随着电子商务的快速发展和我国加入 WTO 各项承诺的逐步落实，发展网上支付等电子支付业务是我国银行业在激烈竞争中求得生存和发展的必然选择。

但就目前的电子支付的发展，还存在许多困难，主要表现为以下几方面：

1. 安全保障困难

虽然，计算机专家在网上银行安全问题上下了极大的功夫，采取了多种措施，然而，安全问题仍旧是电子支付中最关键、最重要的问题。从我国目前电子支付的发展情况看，迫切需要解决下面几个问题：(1)积极向电子支付国际通用标准靠拢；(2)建立认证中心(CA)；(3)大力发展电子支付的安全技术。

2. 技术规范和实施标准缺乏统一规划

目前，对于电子支付过程中涉及行际互联的技术参数，包括身份认证的权威性、独立性、数据加密强度、商用密码产品、通信安全控制措施等，都还没有制定相应的国家标准。甚至商业银行系统的内部也没有统一，各家银行各行其是，互不兼容。如省级分行自行开发运行电子支付业务，自己建立 CA 身份认证中心等。这种状况有很多弊端：首先，各行网上银行业务标准不一，技术各异，对以后的互相合作非常不利；其次，商业银行自建 CA 认证中心，自己为客户颁发数字证书，自己验证客户身份的做法，缺乏独立性和客观性，一旦发生法律纠纷，商业银行将处于被动局面；第三，重复投资造成了资源的巨大浪费。

3. 跨国交易中的货币兑换问题

在跨国交易中，货币兑换问题非常重要，由于不同货币之间的汇率在不断变化，那么一个国家的网络消费者如何了解另一国家的销售者的产品报价折合成本国货币是多少？这个问题直接影响着人们的购买行为。对此问题最好的解决方案就是将货币自动兑换软件集成在电子商务服务器中，实现全球性的电子商务处理服务。这样，任何人就可不受限制地通过互联网在全球任何地方购物消费。

4. 法律问题

随着近年来互联网的普及，人们已开始尝试跨国界的电子支付新方法。鉴于技术环境的迅速变化，很难制定符合实际又简便易行的法律法规，因为法律法规过于严格和缺乏灵活性都是不合适的。我国目前在有关电子支付的法律的制定方面刚刚起步，大量的法律新问题需要研究：

(1) 电子支付的定义和特征。电子支付是通过网络实施的一种支付行为，与传统支付方式类似，它也要引起涉及资金转换方面的法律关系的发生、变更和消灭。

(2) 涉及电子支付的伪造、变造、更改与涂销问题。在电子支付活动中，由于网络黑客的猖獗破坏，支付数据伪造、变造、更改与涂销问题越来越突出，对社会的影响越来越大。

(3) 电子支付权利。电子支付的当事人包括付款人、收款人和银行，有时还存在中介机构。必须明确各当事人在支付活动中的地位问题，进而确定各当事人的权利的取得和消灭。涉及这方面的问题相当复杂。

(4) 刑事侦察技术的发展问题。由于计算机技术的飞速发展，新的电子支付方式层出不穷，每一种方式都有自己的技术特点，都会产生新的法律纠纷。

5. 网上支付硬件设施落后

近年来我国网络发展速度增快，但发展不均衡，与国际先进水平以及国内网络应用需求相比仍有较大的差距；在国内用于开展电子支付业务的硬件设备、系统软件、网络通信及银行前端等基础设施的建设与发达国家相比仍落后很多。特别是县以下的银行机构，由于受资金、设备等的影响，普及银行电子化还存在一定的难度。此外，我国普遍存在的网络带宽较窄、速度缓慢等问题，也严重影响了运行效率和支付质量。

6. 信用风险的恶性循环会危及银行业

电子支付业务的整个过程几乎全部是在网上完成的，这种支付方式的“虚拟性”，一方面使银行业突破了时间和地域的限制，另一方面也使交易对象变得难以明确，使交易过程更加不透明。电子支付指令未被广泛接受使得电子银行比传统银行具有更大的信用风险，强大的负面公众舆论将导致银行资金或客户的严重流失。由于银行本身信息技术水平的限制，往往会依靠第三方服务供应商（即提供高科技的专业技术服务公司）来承担银行的外包业务。这一领域仅由少数几个技术服务供应商来控制，一旦出现了问题，就会有很多银行连带受损。

7. 监管措施不完善带来风险

监管措施的不完善为电子支付业务带来了诸多风险，电子支付业务的数字化特点，也给金融监管部门带来了新的课题。首先，电子支付业务都是通过网络和电子化的数据来进行的，没有了传统的签字、盖章及纸质凭证；其次，客户、银行都设有各种相应的密码保护措施，使监管部门无法方便地收集到相关的资料进行调查；第三，银行业务的各种账目和业务的电子记录都可以不留痕迹地修改，监管部门看到的数据不能正确地反映银行状况。

8. 诚信度太低和认知缺失

电子支付工具的主要用户群一般在20～35岁之间，这些用户经常上网并尝试网络消费，具有一定的知识水平和消费能力。由于目前信用体系尚不完善，用户最担心的是支付后获得的服务以及产品并非如当初购买时所想，这使用户得不到安全感。要解决这个问题，必须大力提升网络商户的诚信度，保障网络消费的各项权益。

目前阻碍电子支付发展的一个重要的因素是网络教育不全面，很多人根本没有机会接触电子支付，另外支付公司并未真正地用商品价值和服务来吸引用户并引导用户正确使用。

任务五　了解电子支付产业存在的问题

1.5.1 电子支付产业发展状况

电子支付在我国最早出现在20世纪90年代末，以招商银行推出其“一卡通”为标志。起初的电子支付服务，主要是指 ATM 取款以及少量的信用卡 POS 业务。近几年随着宽带网络在我国的迅速普及，基于银行业务网络化的其他 B2B 和 B2C 电子/网络支付业务在我国逐渐兴起。在我国，应用最广泛的非现金零售支付工具为借记卡账户，互联网支付功能的开发自然从借记卡开始。网上银行功能是在线支付服务的基础，2003 年以前，各家主要商业银行的网络银行业务不断地发展完善，并各自向商家提供不同规范的支付接口。由于金融机构的大集中还在进行当中，现有商业银行的多级结构给商家和消费者造成了诸多混乱与不便。2003 年 3 月中国银联的成立解决了多银行接口集成的问题，利用“金卡工程”已经建立的地方跨行 ATM/POS 网络，地方银联有条件向商家提供多银行卡在线支付接口，消费者的 PC 作为虚拟的 ATM/POS 终端，通过 Web 页面输入银行卡账号与 ATM 密码即可方便地实现在线支付。

2005 年被称为中国的电子支付元年，这一年很多电子支付法规得到完善，中国电子支付实现了飞跃式增长。2005 年，中国的互联网用户达到 1.11 亿，电子商务交易额也高达 7000 亿元，电子支付规模达到 164.8 亿元，增长超过 100%；其中，网上支付金额为 161.3 亿元。随着 3G 的推动和中国移动运营商的推动，移动支付也得到一定程度的发展。2005 年移动支付规模达到 2.52 亿元。2006 年 YeePay 等企业首先推出电话支付的方式。电话支付在一定程度上规避了移动支付不够安全和便捷等弊端，所以在 2006 年也受到欢迎。2005 年 4 月，中国电子签名法的实施使得支付活动有法可依，同年，央行发布了《支付清算组织管理办法》征求意见稿，政策的日益明确完善和计算机的普及是我国电子支付市场快速发展的主要原因。

2013 年，我国各省市网民规模均有一定幅度增长，中国大陆 31 个省、直辖市、自治区中网民数量超过千万规模的省份已达 25 个，网民普及率超过全国平均水平的省份达 13 个，国务院在 2013 年 8 月 17 日发布《国务院关于印发“宽带中国”战略及实施方案的通知》，提出了两个阶段性发展目标，即：到 2015 年，基本实现城市光纤到楼入户、农村宽带进乡入村，固定宽带家庭普及率达到 50%，第三代移动通信及其长期演进技术(3G/LTE)用户普及率达到 32.5%，行政村通宽带比例达到 95%，学校、图书馆、医院等公益机构基本实现宽带接入；城市和农村家庭宽带接入能力基本达到 20 兆比特每秒(20 Mbps)和 4 Mbps，部分发达城市达到 100 Mbps；宽带应用水平大幅提升，移动互联网广泛渗透；网络与信息安全保障能力明显增强。预计到 2020 年，宽带网络全面覆盖城乡，固定宽带家庭普及率达到 70%，3G/LTE 用户普及率达到 85%，行政村通宽带比例超过 98%；城市和农村家庭宽带接入能力分别达到 50 Mbps 和 12 Mbps，发达城市部分家庭用户可达 1 吉比特每秒(1 Gbps)；宽带应用深度融入生产生活，移动互联网全面普及；技术创新和产业竞争力达到国际先进水平。

宽带网及信息技术的发展将对电子商务的进一步拓展应用提供更加良好的网络基础设施，宽带的普及将为电子商务的发展提供强劲的动力。随着我国电子商务标准化工作的成功启动，我国电子商务安全认证体系形成，因此总体上电子支付在良性环境下运作。

我国电子支付产业的起步较晚，相对于一些发达国家的电子支付产业而言还有一定的差距，目前可以说还处于高速发展阶段。在以我国借记卡网络为基础发展起来的电子支付产业中，目前互联网支付、移动支付、电话支付等多种新兴的支付方式发展迅猛，成为银行卡支付的有益补充。目前我国的电子支付产业有以下特点：

(1) 银行卡支付产业稳步向前发展

我国银行卡产业经过了 30 多年的发展，从各商业银行各自发卡、分散经营到由统一的组织联网联合、清算结算，无论是从规模上还是从受理市场上都取得了显著的进步。

目前银行卡受理市场不完善、专业化服务机构缺乏的问题依旧存在。成熟的银行卡产业通常是通过专业化服务的形式开拓受理市场。在银行卡市场发达的国家，专业化服务渗透在电子支付业务链的各个环节，从事不同银行卡细分领域的专业化服务机构种类繁多。在我国，国有商业银行一直是我国受理市场建设的主力军。但近两年来，随着银行卡的联网通用，受利益分配机制的影响，受理环境开发和建设的速度已经大大滞后于发卡市场的增长，成为整个银行卡产业发展的主要瓶颈。因此，借鉴国际经验，开展专业化服务正是加快受理环境建设的有效途径。

(2) 网上支付成为产业的新兴增长点

我国网上支付发展起步较晚，比欧美主要发达国家滞后 5～10 年，但发展非常迅速。截至 2013 年 12 月，我国使用网上支付的用户规模达到 2.60 亿，用户年增长 3955 万，增长率为 17.9%，使用率提升 42.1%。我国网上支付的发展是伴随着宽带互联网络的发展而发展起来的，截至 2013 年 12 月，我国网民规模达 6.18 亿，全年共计新增网民 5358 万人。互联网普及率为 45.8%，较 2012 年底提升 3.7 个百分点。庞大的上网人群是互联网商务的潜在消费者，也是互联网支付发展的前提，同时网上支付的安全问题成为消费者网上购物的最关键因素。

目前国内在线支付的参与机构主要有三种类型：商业银行、中国银联和第三方专业机构。由于历史原因，在国内最先开展网上支付的是银行，主要是招商银行，工商银行在系统大集中之后也进入了这块领域。而银联体系内的网关一般都是在 2001 年左右才开始建立的。第三方专业化机构是在银联网关之前建立的，比如首信，其开展网上支付的历史较早。北京首信在国内是比较早致力于建造互联网支付网关的企业，目前主要业务在北京地区，首信首创的二级结算模式，为中国的在线支付开了先河。但由于其是半官方机构，商业运营能力较弱。上海环迅是具有外资背景的商业网关，其商业运营能力比较强，其运营模式跟北京首信一样。由于如商业支付网关这样的第三方服务机构市场开拓能力较强，目前在互联网支付市场中占有着一定的地位。

(3) 第三方支付平台竞争激烈

目前中国的第三方电子支付平台的常见模式有六种：支付网关、移动支付、系统集成的公司改做支付运营商、PayPal、地方政策性模式如上海一卡通、第三方担保模式如支付宝等。而 YeePay 自创了第七种模式，搭建支付平台，针对特殊群体推出特殊服务，目前已集成了多种支付服务，如银行卡支付、短信支付、手机全业务预付费服务、电话支付等。2005 年 6 月以前，国内主要从事第三方电子支付的企业只有 3 家：北京首信公司、ChinaPay 和上海环迅，而排在电子商务行业前列的电子支付平台提供商最多不超过 10 家。同时由于是产业刚刚起步阶段，企业利润也非常可观，商户同支付企业之间除了年费之外的利润分成，大致在 1%～2%，国内最早的在线支付平台首信易支付开出的标准是 1.2%。可以说，2005 年 6 月之前是我国第三方电子支付企业发展的良性时期。2005 年到 2013 年，开展第三方支付业务的企业数量增长迅猛，其中极具代表性的有支付宝、PayPal、网银在线等多家实力强劲的第三方电子支付企业。随着这些企业的发展，第三方支付平台的竞争变得越来越激烈。为了抢占市场，很多第三方电子支付企业采取降低交易手续费的策略，有些企业甚至不惜“倒贴”，以零利润或者负利润去吸引商户。

1.5.2 我国电子支付产业所面临的问题

如前文所述，目前我国的电子支付产业还处于成长期，在发展中面临着一些问题和瓶颈，主要有以下几个方面：

(1) 各参与方权利义务不明确、法律责任不清

电子支付产业涉及消费者、商户、银行及第三方机构等众多参与者，这些参与者既存在合作，也存在着一定程度的竞争。在这样一个复杂的产业环境中，明确各个参与者的角色对整个产业的发展起到了关键的作用。由于我国的电子支付产业起步较晚，目前还没有完备的法律法规对银行、有关商家、客户的权利义务关系进行明确规定，也未明确规定银行在业务流程中对客户承担的义务种类以及适用范围，各方在电子支付中所应承担的法律责任不清晰，极易发生纠纷；而且，由于缺乏有关此类纠纷诉讼程序的法律规定，纠纷发生也因无法可依而不易及时解决。

(2) 行业内部恶性竞争日益严重，需要一个良好的产业环境

2005 年是我国电子支付行业趋于混乱的一年，巨大的市场潜力吸引越来越多的资金投入到该行业。2004 年 6 月前，中国从事在线支付的业务在 10 家左右，大部分公司处于一个相对公平的竞争环境中发展，其中规模较大的企业包括上海环迅、北京首信、银联电子支付、IPAY 和网银在线等。

截至 2013 年 7 月，我国开展第三方支付业务的企业达到 250 家，虽然各家公司的经营模式不尽相同，但面对的是同一市场。面对市场的激烈竞争，整个行业处于“价格战”之中，各大电子支付企业的利润严重缩水。随着《支付清算组织管理办法》的出台，我国的电子支付企业面临着新一轮的淘汰与竞争。所以在市场争夺的同时，电子支付企业应该把重点放在技术的改进和服务的创新上，这样才可以避免盲目的同质竞争状态。

(3) “联网通用”在支付交易中存在着问题

我国的受理市场还处于起步发展阶段，特约商户在数量和质量上与其他发达国家还有一定的差距。同时商户的交易处理能力还比较低下，商户在处理支

付时面临着各种问题，比如宾馆酒店类特约商户属于我国银行卡受理市场上的高端特约商户，目前国内能够受理银行卡的宾馆酒店商户约占银行卡受理商户总数的20%左右，这类商户不仅扣率比一般商户高，而且持卡人对刷卡消费的需求较其他行业更为强烈。但在处理这类支付时，经常出现跨行预授权类交易成功率低、预授权类交易开放程度低等问题。再比如中国各个城市都流行公交"一卡通"，但各个城市间的公交卡是不能够互联互通的，说明互联互通并不是彻底贯彻进行的，还存在需要进一步完善的地方。

目前我国的电子支付产业是一个还处于成长期的新兴产业，产业增长的速度非常迅速，在产业高速扩张的同时，不可避免地会面临一些困难和问题，关键是如何及时引导产业向积极的方向发展，创造一个良性的产业环境。

知识技能练习题

1. 总结传统支付与互联网支付存在哪些异同点。
2. 简述电子支付的运营模式。
3. 简述支付、电子支付、支付系统的概念。
4. 简述电子支付产业发展面临的问题。

应用实训题

1. 根据自己应用各类支付方式的经历，总结支付的流程以及支付工具所具备的功能。

2. 了解最新的电子支付方式，并尝试应用。

项目二

02

电子支付工具

项目知识点

1. 掌握支付工具的概念和分类。
2. 掌握电子支付结算方式的类型，了解其应用现状与未来发展趋势。
3. 掌握电子现金和电子钱包的基本情况。
4. 了解电子信用卡的种类。
5. 了解电子信用卡和电子支票的特点。

项目技能点

1 掌握电子现金的支付流程。
2. 掌握电子钱包的支付流程。

项目素质点

1. 了解课本之外的电子支付相关产品，培养电子支付产品的设计理念。
2. 培养掌握电子支付产品的运营流程细节的能力（包括个人应用、商户收单或者基础平台等）。

案例导入

2014年3月21日，中国建设银行与万事达卡国际组织携手推出龙卡电子钱包，使中国消费者成为亚洲地区首个使用这一全新跨境互联网支付工具的群体，感受崭新的全球购物体验。

随着互联网金融和全球网络支付的快速发展，境内居民选择通过境外互联网商户进行消费，购买优质海外商品成为时尚，促进了我国跨境网络消费高速增长。据了解，2011年至2013年，使用建设银行信用卡的跨境网络消费交易均出现两位数的快速增长。其中，2013 年建设银行信用卡网络消费交易近千亿元。

此次推出的龙卡电子钱包是依托万事达卡国际组织先进的 MasterPass 平台，针对具有跨境网络消费需求的“海淘”客户推出的跨境网络支付工具，持卡人注册龙卡电子钱包后，支付时只需登录龙卡电子钱包，通过点击已绑定的信用卡和配送地址，无需输入卡号和个人信息，即可实现“一键式支付”。

客户可以和任何带有 MasterPass 受理标识的全球跨境互联网商户进行在线交易并通过龙卡电子钱包完成支付。目前受理商户达 700 余家，遍布美国、加拿大、英国和澳大利亚等国。

为配合龙卡电子钱包上市，建设银行与万事达卡国际组织还推出了“用龙卡电子钱包，满 200 美元返 20 美元”的促销活动。持卡人在 2014 年 5 月底前，通过龙卡电子钱包在指定商户刷龙卡信用卡万事达卡，消费单笔满 200 美元即可获赠 20 美元预付费卡一张。

任务一　电子现金

2.1.1 电子现金的概念

1. 电子现金的基本概念

电子现金(E-Cash)又称为数字现金(Digital Cash)，是一种以数据形式流通的货币。电子现金是把现金数值转换成为一系列的加密序列数的货币，它可以用来表示现实中各种金额的币值。它是一种以数据形式流通的，通过网络支付时使用的现金，但比现实货币更加方便。电子现金带来了纸币在安全和隐私性方面所没有的计算机化的便利，电子现金的应用开辟了一个全新的市场。

应用实例

电子现金

1. DigiCash 的 E-Cash

1990 年，DigiCash 公司在荷兰成立，它是一家专门从事电子支付系统和电子现金开发的专业公司，其创始人 David Chaum 是该领域的先驱之一。DigiCash 公司开发了基于软件的 E-Cash 的电子现金支付系统。E-Cash 是在互联网上应用的完全匿名的安全电子现金，它提供了纸质现金的私密性，并具有公开网络所要求的附加安全性。

2. CyberCash 公司的 CyberCoin

CyberCash 公司可提供多种互联网结算方式，包括信用卡小额支付和支票结算等服务。CyberCash 综合了现金和支票的特性。CyberCoin 提供小额支付服务，消费者可把自己的 CyberCoin 放在 CyberCash 电子钱包里。商家可用 CyberCoin 来处理 25 美分到 10 美元之间的小额支付。有偿提供信息的商家可用这种小额支付方式来收取低额付款；软件分销商可通过收取大量的 CyberCoin 来销售软件。

3. eCoin. net 的 eCoin

eCoin 是 eCoin. net 发行的电子现金，可用于在线小额支付。这种电子现金存储在客户计算机上的 eCoin 电子钱包里。eCoin 系统是由客户、商家、eCoin 服务器组成的三方系统。eCoin 服务器相当于经纪人，它负责维护和更新用户与商家账号，接受客户软件的结算请求，并为商家核算发票。eCoin 服务器在 eCoin 自己的网站上运行，具备防止重复消费的功能。

2. 电子现金的属性

电子现金是纸币现金的电子化，它具有以下四个属性：

(1) 货币价值

电子现金需要一定的现金、银行授权的信用或银行证明的现金支票进行有效的支持。当电子现金被一家银行产生并被另一家银行接受时不能存在任何不兼容。如果失去了银行的支持，电子现金会存在支持资金不足的风险。

(2) 可交换性

纸币、商品或服务、网上银行卡、银行账户存储金额、支票或负债等都可以与电子现金进行互换。电子现金的发行商希望电子现金仅在一家银行使用，但实际上并不是所有的买方都使用同一家银行的电子现金，他们甚至不使用同一个国家银行的电子现金。

(3) 可存储性

电子现金支持用户在家庭、办公室或途中对存储在一个计算机的外存、IC 卡或者其他更易于传输的标准或特殊用途的设备中的电子现金进行存储和检索。电子现金的存储是从银行账户中提取一定数量的电子现金，存入上述设备中。电子现金存储在计算机上的特性使复制电子现金非常容易，所以这种设备应该有一个友好的用户界面以助于通过口令或其他方式对用户进行身份验证，以及对于卡内信息的浏览显示。

(4) 重复性

因为买方可能用同一电子现金在不同国家、地区的网上商店同时购物，这就造成电子现金的重复使用。为了防止电子现金的复制和重复使用，一般的电子现金系统会建立事后检测和惩罚机制。

2.1.2 电子现金的特点

电子现金具有现金的特性：方便、费用低（或者没有交易费用）、防伪性、不记名以及其他性质。另外，和其他电子支付手段相比，电子现金还具有以下特点：

(1) 匿名性

电子现金可以保证交易的保密性，因为它不能提供用于跟踪持有者的信息，这样也维护了交易双方的隐私权。但同时，电子现金一旦丢失也会同纸币现金一样无法追回。

（2）可传递性

电子现金可以方便地进行传递。电子现金也可以转让，任何人拿到电子现金都可以进行消费。

（3）可操作性

作为一种结算方式，电子现金能够交换成其他电子现金、纸币现金、商品或服务、银行账户的存款和债券等。

（4）可分性

消费现金的数量由不同面值的现金组成，而电子现金可以像普通现金一样细分成不同大小的货币单位用于支付。

（5）可存储和查看

电子现金可存储在远程计算机里、智能卡里或其他易于转移的标准设备或专用设备上。电子现金必须可远程存储和查看，可支持用户在家里或办公室里交换电子现金。

（6）不可重复使用

电子现金可以通过特定的金融机构充值，但不可重复使用。

（7）方便性

电子现金不受空间制约：当我们使用现金进行交易时，必须当场进行，因此我们不能在此地用现金即时支付异地购物的货款。但是对于电子现金，则可以通过网络即时支付异地购物的货款，进行货币交易。电子现金不受时间的制约：现在人们习惯于与银行打交道，当手头没有现金时，往往通过银行柜台或 ATM 取现金，这不是随时能办到的。而电子现金利用家中的个人计算机及 IC 卡就能取出，因此无论什么时候都可将电子现金取出。即使在半夜，当需要时，只要在银行的开户账号上有存款，就可自由地支取。更重要的是，当需要在两地间传送资金时，通过银行、邮局去操作，一般当日是不能够拿到现金的。但是对于电子现金，它可以通过在计算机互联网络中的地址，将钱寄去，并且对方很快就能收到。

应用实例

电子现金　方便居民

交通银行太平洋 IC 借记卡在小额消费领域为客户提供了方便快捷的电子现金服务。持卡人不仅可以通过 IC 卡实现轻松方便的多渠道快捷支付，同时在消费时更加安全，真正实现了“一卡在手，生活无忧”！一、无需密码，轻松闪付。电子现金是金融 IC 卡为提高快捷小额支付便利性而推出的应用功能，凡是有银联“UP cash”和“QuickPass 闪付”标识的消费终端上都可以使用电子现金。更为方便的是，使用电子现金消费时，持卡人无须签名和输入密码，省去了输入密码的繁杂手续，既轻松方便又安全无忧。二、便捷手机圈存，更多银联渠道。使用电子现金前需要对电子现金账户进行“圈存”的充值操作。如果交行 IC 卡持卡人持有具备 NFC 功能的手机，则可以通过在手机上安装的交通银行手机银行客户端完成圈存操作，既轻松又快捷。此外，持卡人无论持有任何银行具有银联标识的 IC 卡，均可以通过交通银行自助设备完成电子现金圈存功能。

（资料来源：http://bank.hexun.com/2013-11-15/159709884.html）

（8）独立性

电子现金不依赖于所用的计算机系统。电子现金的优势在于完全脱离 IC 卡等实物载体，使得用户在支付过程中更加方便。但其必须通过电子现金自身使用的各项密码技术来保证电子现金的安全。

（9）安全性

电子现金在开放的网络中交易必须是安全的。电子现金不应在进行交换时被轻易地复制或篡改。电子现金应该能够安全地存储在用户的计算机或 IC 卡中，并且可以方便地在网络上传输。电子现金是能够匿名消费的，消费过程中，消费者的个人资料必须得到保护，不能提供或跟踪持有者的信息。

（10）可离线操作

电子现金支付系统不直接对应任何账户，持有者事先预付资金，便可获得相应货币值的电子现金（智能卡或硬盘文件），因此可以离线操作，是一种“预先付款”的支付系统。

（11）协议性

电子现金的应用要求银行和商家之间应有协议和授权关系，电子现金银行负责消费者和商家之间资金的转移。

（12）对软件的依赖性

消费者、商家和电子现金银行都需使用电子现金软件。

2.1.3 电子现金存在的问题

电子现金的使用非常方便快捷，但是在使用的过程中还存在以下问题：

（1）目前的使用量小

只有少数几家银行提供电子现金开户服务，也只有少数商家接受电子现金。

（2）成本较高

电子现金对于硬件和软件的技术要求都较高，需要一个大型的数据库存储用户完成的交易和 E-cash 序列号以防止重复消费。因此，尚需开发出硬软件成本低廉的电子现金。

（3）存在货币兑换问题

由于电子货币仍以传统的货币体系为基础，各国银行只能以各国本币的形式发行电子现金，因此从事跨国贸易就必须要使用特殊的兑换软件。

（4）可丢失性

电子现金与普通钱币一样会丢失，如果买方的硬盘出现故障并且没有备份的话，电子现金就会丢失，就像丢失钞票一样。

(5) 不排除出现电子伪钞的可能性

一旦电子伪钞获得成功，那么发行人及其客户所要付出的代价会是巨大的。

尽管存在种种问题，电子现金的使用仍呈现增长势头。随着较为安全可行的电子现金解决方案的出台，电子现金一定会像商家和银行界预言的那样，成为未来网上贸易方便的交易手段。

2.1.4 电子现金的支付流程

电子现金的支付流程如图 2－1 所示。

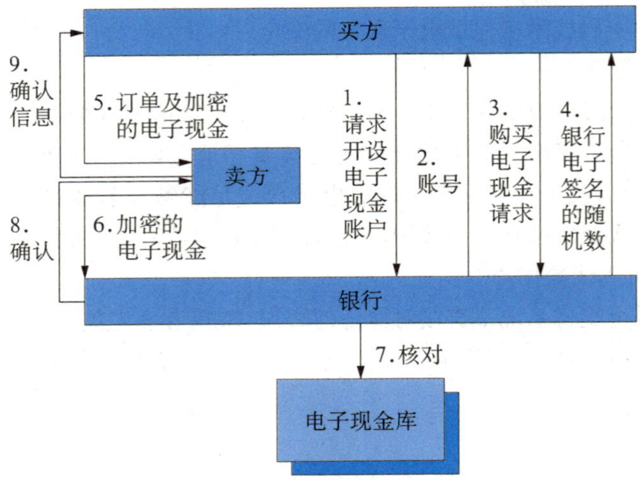

图 2－1
电子现金的支付流程

买方在一家发布电子现金的网上银行上开设一个账户，并将足够资金存入该账户以支持今后的支付。一旦账户被建立起来并购买电子现金后，买方就可以使用电子现金软件产生一个任意面额的电子现金，银行对它使用私钥进行数字签名，这样它就有效了。

买方使用专用软件从电子现金银行取出电子现金存在特定的设备上。当买方从接收电子现金的卖方处订货，用卖方的公钥加密电子现金后，再传送给卖方。

接收电子现金的卖方与电子现金发放银行之间进行清算，电子现金银行将买方购买商品的钱支付给卖方。这时可选择两种支付方式：双方支付和三方支付。双方支付方式仅涉及两方，即买卖双方。在交易中卖方用银行的公共密钥检验电子现金的数字签名，然后把电子现金存入机器，随后再通过电子现金银行将相应面值的金额转入账户。在许多情况下，双方交易是不可行的，因为可能存在重复使用的问题。所谓三方支付方式，则是在交易中，电子现金被发给卖方，卖方迅速把它直接发给发行电子现金的银行，银行检验货币的有效性，并确认它没有被重复使用，然后将它转入卖方账户，这种方式可以避免电子现金的重复使用。

像纸币一样，电子现金通过一个序列号进行标识。为了检验是否重复使用，电子现金将以某种全球统一标识的形式注册。

卖方获得款项后，向买方发送订单确认信息。

2.1.5 电子现金系统

由于许多电子现金系统在具体实现时，要求用户下载和安装同浏览器一起运行的复杂的客户端软件，另外，由于存在着多种相互竞争的技术，电子现金系统的开发还缺乏统一的标准。这就意味着消费者要面临多种专用的电子现金系统，而且它们之间不可相互交换。所以电子现金系统的开发使用并没有达到预期的成功。

尽管如此，还是出现了一些比较成功的解决方案。简单介绍如下：

（1）CheckFree

CheckFree 是最大的在线结算处理公司，为大企业和互联网用户提供在线结算处理服务。CheckFree 公司提供基础设施和软件，可允许用户用电子支票支付账单。

（2）DigiCash

DigiCash 系统是由 DigiCash 公司于 1994 年 5 月开发的一种电子现金系统。该系统允许消费者使用电子现金进行在线交易。DigiCash 是一种无条件匿名系统。当消费者使用货币时，商家所能看到的只是银行的签字，而不是消费者本人的签名。E-cash 是由 DigiCash 开发的在线交易用的数字货币。通过应用 E-cash 客户软件，消费者从银行提取，并在自己的计算机上存储 E-cash。银行验证现有货币的有效性，并把真实的货币与 E-cash 交换。商家能够在提供信息或货物时接受支付的 E-cash 货币。客户端软件叫“计算机钱包”(Cyberwallet)，负责与银行之间的存/取款处理，以及支付或接收商家的货币，支付者的身份是不公开的。

（3）Clickshare

Clickshare 是面向报刊出版商的电子现金系统。Clickshare 技术有时被误以为只能进行小额支付，但实际上完成小额支付仅是其功能之一。Clickshare 可以跟踪交易，并向用户的 ISP 收费。而 ISP 已为此用户设置了账号，可从此账号中扣除用户的采购费。Clickshare 还可以跟踪用户对互联网的访问，这对想了解受众偏好的广告主和营销公司非常重要。公司认为小额支付只是其识别用户的核心功能的副产品。Clickshare 是用标准的 HTTP 协议来实现这个功能的，不需要 Cookie 或软件钱包。Clickshare 声称它是唯一实现这一功能的公司。

（4）Milicent 系统

Milicent 是一种小额电子商务交易的互联网支付系统，其钱包使用的是可以在 Web 上应用的一种叫做票据(Script)的电子令牌。Script 被安全地保存在用户的计算机硬盘上，并用个人标识码或口令对其加以保护。

（5）Worldpay 系统

Worldpay 是一种通过互联网应用的安全的、多币制电子支付系统。消费者可以拥有信用卡或借记卡授权的 Worldpay 多币制账户。其账户处理是集中式的，因此可以在世界上的任何地方的任何计算机上存取资金。它把资金从消费者的账户转拨到商家的 Worldpay 银行账户中。没有使用的资金可以在任何时候返还给原始账户的信用/借记卡用户。

(6) Cybercoin 系统

Cybercoin 可以用于信用卡交易,以及美国国内使用的小额支付和电子支票转拨,是一个基于软件的电子现金产品,目前已经与 SET 结盟。

(7) MPTP 机制

MPTP(Micro Payment Transfer Protocol,微支付传输协议)是 W3C 协会定义的一组用于小额支付的开放 API。它除了在用户的客户端拥有钱包外,计划使用 XML,并定义一种标准的支付标记嵌入在零售商的 HTML 页面上;客户通过解释标记,并使用恰当的支付机制启动一次支付过程。

任务二　电子信用卡

2.2.1 电子信用卡的概念

1. 电子信用卡概述

信用卡是商品经济发展到一定阶段的产物,随着商品生产规模的不断扩大,消费者的消费能力相对不足,于是 1915 年在美国诞生了第一张信用卡,其最初是用于商业。饮食业业主为了扩大销售、吸引顾客,在一些顾客中发行"信用筹码",凭此筹码顾客能享受分期付款、赊购商品等服务。后来筹码形式逐渐演变成卡片形式并逐渐在其他领域推广使用。

在早期的 Web 节点商务应用中,只是要求输入信用卡号码,然后把这个号码以明码方式通过互联网传送给清算系统,以获得确认。显然,这种方式的安全性是有问题的。其后,为了提高联机信用卡的安全性,采取了一系列的技术。首先,在 Netscape 和 Microsoft 的 Web 的设施中,都实现了安全套接层 SSL。

SSL 保证在浏览器与 Web 服务器间的通信信息不会被第三方获取,这样就有效地防止了通过监听网络来收集信用卡号码或修改有关交易报文的可能。

知识拓展

信用卡的历史

信用卡 1915 年起源于美国。最早发行信用卡的机构并不是银行,而是一些百货商店、餐饮娱乐业和汽油公司。为招揽顾客,推销商品,这些店有选择地发给一些顾客一种类似金属徽章的筹码作为消费凭证,顾客可以在这些发行筹码的商店及其分号赊购商品,约期付款。这就是信用卡的雏形。

不过,信用卡的发明还要归功于纽约商人弗兰克·麦克纳马拉。一天,他在饭店招待客户用餐,付账时发现钱包忘带了,于是提议店方收下他写的一个卡片,卡片上注明在某某期限内偿还欠款。这一经历使麦克纳马拉产生了创建付款卡即信用卡的想法。

1950 年,他与好友施奈德合资在纽约创立了"大来俱乐部",即大来信用卡公司的前身。该俱乐部向会员提供一种能够证明身份和支付能力的卡片，会员凭此卡可以记账消费。但这种无需银行办理的信用卡仍属于商业信用卡而非银行信用卡。

1952 年，加利福尼亚州的富兰克林国民银行作为金融机构首先发行了银行信用卡。当时，卡片是用硬纸板做的。1959 年，美国运通公司制作出塑料信用卡。此后，许多银行加入了发行信用卡的行列。

电子商务活动中使用的信用卡是电子信用卡，电子信用卡通过网络直接进行支付活动。电子信用卡是一种成功的电子支付手段，适用于那些通过网络进行的大额交易，它的交易、支付与结算过程有自己的特点。信用卡消费可以采用多种支付方式，包括售货终端机结账、刷卡记账、自动柜员机提取现金等。

信用卡的最大特点是它可以透支使用，因此信用卡不仅是一种支付工具，同时也是一种信用工具。买方可以及时通过发卡机构了解持卡人的信用度，避免了欺诈行为的发生。目前我国的信用卡主要在银行专用网络中使用，另外在电子商务中信用卡可以通过特殊协议进行网上支付。电子信用卡是指这种能提供网上支付的信用卡，它已经是一种较成熟的电子支付方式。

应用实例

电子信用卡 Coin

Coin 卡就像普通的信用卡一样薄。它最多可容纳 8 张信用卡的信息，同时还可以利用手机上下载的 Coin 应用程序随时替换增减所容纳的信用卡信息。要使用这张卡，只需要按一下它上面的按钮，选择准备用于支付的信用卡，然后刷一下卡就可以完成支付。Coin 卡采用信用卡或礼品卡中使用的技术。它利用低能耗的蓝牙技术连接手机，能在标准的信用卡读卡器上进行刷卡支付。

谷歌已经推出钱包的移动支付服务，传言苹果也将推出自己的移动支付系统，Coin 信用卡的创办人卡尼须·帕拉沙认为，基本上谷歌钱包与其他移动支付产品跟 Coin 都遇到相同的问题：改变消费者的习惯。卡尼须·帕拉沙发现单向改变用户的习惯，比同时改变两方要容易得多，这激发了他创立 Coin 的决心。这个电子信用卡让店家不需要进行任何改变，对用户来说，则是化繁为简又安全的付款方式。他说："我们还将信用卡背后磁条的类比资料数码化，因为在 Coin 卡内有一个 ARM 处理器，所以 Coin 是个移动设备，它看起来虽然像张信用卡，其实是个小计算机。"

2. 电子信用卡组织

(1) 维萨国际组织

维萨国际组织(VISA International)是目前世界上最大的发行信用卡、旅游支票的组织，其前身是美洲银行信用卡公司。早在1959年美洲银行就开始在美国加利福尼亚发行“美洲银行卡”(Bank Americard)，后来又专门成立美洲银行信用卡公司，专营信用卡业务，同时吸收了许多中小银行参加联营。20世纪70年代美洲银行信用卡公司与西方国家的一些商业银行合作，于1974年成立了国际信用卡公司，1977年正式以“VISA”作为该组织的标志，称为维萨国际组织。

维萨国际组织的总部设在美国旧金山。维萨国际组织实行董事会负责制，董事会负责制定组织的章程和各项规章制度、审批各项经费以及策划全球市场战略等重大问题。

维萨国际组织经过几十年的发展，已成为世界上最大的信用卡集团，无论是信用卡的数量还是交易额都居世界首位。该组织现代化的授权系统(BASE I)和清算系统(BASE II)有力地支持了维萨卡在全球的发展。其多种产品满足了广大消费者的需要，其发达的服务极大地支持了持卡人的消费。持有维萨卡的人在全球几乎任何一个国家或地区都可以享受从优化签账、饭店住房到全球医疗和法律服务等广泛服务。中国的银行系统中的中国银行、工商银行、建设银行和农业银行都已加入了维萨国际组织。

(2) 万事达国际组织

万事达国际组织(MasterCard International)是服务于金融机构(商业银行、储蓄银行、储蓄和放款协会、存款互助会)的非营利性全球会员协会，其宗旨是为会员提供全球最佳支付系统和金融服务。

万事达国际组织的名称是1979年正式使用的。随着现代化通信技术在金融领域的广泛应用，1984年万事达国际组织建立了全球自动授权系统(INAS)和清算系统(INET)。经过几十年的发展，万事达信用卡由最初的单一产品发展成为系列产品，包括万事达普通卡、万事达金卡、万事达商户卡、万事达自动提款卡和万事达旅行支票卡等。万事达国际组织也已发展成为仅次于维萨国际组织的世界第二大信用卡国际组织。万事达国际组织的管理总部设在美国纽约，总处理中心在圣路易斯市。万事达国际组织实行董事会负责制，董事会负责制定组织的章程和各项规章制度，审批各项费用。

中国的银行系统中的中国银行、工商银行、建设银行和农业银行也都已加入了万事达国际组织。

(3) JCB信用卡公司

JCB(Japan Credit Bureau)公司是目前日本最大的信用卡公司，也是全球五大信用卡公司之一。该公司由日本几十家商业银行筹资，并以日本著名的三和银行为主要后盾。在日本国内持JCB卡的消费者可以享受多种服务。从1981年起，JCB公司的信用卡业务从日本国内发展到海外，在全球范围内占有了一定的市场。

(4) 美国运通公司

美国运通公司(American Express)是目前美国最大的跨国财政机构，该公司的业务主要包括五部分：旅游服务、国际银行业务、投资业务、信托财务咨询等多元化服务、保险服务。

(5) 大来信用卡公司

1950 年春，美国纽约商人麦克纳马拉与施奈德投资一万美元，成立了“大来俱乐部”(Diners Club)，即大来信用卡公司的前身。随着公司的经营逐渐扩展到全球，公司也更名为大来国际信用卡公司(Diners Club International)，1982 年，美国花旗银行收购了大来信用卡公司的大部分股票，大来信用卡公司成为花旗银行的控股公司。公司总部设在美国芝加哥市，根据业务发展需要，大来信用卡公司将全球划分为五大业务区，即亚太区、北美区、南美区、欧洲区和非洲区，各区实行独立核算，自负盈亏。中国开始办理大来信用卡业务始于 1983 年，同年 3 月中国银行与美国花旗银行签订了“中国银行代理大来卡取现和直接购货协议”，从此大来信用卡持卡人可在中国凭卡得到取现和直接购物服务。

2008 年，Discover Financial Services(DFS)与花旗集团签署了一项协议，以 1.65 亿美元的价格收购大来信用卡国际公司。根据协议，Discover 将收购这一国际网络，并将其与自己的业务整合，从而使 Discover 信用卡的持卡人能够在接受大来卡的商户使用他们的信用卡。

2.2.2 电子信用卡的特点

电子信用卡的主要特点是：每张电子信用卡都与一个信用卡账号相对应，资金的支付最终通过转账实现；电子信用卡支付采用在线操作方式；由于在消费中采用的是先消费、后付款的方式，所以对信用卡账户的处理将会滞后于货款的支付。除此之外，电子信用卡还具有以下优点：

(1) 携带方便，不易损坏。信用卡一般用塑料制成，小巧轻薄，便于携带，而且不容易损坏。而普通现金一般由纸制成，容易污损。此外，如果所需数量较多时，普通现金携带也不方便。

(2) 安全性好。信用卡有账户和口令，丢失后可以挂失。而普通现金丢失后就很难找回了。

(3) 可以进行电子购物。信用卡可以通过电话或网络进行支付，普通现金没有这样的功能。

当然，使用信用卡也存在一些问题，其中最主要的就是安全问题。信用卡的安全已成为持卡人最关心的问题，很多人都担心因口令泄露而导致信用卡被盗用。这种担心并不是多余的，事实上，信用卡被盗用的情况并不少见，这都是安全措施不得力造成的。要想顺利地推广信用卡的应用，就一定要切实保证其安全性。安全电子交易(SET)协议是一种新型的安全交易模式，它的一项重要功能就是保证信用卡交易的安全性。现在，SET 协议正在全球范围内推行。使用信用卡可以透支消费，给用户带来方便，但同时也给银行带来了恶意透支的问题。

知识拓展

工银闪酷卡

闪酷卡作为工商银行个人贷记卡的附属卡发行，是一款非接触式小额快速支付卡，所有支付款项均计入所依附的贷记卡账户，并按照信用卡还款规则还款。闪酷卡通过脱机进行小额快速支付，但不能办理取现、转账和联机消费业务。该产品具备以下产品特色：持闪酷卡进行小额消费时，只需将卡片在感应器前轻轻触碰，即可完成交易，不输密、免签单。同时，可自主设定1000元及以下的支付限额，最大限度地保障资金安全。闪酷卡可以在支持银联的小额非接触式终端上使用，如成都公交、地铁等。

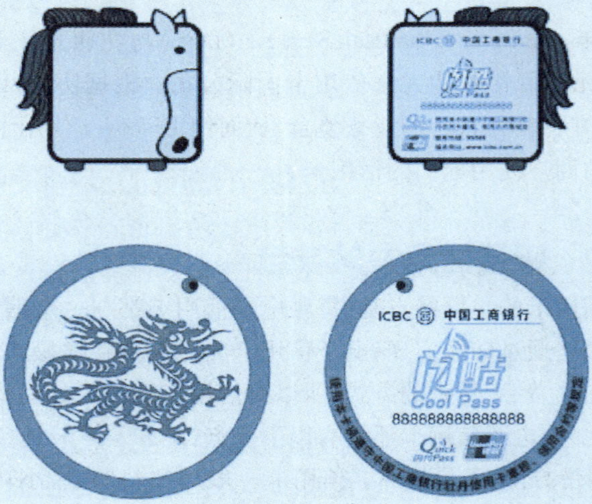

图 2-2
工银闪酷卡卡样

2.2.3 电子信用卡的种类

信用卡通过在世界范围内普及与发展，今天已经发展成为一个成员众多的大家族。虽然信用卡品种繁多，但仍然可以将其以银行卡的根本特征和基本功能作为衡量标准来加以区分，并按照不同的划分标准进行分类。

(1) 按照信用卡发行机构划分，可以分为银行卡和非银行卡

银行卡(Bank Card)，是由银行等金融机构发行的，方便客户取得融资途径，并且具有购物消费、转账结算等功能的各种支付卡。

非银行卡(Non-Bank Card)，主要包括商业机构发行的零售信用卡和旅游服务行业发行的旅游娱乐卡两种。零售信用卡是由零售百货公司、石油公司、电信公司等企业发行的，持卡人凭卡可以在指定的商店购物或在汽油站加油等，定期结算。这种信用卡流通范围受到很大限制，发展范围较窄。旅游娱乐卡是由航空公司、旅游公司等发行的，用于支付各种交通工具的费用以及就餐、住宿、娱乐费用等，发行对象多为商旅人士。美国运通卡属于此类信用卡。

图 2-3
美国运通卡

(2) 按照信用卡信息存储媒介划分,可以分为磁条卡和芯片卡

图 2-4
磁条卡和芯片卡

最早的信用卡雏形是纸质或金属质地的卡片,那时的信用卡主要是饭店、石油公司、百货公司等大的零售商专门提供给比较富有的客户用于支付和信用购买的。1974 年,磁条卡(Magnetic Strip Card)出现,磁条技术开始用于信用卡。芯片卡(Chip Card/IC Card)也称为智能卡(Smart Card),属于无接触式付款方式(Contactless Payments)。法国人罗朗·莫雷诺(Roland Moreno)发明设计了智能卡,并于 1978 年在法国推出世界上第一张智能信用卡,目前此卡种在欧洲使用较为普遍。智能卡是在付款塑料卡(可以是信用卡或借记卡)中嵌入一个特殊的电脑芯片,芯片含有可用的金额和个人信息。当智能卡在专门的终端上使用时,内嵌芯片能够通过终端进行信息交换、计算及其他多功能的操作,内含的数据可以变化和更新。

与普通磁条信用卡相比,更强大的数据存储能力使得智能卡具有更多的功能。比如,它能携带电子现金;经程序化后可作为出入办公楼层的安全通行卡或旅店的房间钥匙;可用于转付大数额的资金款数;可查询信用卡的使用额度、奖励点数、飞行里数;甚至可从银行账户和货币市场上提取或周转款项。智能卡的多功能特点,意味着消费者只需要携带卡片即可,非常方便。对商家而言,智能卡的使用减少了盗窃和伪冒的风险。对银行来说,智能卡可节省处理现金与支票的人力支出。

(3) 根据清偿方式的不同,可以划分为贷记卡、借记卡和准贷记卡

贷记卡(Credit Card),即狭义上的信用卡,是一种向持卡人提供消费信贷的付款卡,持卡人不必在发卡行存款,就可以“先购买,后结算交钱”。根据客户的资信以及其他情况,发卡行给每个信用卡账户设定一个“授信限额”,比如 1000 美元。这意味着,持卡人可以使用信用卡付账,只要累计不超过 1000 美元即可。

一般发卡行每月向持卡人寄送一次账单，持卡人在收到账单后的一定宽限期内，可选择付清账款，则不需付利息；或者付一部分账款，或只付最低还款额，以后加付利息。由于信用卡不需存款，所以信用卡持卡人不必在发卡行开有银行账户。此种信用卡是目前流通最为广泛的支付卡种，其核心特征是信用销售和循环信贷。

借记卡(Debit Card)，是相对应贷记卡"后付款"的"现付款"卡。为获得借记卡，持卡人必须在发卡机构开有账户，并保持一定量的存款。持卡人用借记卡刷卡付账时，所付款项直接从他们在发卡银行的账户上转到售货或提供服务的商家的银行账户上。因此借记卡的卡内资金实际上来源于持卡人的支票账户或往来账户(即活期存款账户)，借记卡的支付款额不能超过存款的数额。其实，对于持卡人在账面上来说，用借记卡付款的过程和从银行直接提款，然后用现金付账的过程，没有本质的差别，只不过用卡要方便多了。可以说，借记卡只是消费者支付现金或支票的另一种更方便的形式，借记卡也因此被称为支票卡(Check Card)。

准贷记卡(Semi Credit Card)，是我国为了适应政治经济体制、社会发展水平、人们的消费习惯等因素，在具有中国特色信用卡产业发展过程中，创造的一种信用卡品种，此种信用卡兼具贷记卡和借记卡的部分功能，一般需要交纳保证金或提供担保人，使用时先存款后消费，存款计付利息，在购物消费时可以在发卡银行核定的额度内进行小额透支，但透支金额自透支之日起计息，欠款必须一次还清，没有免息还款期和最低还款额。其基本功能是转账结算和购物消费。

(4) 按照流通范围不同，可以分为国际卡和地区卡

国际卡(International Card)，是指发卡机构发行的国际信用卡组织品牌的信用卡，在全球可以受理该品牌信用卡的机构、网点都可以使用。但是无论国际卡的发卡机构是哪个国家，信用卡的结算货币都必须是可自由兑换货币。因此，国际通用信用卡必须具备两个条件：国际信用卡组织品牌和结算货币为可自由兑换货币。

地区卡(Local Card)，是由区域性信用卡组织发行或某个国家及地区发行的，仅可以在某个区域、国家或地区使用的信用卡。

(5) 按照信用卡结算货币不同，可以分为外币卡和本币卡

外币卡(Foreign Currency Card)，是指结算货币非发卡机构所在国家法定货币的信用卡。一般情况下，信用卡的经营商多属于可自由兑换货币国家的机构，因此在此种国家，不存在外币卡与本币卡的区别；而在大多数发展中国家，很多国家的货币都是不可自由兑换货币，因此，以此种货币作为结算货币的信用卡即便参加了国际信用卡组织，所发行的也只能是地区卡，无法国际通用。为此，发卡机构必须以某种可自由兑换货币，即国际通用的货币作为自己国际卡的结算货币，从而实现发行国际通用信用卡的目的，这就是所谓的外币卡。

本币卡(Local Currency Card)，即以信用卡经营者所在国家法定货币作为结算货币的信用卡。在法定货币为可自由兑换的国家，本币卡只要是属于国际信

用卡组织的品牌即为国际卡，否则即为地区卡。即便结算币种是可自由兑换的，也无法走出国门；在法定货币为不可自由兑换的国家，即使是国际信用卡组织品牌的信用卡，也只能是在国内使用，即本币卡等同地区卡。

(6) 按照信用卡账户币种数目，可以分为单币种信用卡和双币种信用卡

单币种信用卡(Single-Currency Card)，即仅设置单一结算币种的信用卡，一般具有人民币结算账户，其功能与双币种信用卡基本相同，传统的信用卡均属于此类型信用卡。

双币种信用卡(Dual-Currency Card)，是近几年才在我国出现的一种银行卡。随着我们经济的不断发展，人民生活水平的不断改善，出国旅游和购物成为了很平常的事情，因此形成了人们对于以外币结算的银行卡的广泛性需求。因此，国内的很多银行，相继与 VISA(维萨)，MasterCard(万事达)等国际银行卡组织合作，推出了具有人民币和美元结算功能的银行卡，在国内通过银联可以实现人民币结算，出国后可以在支持 VISA 或者 MasterCard 的商户和银行取款机消费和取现，并且以美元结算。双币种信用卡是具有人民币和美元结算账户的信用卡，其功能与单币种信用卡基本相同。

(7) 按照信用卡从属关系，可以分为主卡和附属卡

图 2-5
信用卡的主卡和副卡

主卡(Basic Card/Principal Card)，主卡是发卡机构向年满一定年龄，具有完全民事行为能力，具有稳定的工作和收入的个人发行的信用卡。

附属卡(Additional Card/Supplementary Card)，是指主卡持卡人为自己具有完全民事行为能力的父母、配偶、子女或亲友申请的，由发卡机构发放的信用卡。主卡和附属卡共享账户及信用额度，也可由主卡持卡人自主限定附属卡的信用卡额度，主卡持卡人对于主卡和附属卡所发生的全部债务承担清偿责任。

(8) 按照信用卡发卡对象不同，可以分为公司卡和个人卡

公司卡(Business Card)，也称为商务卡，是发卡机构发行的以商务服务为核心的信用卡，专门针对公司所需，推出差别化员工授信额度、综合对账单、商旅优惠计划等专业特色服务，以备公司员工用于公务商旅消费、业务招待等开支。发卡机构会根据公司的资信情况，授予公司商务卡综合授信额度。在此授信额度范围内，公司可根据员工的不同级别或实际需要给予不同的信用额度，并可随时调整额度或限制使用，让公司的财务分配更趋灵活。例如，万事达商务卡强大的 SDOL(Smart Data Online)在线财务管理报表数据平台，配以灵活多变的信用额度，公司商务支出任掌控，不受时空限制，轻松实现跨国、跨地区的统一管理。

个人卡(Personal Card)，是发卡机构向具有完全民事行为能力，具有稳定的

工作和收入的个人发放的信用卡，区别于公司卡。

(9) 按照持卡人信誉地位和资信情况，可以分为无限卡、白金卡、金卡、普通卡

发卡机构一般会按照信用卡申请者的社会身份地位、经济实力、消费能力、信用等级等标准发放不同等级的信用卡，一般以普通卡为最低级别，高级别信用卡的授信额度要高于低级别信用卡。

无限卡(Infinite Card)，是发卡机构出于金融业竞争日益激烈的现实，为了锁定金字塔顶端的消费者市场，所推出的最高级别的信用卡，通常享有比白金卡更为尊崇的服务与权益。无限卡是维萨国际组织的高端信用卡品牌，目前全世界多个国家和地区都推出了无限卡产品，我国的招商银行、中信银行和中国银行也在大陆地区发行了无限卡。由于无限卡并非普及信用卡产品，着重的也并非发卡量，而是持卡人的贡献度，因此，目前为止，全世界无限卡的发卡量极为有限。万事达国际组织相同等级的信用卡品牌则称为世界卡。

白金卡(Platinum Card)，是发卡机构为区别于金卡客户而推出的信用卡，并提供了比金卡更为高端的服务与权益，一般采取会员制度，有客户服务电话专线服务和倍显尊崇的附加值服务等。通常具有全球机场贵宾室礼遇、个人年度消费分析报表、高额交通保险、全球紧急支援服务(GCAS)、24小时全球专属白金专线电话服务等服务功能。

(10) 按照信用卡形状不同，可以分为标准信用卡和异形信用卡

这里主要介绍几种异形信用卡：

迷你卡(Mini Card)，是维萨国际组织推出的信用卡品种，一般MINI信用卡由一张大卡和一张小卡组合而成。大卡为传统的信用卡卡片，小卡则吸取了VISA国际组织最先进新潮的卡片设计理念，对卡片造型进行了大胆创新和突破，与传统的卡片相比，小卡体积缩小了将近一半(43%)，并在卡片的左下角有一个独特的流行孔眼设计，使得造型更显小巧玲珑，外观更加精致时尚。特别是这个看似不经意的开孔，融入了卡片设计的巧妙构思，通过这个小孔，持卡人可以方便地将卡片与手机、钥匙扣、项链等个性化配件相结合，外出聚餐、购物、健身，携带更加方便，出行更加轻松。2004年3月9日，招商银行率先在国内推出VISAMINI信用卡。

图2-6
MINI卡

MC² 卡(MC² Card)是 2001 年万事达国际组织推出的新开发信用卡品种,卡片右下角是圆的。这是首次打破标准信用卡传统设计的信用卡,开创了信用卡可以改变形状的先河。

图 2-7
MC² 卡

不规则形信用卡:由于台湾信用卡市场竞争异常激烈,台湾联邦银行于 2004 年 2 月底推出了一款造型独特的万事达旅游卡,用以抢占市场。这款卡片正面采用台湾空照图,卡片边缘切割成台湾西海岸线样子,突破一般信用卡弧面或方形的刻板设计。这张不规则造型的信用卡是全球首例。广东发展银行和中国南方航空公司联合发行了首款字母形信用卡,该卡分为黑色的 M 型卡片和红色的 F 型卡片。此后,民生银行也推出了不规则信用卡——女人花信用卡。

图 2-8
民生女人花信用卡

》 2.2.4 电子信用卡的支付流程

在早期的电子商务应用环境中,只是要求客户输入信用卡卡号与密码,然后将信用卡卡号直接通过网络传送给清算系统进行验证。这种方式的安全性是有很大问题的。后来通过 SSL 协议来保护数据的传输过程,它可以保证浏览器与 Web 服务器之间的通信安全。最新的方式是通过 SET 协议来进行网上支付,客户将加密的信用卡卡号与密码发送到银行进行支付,在支付过程中要进行客户、商家与付款要求的合法性验证。

电子信用卡的支付流程主要包括以下步骤:

(1) 网上购物

消费者只能在支持电子信用卡的网站上使用电子信用卡进行购物。消费者将要购买的商品放入购物车后，在结账时选择使用电子信用卡进行支付。商家通过自己的开户银行对消费者的信用卡进行认证，银行认证成功后通知商家，商家再将订购的商品发送给消费者。

(2) 商家与银行进行资金结算

商家将加密后的信用卡卡号与密码发送给收单银行，收单银行将信用卡卡号发送给消费者的发卡银行请求确认，发卡银行在确认与授权后将它返回给收单银行。消费者收到了商家发送过来的商品后，商家的收单银行就与发卡银行进行资金清算。

(3) 发卡银行和消费者进行结算

消费者的发卡银行向商家支付客户购物所需支付的货款，同时定期将客户的购物清单与账单发送给客户，客户要在银行规定的时间内将款项划拨到发卡银行的账户。

2.2.5 电子信用卡支付存在的问题

1. 安全问题

这个问题直接关系到电子交易各方的利益。

买方存在信用卡密码被窃或泄露从而导致资金流失的风险，以及由于商家是虚假的从而造成钱付了却收不到货的局面。卖方存在未能识别伪卡信息进而向虚假买主交货，导致“钱货两空”的结果。银行则存在向虚假商家兑现后因买方收不到货从而拒付货款的风险。由于种种风险的存在，各方当事人对在互联网上从事电子交易就不免心存疑虑。网上交易所能带来的巨大机遇和丰厚利润也无时无刻不在吸引着那些喜欢冒险的人，买方、卖方和银行都必须承担来自外部的风险。更重要的还在于电子交易的进一步发展，必然涉及国民经济建设中资金的调拨，涉及国家经济命脉。

应用实例

某旅游网站泄漏客户电子信用卡信息

2014 年 3 月 22 日，乌云平台连续披露了某旅游网站两个安全漏洞，漏洞发现者称由于该旅游网站开启了用户支付服务接口的调试功能，导致该旅游网站安全支付日志可被任意黑客读取，泄露包括持卡人姓名、身份证号码、银行卡类别、银行卡卡号、CVV 码等信息。

漏洞发现者进一步解释，该漏洞之所以存在，是由于该旅游网站用于处理用户支付的安全支付服务器接口存在调试功能，将用户支付的记录用文本保存了下来。同时因为保存支付日志的服务器未做较为严格的基线安全配置，存在目录遍历漏洞，导致所有支付过程中的调试信息可被黑客任意读取。

对此，不少信息安全业界人士纷纷表示：此次漏洞所泄漏信息显示，该旅游网站的确明文保存了用户相关机密信息，这明显已经违反了银联的相关规定。更糟糕的是，这样敏感的信息并没有被安全地存储，虽然目前还无法确认信息泄漏的范围，但信息被泄漏的可能已经被确认。

从这件事来看，重要的不是我们使用什么卡片的问题，而是如何在电子支付时代，充分利用电子信用卡的安全特性来保障我们的资金安全和个人信息安全。

（资料来源：http://www.donews.com/media/201403/2732569.shtm）

2. 支付方式的统一问题

前面我们已经提到，在电子支付中存在着若干种支付方式，每一种方式都有其自身的特点，且有时两种支付方式之间不能做到互相兼容，这样，当电子交易中当事人采用不同的支付方式且这些支付方式又互不兼容时，双方就不可能通过电子支付的手段来进行款项支付，从而也就不能实现网上交易。

就单种支付方式而言，也存在着标准不一的问题。如智能卡就存在多种标准问题。目前执行的通用标准是ISO7816和CEN726标准，包括了智能卡和智能卡阅读器的格式、协议和功能。这两个标准设计的目的是为了在智能卡和智能阅读器内部或之间提供高效的操作，但没有考虑最大程度发挥智能应用程序效率的问题。

目前还有三种企业标准在使用。一是由IBM、Oracle、Sun、Netscape等公司支持的Open Card Frame Work标准，这是一种基于网络计算机(NC)的标准。二是微软公司制定的PCSC(个人计算机智能卡)工作组标准，该标准为斯伦贝谢电子技术研究所所支持。三是Sun公司的Java Card API标准，该标准为花旗银行、VISA、第一联合银行、VeriFone等公司和组织所支持。显然，在每种支付方式所采用的标准方面也存在着统一的问题。

从现在的情况看，仍存在多种支付方式并存的局面，而且这种格局还将维持相当长的一段时间，但无论如何，支持方式的统一将是大势所趋，是不可阻挡的历史潮流。届时，人们将能够真正地“一卡走世界”。

任务三　电子钱包

2.3.1　电子钱包的定义

1. 电子钱包的概念

电子钱包(E-wallet/E-purse)是在网上小额购物时常用的一种电子支付手段。它是一种装载电子货币的载体，实际上是一个用来携带电子货币的可独立运行的软件，其作用就像生活中随身携带的钱包一样。使用者将这种电子钱包安装在自己的计算机上，在进行网上安全电子交易时使用。电子钱包提供的是图形用户界面，使用者可在电子钱包中方便地申请电子证书、管理自己的信用卡和查询网上交易信息。电子钱包中的信用卡和交易信息由持卡人自己设定的口令保护。当使用人使用浏览器购物需要付款时，电子钱包被自动启动，在使用人输入的口令得到验证后即可进入电子钱包界面。在电子钱包中进行网上交易的数据是加密后在互联网上传输的，只有相应的电子钱包处理器才可以打开交易数据。电子钱包内置了电子签名，处理器验证通过后，通知商家，完成交易。交易结束后使用人的屏幕上将显示所发出的定购请求和商家的确认信息。

电子商务活动中的电子钱包的软件通常都是免费提供的，可以直接使用与自己银行账号相连接的电子商务系统服务器上的电子钱包软件，也可以从互联网上调出来使用。目前世界上有 VISA cash 和 Mondex 两大电子钱包服务系统，中国银行也推出了中银电子钱包。

应用实例

农行湖北分行为农民打造电子钱包

2014 年 2 月下旬，家住湖北随州山区的农民李成强到镇上为菇贩运来十几袋香菇。称重后，菇贩掏出手机，轻点农行“E 商管家”客户端，2.15 万元收购款瞬间转到了李成强的银行卡上，“抽根烟的工夫就把事儿办好了，真方便。”李成强感叹道。

“E 商管家”是农业银行湖北分行推出的全渠道电子商务服务平台，它利用农行网络和客户资源免费为商户提供供应链管理、多渠道支付等定制化电子商务服务，农企和农民可以通过该平台对财务、销售、物流等环节进行统一管理。

由于农村山区交通落后，大量农产品交易依靠商贩到田间地头流动收购，收购时携带大量现金非常不方便。通过“E 商管家”手机版，不但可以实现资金对上归集，还可以实现资金向下支付。农产商贩注册成为“E 商管家”机主后，每收购一批农产品都可以将开户在农行的账户资金通过“E 商管家”支付给持有不同银行卡的农民。该项服务让商贩收购变得轻松便捷，农民也不必担心收到假钞。

（资料来源：http://bank.hexun.com/2014-03-13/163007409.html）

2. 电子钱包的功能

(1) 电子安全证书的管理：包括电子安全证书的申请、存储、删除等。

(2) 安全电子交易：进行 SET 交易时辨认用户的身份并发送交易信息。

(3) 交易记录的保存：保存每一笔交易记录以备日后查询。

(4) 设置相关选项和更改口令。

持卡人在进行网上购物时，卡户信息（如账号和到期日期）及支付指令可以通过电子钱包软件进行加密传送和有效性验证。电子钱包能够在 Microsoft、Netscape 等公司的浏览器软件上运行。持卡人要在互联网上进行符合 SET 标准的安全电子交易,必须安装符合SET标准的电子钱包。

使用电子钱包的顾客要在有关银行开立账户,将电子钱包通过电子钱包应用软件安装到电子商务服务器上,利用电子钱包服务系统就可以把自己的各种电子货币或电子金融卡上的数据输入进去。在发生收付款时,如顾客需用银行卡付款,如用VISA卡和Mondex卡等收款时,顾客只要单击一下相应项目(或相应图标)即可完成。

在电子商务服务系统中还设有电子钱包管理器,顾客可以用它来改变保密口令或保密方式,还可以查看自己银行账号上收付往来的电子货币账目、清单和数据。电子商务服务系统中还有电子交易记录器,可供顾客了解自己的购物清单详情,也可以把查询结果打印出来。

3. 几种常见的电子钱包

(1) Agile Wallet

可处理消费者的结算和购物信息,提供快速和安全的交易。消费者第一次用Agile Wallet购物时需要输入姓名、地址和信用卡数据。这些信息会被安全地存储在Agile Wallet服务器上。以后访问支持Agile Wallet的商家网站时,在商家的结算页面上会弹出有顾客购物信息的Agile Wallet框。消费者验证了框内信息的正确性后,用鼠标点击一次就可完成购物交易。消费者还可将新的信用卡和借记卡信息加入到受保护的个人信息中。

(2) eWallet

免费的电子钱包软件,用户可下载并安装到自己的计算机上。eWallet将顾客个人信息和结算信息存在钱包里,甚至还专门为用户留出放照片的地方(就像真正的钱包一样)。购物完成时,只需点击图标并输入密码,然后从eWallet中选定信用卡并拖到结账表中,eWallet就能把用户在安装软件时所提供的个人信息填写到表中。为保护用户的个人信息,eWallet还有加密和密码保护措施。

(3) Microsoft Wallet

这是微软公司为电子钱包的标准化而推出的软件。用户输入到Microsoft Wallet里的所有个人信息都经过加密并用口令进行保护。新版本还能同电子现金系统、网络银行账户及其他结算模式交互。目前,它支持运通卡、Discover卡、万事达卡和VISA卡。

Microsoft Wallet的使用方法:当用户在支持Microsoft Wallet的网站上选好商品后,切换到电子结账台时,网站的软件会询问用户是自己输入信息还是让Microsoft Wallet代用户输入。若选择后者,就会显示出钱包中的信用卡清单,用户可挑选一张信用卡并输入用户的口令。若用户有多个送货地址,用户可告诉Microsoft Wallet究竟让商家把商品送往何处。剩下的工作就由Microsoft Wallet和商家网站来完成了。

(4) Mondex电子钱包

Mondex卡终端支付只是电子钱包的早期应用,类似于IC卡。

应用实例

国内首张"电子钱包"银行IC卡在泉州面市

2005年8月10日，国内金融业界第一个真正意义上的"电子钱包"银行IC卡——金穗通宝(智能)卡在泉州面市。此张由中国农业银行福建分行推出的银行IC卡是国内第一张符合"中国EMV标准"(智能卡金融支付应用标准)的双界面银行卡，也是国内银行卡业务在产品结构上的又一创新。

刷卡消费是近几年的新鲜事，银行储蓄卡(磁条卡)在刷卡机上一刷，输入密码，然后在回执上签名，完成购物支付。大众消费者需要更便捷安全的电子支付工具。2005年初，中国人民银行着手制定了"中国EMV标准"，并将福建省作为发行"中国EMV标准"银行IC卡的试点省份。

电子钱包是用于小额消费，余额不超过1000元，携带方便，支付快速的智能金融卡。中国农业银行泉州分行有关人士介绍，新卡与现有银行储蓄卡相比，不仅存储容量更大，安全性更高，还提供更人性化的服务，免输密码、免签名、免找零、脱机交易、非接触式付款等，将广泛应用于金融、医疗、公共收费、综合收费、社会保障等领域。

(资料来源：http://news.qq.com/a/20050810/001200.htm)

2.3.2 电子钱包的特点

电子钱包的应用特点与功能都与人们生活中的钱包相似，它可以存放各种电子货币与信用卡、个人信息卡等，并可进行集中管理；平时可收起来，使用时又自动打开。普通的网上消费者使用电子钱包获得的好处是很多的，正如很多人喜欢在生活中使用钱包一样。当然，电子钱包毕竟是高技术的产物，在安全性能上远比生活中的钱包强，应用方法、表现形式上也有一些不同点，在用于网络支付与结算时的特点可归纳如下：

(1) 个人资料管理与应用方便

客户成功申请钱包后将获得一个属于个人的电子钱包信息档案，存储在电子钱包服务器上，客户借助客户端软件可在此信息档案中进行增加、修改、删除个人资料的操作。当需要使用这些信息时，只需在网页上单击"钱包图标"，就能把这些个人商务信息都安全发送到商家网站，不用再填写一些购物时的重复性信息，如姓名、送货地址、联系E-mail、信用卡号等，简化用户的购物流程，让用户感到省心、简便。

(2) 客户可用多张信用卡

很多持卡人都持有多张信用卡，不仅持有不同品牌的信用卡，也可能同时持有同一品牌的多张信用卡，在不同情况下或者购买不同商品时，使用不同的信用卡进行支付。电子钱包软件也考虑到持卡人的这一需求，不但可以使用多张信用卡，还可使用电子现金，并且可以由持卡人任意选择。但客户使用多张信用卡的前提是，客户必须为电子钱包申请数字证书，以证实自己的身份。

(3) 使用多个电子钱包

软件供应商提供的电子钱包客户端软件一般都具有能使用多个钱包的功能。换句话说，就是一个电子钱包软件可以让多人各自授权使用，互不干涉。当启动电子钱包后，只要输入不同的用户名与开包密码，就能打开不同的钱包。每位用户只能打开自己的钱包取出自己的信用卡等，而无法打开别人的钱包。

(4) 购物记录的保存与查询

电子钱包软件每进行一次交易，无论成功或失败，都会将结果记录下来，供客户进行查询。电子钱包能够帮助客户记下所有网络交易情况，包括在哪家商店买了什么东西，花了多少钱，客户借助电子钱包可对自己的网上消费情况一目了然。

(5) 多台计算机使用同一套电子钱包，共用同一张数字证书

许多客户家里有一台台式电脑，出差时，往往带一台笔记本电脑。借助电子钱包软件与计算机的非对应性，这两台计算机都可运用自己的电子钱包软件上网购物。在家时，用家里的台式电脑，出差时则用笔记本电脑移动上网购物。目前，几乎所有的电子钱包软件都提供此类功能。客户可以选择此项功能，如将数字证书复制到 U 盘上，然后在另一台计算机中也安装一套电子钱包软件，选择将 U 盘中的证书数据装入电子钱包的功能，将数字证书复制到另一台计算机的电子钱包软件中去。另一台计算机就可使用同一张数字证书了。

(6) 不管应用何种电子货币(特别是信用卡)，都具有较强的安全性

一般来讲，电子钱包用户的个人资料存储在服务器端，可以通过技术手段确保安全，而且不在个人电脑上存储任何个人资料，避免资料泄露的危险。同时，网络支付传输采用 SET 协议安全机制，安全可靠。

(7) 快速而有效率

应用电子钱包节省了很多信息的重复填写，速度比较快，因而交易效率较高。

(8) 对参与各方要求较高

使用电子钱包进行网络支付，需要在一整套电子钱包服务系统中进行，并且客户需配置电子钱包客户端软件才可使用，给客户带来一定的不便。

2.3.3 电子钱包的分类

根据电子钱包储存位置的不同，可以把电子钱包分为如下两类：

(1) 服务器端电子钱包。这类钱包是在商家服务器或电子钱包软件公司的服务器上储存消费者的信息。这类电子钱包最大的缺点是，由于客户机与服务器之间的安全漏洞问题，可能会导致将客户的信息泄露给未经授权的第三方的风险。

(2) 客户机端电子钱包。这类电子钱包是在消费者自己的计算机上储存消费者的信息。这样做避免了由于攻击服务器而泄露客户信息的可能，但这类电子钱包也有缺点，主要是下载时间长，且不便于携带，因为客户如果不是在安装了自己的电子钱包的计算机上购物的话，就无法得到自己的电子钱包的支持。

2.3.4 电子钱包的支付流程

使用电子钱包进行购物一般经过以下过程(图 2-9)：

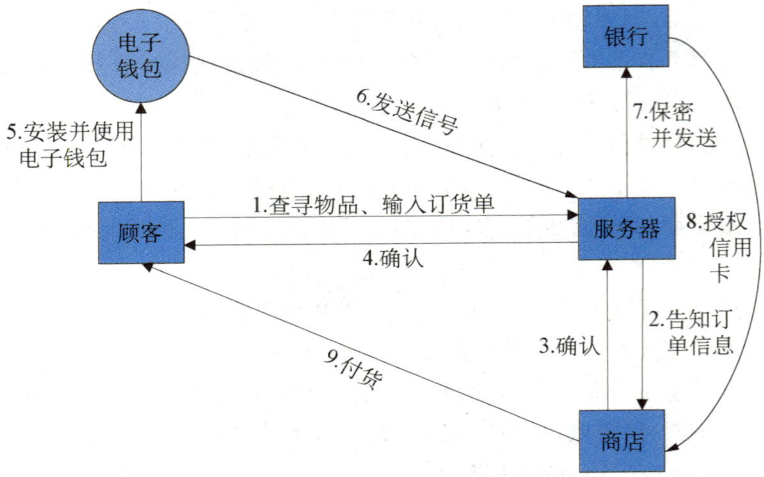

图 2-9
使用电子钱包
购物流程

(1) 顾客(即购物消费者)通过互联网查寻自己想购买的物品。

(2) 顾客在计算机上输入订货单,包括从哪个销售商店购买什么商品,购买多少,订货单上还注明将此货物在什么时间送到什么地方以及交给何人等信息。

(3) 通过电子商务服务器与有关商店联系并立即得到应答,告诉顾客所购货物的单价、应付款数、交货等信息。

(4) 顾客确认后,用电子钱包付钱,将电子钱包装入系统,单击电子钱包的相应项或电子钱包图标,电子钱包立即打开,输入自己的保密口令,顾客确认是自己的电子钱包并使用电子钱包中的一张电子信用卡来付款。

(5) 电子商务服务器对此信用卡号码采用某种保密算法加密后,发送到相应的银行,同时销售商店也收到了经过加密的购货账单,销售商店将顾客编码加入电子购货账单后,再转送到电子商务服务器上,经过电子商务服务器确认后,将其送到信用卡公司和商业银行,在信用卡公司和商业银行之间要进行应收付款和账务往来的电子数据交换和结算处理。信用卡公司将处理请求送到商业银行请求确认并授权,商业银行确认并授权后再将其送回信用卡公司。

(6) 如果经商业银行确认后拒绝并且不予授权,则说明顾客的这张信用卡上的钱不够用了或者是没有钱了,即已经透支。遭到商业银行拒绝后,顾客可以再单击电子钱包的相应项选择使用另一张电子信用卡,重复上述操作。

(7) 如果经商业银行证明这张信用卡有效并授权后,交易成功。与此同时,销售商店留下整个交易过程中发生往来的财务数据,并且出示一份电子收据发送给顾客。

(8) 上述交易成交后,销售商店就按照顾客提供的电子订货单将货物从发送地点交到顾客在电子订货单中指明的接收人手中。

对于顾客(购物消费者)来说,整个购物过程自始至终都是十分安全可靠的。

在购物过程中，顾客可以用任何一种浏览器(例如用 IE 或 Netscape 浏览器)进行浏览和查看。购物以后，顾客可随时调出电子购物账单，进行查阅。此外，这种电子购物方式也非常方便，单击电子钱包取出信用卡，即可利用电子商务服务器立即确认销售商店的真伪。这是与单独使用互联网的最大区别，可保证顾客安全可靠地购买到货物。

就上述电子购物流程而言，从顾客输入订货单到获取销售商店出具的电子收据仅需 5～20 秒的时间。这种电子购物方式十分省事、省力、省时。购物过程中虽经过信用公司和商业银行的多次身份确认、银行授权、各种财务数据交换和账务往来等，但所有业务活动都是在极短的时间内完成的。

任务四　电子支票

2.4.1　电子支票的定义

1. 电子支票的概念

所谓电子支票，英文一般描述为 E-Check，也称数字支票，是将传统支票的全部内容电子化和数字化，形成标准格式的电子版，借助计算机网络(Internet 与金融专网)完成其在客户之间、银行与客户之间以及银行与银行之间的传递与处理，从而实现银行客户间的资金支付结算。简单地说，电子支票就是传统纸质支票的电子版。它包含和纸质支票一样的信息，如支票号、收款人姓名、签发人账号、支票金额、签发日期、开户银行名称等，具有和纸质支票一样的支付结算功能。电子支票系统传输的是电子资金，最大限度地利用当前银行系统的电子化与网络化设施的自动化潜力。例如，借助银行的金融专用网络，可以进行跨省市的电子汇兑和清算，实现全国范围的中大额资金传输，甚至在世界范围银行之间的资金传输。电子支票其实就是一个能在网络上安全传递的、特殊的、可编辑的图形文件，相当于传递了用户的资金支付指令。

信息网络技术与安全技术的进步和普及为纸质支票转换为电子支票创造了良好条件。电子支票的出现实际上使支票的概念发生了彻底的变革，完全脱离了纸质媒介，真正实现了资金转移的无纸化和电子化。

知识拓展

支票影像交换系统

支票影像交换系统(以下简称影像交换系统)是指运用影像技术将实物支票转换为支票影像信息，通过计算机及网络将支票影像信息传递至出票人开户银行提示付款的业务处理系统。支票影像交换系统定位于影像信息交换，资金清算则通过中国人民银行的小额支付系统处理。

支票影像交换系统是中国人民银行在立足国情、借鉴吸收的基础上为支票清算搭建的“高速公路”，也是中国人民银行继中国现代化支付系统之后为银行业金融机构搭建的又一支付清算平台。它将支票的实物传递转化为影像传递,提高了清算效率,使支票在幅员辽阔的中国实现全国通用,满足社会经济活动对支票全国使用的需要;有利于促进支票业务的发展,进一步完善我国支付工具体系;可以充分发挥支票在媒介市场经济协调发展的潜在优势,促进社会经济发展。

支票影像交换系统主要处理异地的跨行和行内支票影像交换业务,也支持包括银行汇票、商业承兑汇票、银行承兑汇票、银行本票和商业本票等其他托收类型业务的影像传递处理。

2. 电子支票的属性

电子支票从产生到投入应用,一般具备下列属性:

(1) 货币价值。电子支票像电子现金一样,必须有银行的认证、信用与资金支持,才有公信的价值。

(2) 价值可控性。电子支票可用若干种货币单位,如美元电子支票、人民币电子支票,并且可像普通的纸质支票一样,使用户可以灵活填写支票代表的资金数额。

(3) 可交换性。电子支票可以与纸币、电子现金、商品与服务、银行账户存储金额、纸质支票等进行互换。

(4) 不可重复性。同一个客户在已用某序列号的电子支票后,就不能再用第二次,也不能随意复制使用。发行银行有巨大的数据库记录存储电子支票序列号,应用相应的技术与管理机制防止复制或伪造等。

(5) 可存储性。电子支票能够在许可期限内存储在客户的计算机硬盘、智能卡或电子钱包等特殊用途的设备中,最好是不可修改的专用设备,也可直接在线传递给银行要求兑付。

(6) 应用安全与方便。电子支票在整个应用过程中应当保证其安全、可靠、方便,不可随意否认、更改与伪造,易于使用。

应用实例

英国银行将接受智能手机拍摄的电子支票

在经过将近四年的酝酿之后,英国财政部在 2013 年 12 月 26 日宣布,英国银行将很快开始受理用智能手机拍摄的电子支票,从而使支票处理时间从六天缩短至两天。

自 2010 年起,像摩根大通这样的美国大银行已经受理用智能手机拍摄的支票照片。具体来说,摩根大通的客户可以安装该行的一个应用程序,在提交支票之前打开该程序并对支票进行拍照,然后传递给银行系统进行处理。

长期以来，因为法律方面的原因，英国反对这一做法。然而，英国政府现在已准备好迎接这种电子化的支票。英国议会已经通过一项名为 Check 21 的新法规，使这种电子支票完全合法化。

“我们希望看到更多的创新，让客户享受到新技术带来的好处。”英国财政部部长萨伊德·贾维德(Sajid Javid)说。他也承认，英国财政部希望支票继续在英国的成功中扮演重要角色。

为配合 Check 21 法规，巴克莱银行将在 2014 年 4 月推出一项受理照片支票的试验计划。这项服务最终将在 2014 年下半年向公众开放。

英国广播公司称，2012 年，英国个人支付中有 10%是由支票支付的，而企业支付中支票支付占比高达 25%。

2.4.2 电子支票支付优点

电子支票是电子银行与新兴的网络银行服务中常用的一种电子与网络支付工具。与传统的纸质支票支付相比，电子支票的网络支付具有如下一些主要优点。

(1) 电子支票在内容、外观、支付流程上均与传统支票十分相似，客户比较熟悉，易于接受该方式而不需要再重新进行培训，同时电子支票还提供更强大的功能和更安全的鉴别手段，所以电子支票的未来发展趋势较好。

(2) 电子支票较好地支持了企业与企业间、企业与政府部门间的电子商务。在线交易时可在收到电子支票时验证出票者的签名、资金状况，避免收到传统支票时发生的无效或空头支票现象，减少了风险。由于支票内容可以附在贸易双方的汇票资料上，所以电子支票容易和金融 EDI 应用的应收账款结合。金融 EDI 即是 FEDI，它是 EDI 的一种形式，是专门用来进行电子支付的系统。FEDI 通常建立在银行与它们的合作客户之间，银行可以通过 FEDI 收到付款人的付款授权，并向收款人付款，银行之间的资金转移一般通过银行自己的网络进行。因此电子支票支付系统非常适合 B2B 电子商务的中大额支付结算。

(3) 电子支票技术可以较好地结合互联网、金融机构和票据交换机构等组织，以达到通过公众网络结合现有付款体系，最大限度地开发现有银行系统潜力的目的。例如，借助互联网的跨区域、全天候特征，方便实现全国乃至全球范围内的资金传输以及大额资金(从几万到几亿元)在海内外银行之间的资金传输与结算。

(4) 电子支票通过应用数字证书、数字签名以及各种加密/解密技术，采用唯一电子支票号码检验技术，能够提供比纸质支票中使用印章和手写签名更加安全可靠的防欺诈手段。加密的电子支票比电子现金更易于流通，买卖双方的开户银行只要用公开密钥确认电子支票即可，数字签名也可以被自动验证。电子支票的良好安全性，使企业网络银行服务常与电子支票的应用融合在一起，如招商银行的企业网络银行账号间的资金转账就像利用电子支票转账一样。

(5) 电子支票不但可在任何时间、地点通过互联网进行传递,而且使用电子支票者只需要与银行打交道,而不用与大量的金融机构进行交涉,最大限度地提高了支票的收集速度,减少了在途资金。

(6) 电子支票使得整个支票处理过程自动化与网络化,而且更加环保,也帮助银行缓解了处理支票的压力,节省了大量的人力和物力,极大地降低了处理成本。由于电子文档可以取代纸质文档,而数字签名可以替代手写签名,因此使用电子支票取代纸质支票,基本不需要创建一个全新的支付手段,它可以充分利用现有的支票处理基础设施(如法律政策和商业环境等),减小对付款人、收款人、银行和金融系统带来的影响。

(7) 第三方金融服务者不仅可以从交易双方处抽取固定交易费用或按一定比例抽取费用,还可以提供存款账目查询服务,因此它可以提高客户满意度,给金融机构带来新的收益。

另外,电子支票也可用于 B2C 支付,特别是随着中国个人支票领域的拓展,它有可能是未来最有效率与发展前途的网络支付手段。

2.4.3 电子支票支付的基本模式

电子支票一般由客户计算机内的专用支票软件结合电子支票簿生成,或者由银行端专门软件生成特殊电子支票文件,传递给客户进行数字签名后形成电子支票。电子支票一般包括支付数据(支付人、支付金额、支付起因等)、支票数据(出票人、收款人、付款人、到期日等)、客户的数字签名以及数字证书、发行银行证书等内容。

电子支票系统一般包含三个主要的直接参与实体,即客户(电子支票发送方)、商家(电子支票接收方)和金融机构(即双方的开户银行及后台清算机构等)。电子支票系统目前主要通过专用金融网络、设备、软件及一套完整的用户识别、标准报文、数据验证等规范化协议完成数据传输,从而控制其安全性。这种类似金融 EDI 模式的数据传输方式已经较为完善,但成本更低、跨区域、应用更为简单、基于互联网平台的电子支票系统正在快速发展中,因为这种形式更适合目前网络经济社会里电子商务的发展需要,所以常用来处理 B2B 电子商务中的网络支付。基于专用金融网络平台的类似金融 EDI 的电子支票系统将电子商务交易环节与支付环节进行分离处理,也可离线解决企业间电子商务的支付结算。二者应用原理上差不多,只是网络平台不同,前端基于互联网平台的电子支票系统更能与整个电子商务业务过程集成在一起处理。下面主要以基于互联网平台的电子支票系统为例来叙述。

所谓电子支票的网络支付,就是在网络平台,如互联网上利用电子支票完成商务伙伴间的资金支付与结算。具体到电子商务来说,就是利用电子支票完成电子商务交易中的资金流动,提高效率,方便电子商务的开展。电子支票与纸质支票工作方式大致相同,简单来说就是客户向商家发出电子支票,商家将其存入银行,以兑付现金。在电子支票用于网络支付过程中,如果客户的开户银行和商家的开户银行是同一家银行,那么金融机构就只有一家银行参与,结算非常简单，直接在双方资金账号间转拨资金；否则，则借助第三方独立的票据交易所清算系统进行银行间的资金清算，在不同银行资金账号间转拨资金，以达到支付的目的。电子支票的网络支付模式，按照参与银行的情况，可分为同行电子支票网络支付模式和异行电子支票网络支付模式两种。

1. 同行电子支票支付模式

像传统纸质支票的应用一样，同行电子支票的应用由于只涉及同一个银行的资金结算问题，比较简单、方便与可靠。因此，同行电子支票的支付流程示意图也比较简单，如图 2-10 所示。

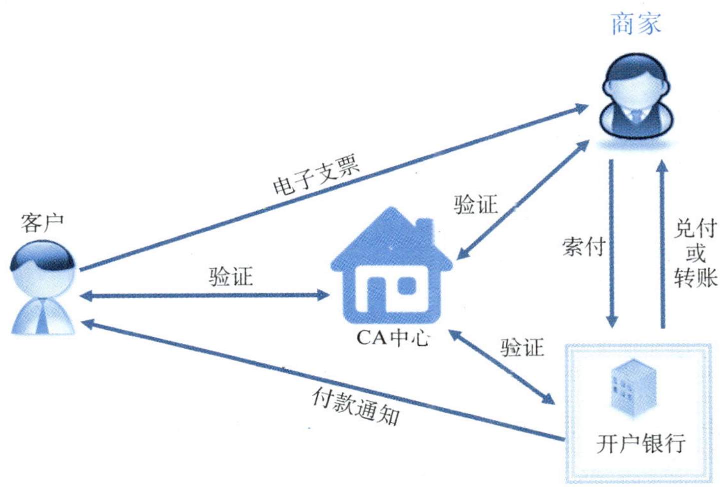

图 2-10
同行电子支票的支付流程

(1) 预备工作。客户(如企业、学校或政府部门等组织)与开户银行、商家与开户银行之间密切协作，通过严格的认证，如相关资料的认定、数字证书的申请与电子支票相关软件的安装应用、电子支票应用的授权等，以准备利用电子支票进行网络支付。

(2) 客户和商家达成网上购销协议，并且选择使用电子支票支付。

(3) 客户通过网络向商家发出电子支票。

(4) 商家收到电子支票后，通过认证中心 CA 对客户提供的电子支票进行初步验证，验证无误后将电子支票送交开户银行索付。

(5) 开户银行在商家索付时通过认证中心 CA 对客户提供的电子支票进行最后验证，如果有效即向商家兑付或转账，即从客户资金账号中转拨相应资金到商家资金账号。如果支票无效、余额不够、客户非法等，即把电子支票返回商家，并告知索付无效。

(6) 开户银行代理转账成功后，在网上向客户发出付款成功通知消息，方便客户查询。

2. 异行电子支票支付模式

异行的电子支票由于涉及两个或多个银行，以及中间的用于银行间资金清算的票据交易所(资金清算系统)，所以流程较为复杂一些，但实施技术难度上与同行的电子支票应用并无大的区别，需要银行间、银行与票据交易所间在电子支票的应用上达成协议就可以了。因此，一个完整的异行电子支票网络支付业务的支付流程也是比较复杂的，如图 2-11 所示。

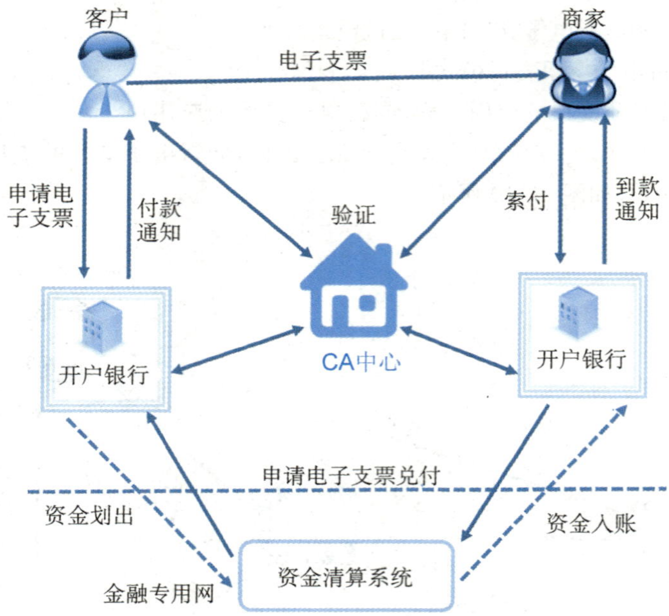

图 2-11 异行电子支票网络支付业务的支付流程

异行电子支票的支付流程，除包含与前面所述一样的电子支票应用预备工作阶段外，一般可分成三个不同阶段，即客户的购买阶段、商家索付阶段和行间清算兑付阶段，每个阶段又由若干个步骤构成。

(1) 客户的购买阶段

① 客户借助网络访问商家的服务器，浏览商家的服务器中推荐的货物，达成购买意向，选择使用电子支票支付。

② 客户利用自己的私钥对填写的电子支票进行数字签名后，向商家发出电子支票。

③ 商家收到电子支票后，通过 CA 中心及其开户银行对支付进行认证，验证客户电子支票的有效性。

④ 如果收到的电子支票是有效的，商家接受客户的该项业务，发出确认消息。

(2) 商家索付阶段

商家把电子支票发送给其开户银行。当然，商家可以根据自己的需要，何时发送电子支票由其自行决定，只要在期限内就行。

(3) 行间清算兑付阶段

① 商家的开户银行把电子支票发送给票据交易所的资金清算系统，以兑换资金，进行清算。

② 票据交易所向客户的开户银行申请兑换支票，并且把兑换的相应资金发送到商家的开户银行。

③ 商家开户银行向商家发出到款通知，即资金入账，而客户的开户银行则向

客户发出付款通知，即为客户下账。

实际业务处理中，由于电子支票正在发展中，特别是在互联网平台上的应用还不太成熟，因此不同的银行业务流程处理、电子支票形式与发送方式以及技术应用可能有所差别，需要在管理与技术上进一步规范化。

2.4.4 FSTC系统电子支票的支付流程

1995年由美国国防部、一些大银行和计算机公司组成的金融服务技术联盟(Financial Service Technology Consortium，FSTC)开发并公开演示了使用互联网进行的电子支票交易系统，并且预言“这个系统可能会引起银行交易革命”。1998年1月1日，FSTC通过美国财政部的财政管理服务支付了一张电子支票以显示系统的安全性。下面以FSTC组织实施的电子支票项目为例，简单介绍该系统的支付流程(图2-12)。

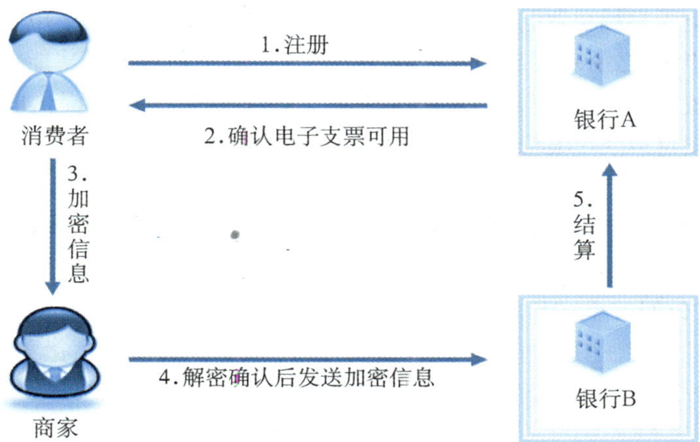

图2-12 FSTC系统电子支票的支付流程

(1) 消费者在提供电子支票服务的开户银行注册使用该支付工具。

(2) 银行确认消费者可以使用电子支票，电子支票应附有消费者的名称和消费者用开户银行的私有密钥加密后的公开密钥的证书1、中央机构用私有密钥对开户银行名称和公开密钥加密后的证书2。

(3) 消费者在接受电子支票支付的商户中选中要购买的物品，并选择电子支票支付方式，将电子支票的有关内容填写完整。

(4) 消费者将需要发出的所有信息(支付信息、支票的内容、用自己的私有密钥加密后的支票内容以及两份证书)使用商户的公开密钥加密后传输给商户，防止传输中泄密，或使用电子邮件传输。

(5) 商户先用自己的私有密钥对传过来的信息解密，然后使用预先得到的中央机构的公开密钥对证书2解密，得到消费者开户银行的公开密钥，之后用它解开证书1，得到消费者的公开密钥，解开消费者用自己的私有密钥加密的支票内容，并将该信息和未用私有密钥加密的支票内容核对，若一致则表明信息未被篡改。

如果各级解密均顺利完成，表明消费者身份和消费者开户银行是真实的，支付意愿也是真实的。同时由于消费者从认证中心得到商户的公开密钥，因此认证中心保证收款人身份的真实合法性。当然别的商户无法冒收钱款，因为他无法对收到的信息解密。之后，商户使用自己的私有密钥对支票背书签名，用电子邮件或加密后传递给自己的开户银行，开户银行使用商户的公开密钥解密，同时也确认其合法身份，之后通过金融专用网络、EDI技术和消费者开户银行完成结算工作，通过跨省市的电子汇兑和清算，实现全国范围的资金传输，以及大额资金的国际传输。

(6) 银行将可以送货的通知发给商户。

(7) 商户将收据和商品交给消费者。

任务五　体验其他电子支付工具

随着电子银行和微电子技术的发展，电子支付技术日趋成熟，电子支付工具品种不断丰富，已用来实现现金存取、汇兑、直接消费和贷款等功能。在典型的电子支付模式中，银行建立支付网关和网上支付系统，为客户提供电子支付服务。电子支付指令在银行后台进行处理，并通过传统支付系统完成跨行交易的清算和结算。在传统的支付系统中，银行是系统的参与者，客户很少主动地参与到系统中；而对于电子支付系统来说，客户成为系统的主动参与者，这从根本上改变了支付系统的结构。常见的电子支付模式有网银模式、银行支付网关模式、共建支付网关模式和IT公司支付模式。广义的电子支付工具除了前面介绍过的一些支付工具以外，还有新出现的移动支付(手机支付)、微支付、家居银行等。

2.5.1 指付通

1. 指付通基本概念

所谓指付通是一种指纹支付方式，它将消费者的指纹与指定的银行账户进行绑定，并将绑定账户作为指付通支付的付款账户。绑定后，消费者在合作商户结账时，只需按压自己的指纹并输入身份识别码即可完成消费。

指纹支付，这种号称是21世纪最主流的支付方式，已经悄无声息地走进了人们的生活。

指纹支付是利用指纹认证的生物识别技术与银行合作推出的用于缴费支付的服务。用户在购物或消费时无须携带银行卡或现金，消费的金额会在对应的银行账户中扣除。由于指纹信息的独一无二，使整个过程安全、便捷，5秒钟内能完成购物支付流程。

消费者在申请指付通业务时，需要三次录入自己一个手指的指纹，每次都会生成一个192字节长度的数据。除非手指有重大划痕或伤残，否则轻微的损伤或是有油迹并不影响交易进行。

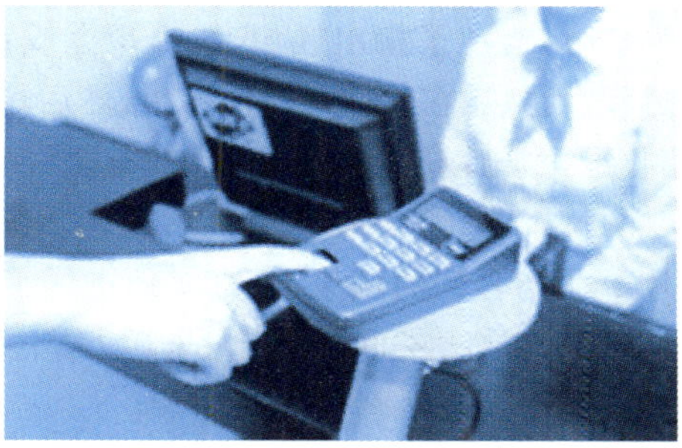

图 2 - 13
指付通工具

这项业务是由上海立佰趣信息科技有限公司(品牌:立佰趣,以下简称"立佰趣")与合作银行联合推出的,目前的受理范围基本在上海地区,并且可以绑定信用卡。

在指付通业务合作商户消费时,用户仅需在指付通终端上摁压已作绑定的手指(图 2 - 13)并输入本人身份识别码,通过认证识别出已绑定的付款账户,并从该账户自动转账支付消费款项,从而实现无需银行卡和现金,只要手指即可完成整个消费过程。

2. 支付流程

(1) 收银员输入消费金额

收银员在指付通支付终端上手动或通过收银机自动输入消费金额。

(2) 消费者输入指付通身份识别码

确认消费金额,并在看到指付通支付终端显示屏的提示后,消费者在相应的数字键盘上输入自己的指付通身份识别码(并非密码,可以完全公开,自由选择)。

(3) 消费者扫描自己的注册手指

手指(必须是注册手指)点触指付通支付终端的指纹读头,显示屏将很快确认读取了消费者的指纹信息。

(4) 支付获得批准和确认

显示屏会显示交易获得批准的提示,支付过程结束。消费金额会从和手指指纹绑定的银行账户中自动划转到商家的账户。

3. 指付通特点

(1) 安全

在用户开通、使用指付通业务的过程中,银行仅存储用户的指纹数字信息,即为一组 192 字节、无法倒推出指纹图像的字符串(非指纹图像信息),不涉及隐私,可完全安心。

指付通采用的是活体指纹识别方式,并具有多重防伪功能,即使指纹图像被伪造或复制,也无法经由过程验证。每个人的指纹都是举世无双的,所以用户的指纹数字信息是举世无双的,不会和任何人的指纹信息发生重复,只有用户本人才能访问和支配用户的付款账户。用户无须担忧钱包被窃、银行卡号或是密码被盗,只需安心轻松消费,一切支出结算都可以交给用户的"手指"来完成。

(2) 便捷

使用指付通进行消费时,避免了掏出钱包、取出现金或者银行卡、等待找零等一系列烦琐的结账过程,而只需在付款时轻摁手指,然后输入本人的身份识别码,等待系统反馈打印收银凭条后签字确认即可完成整个付款操作。

(3) 时尚

以前只有在科幻片中才能看到的场景,已真实地进入了现实生活。很多人已经在体验"指付通——一指行全国"的时尚支付乐趣了。

2.5.2 微支付

在互联网应用中,经常发生一些小额的资金支付,如Web站点为用户提供搜索服务、下载音乐、下载视频片断、下载试用版软件等,所涉及的支付费用很少,如几分钱、几元钱或几十元钱。目前对这些费用的支付还没有较好的解决办法,传统的支付方式因为本身支付过程就要涉及费用,故无法采用。有时候消费者希望在网络上消费时能保持匿名,比如网上拍卖或其他形式的消费者对消费者(C2C)的电子商务,急需一种适合个人与个人之间的网上支付方式。

对微支付方式的基本要求是极低的运行费用、快捷方便、能够接受的安全性。因此,现在网上似乎真的需要一种能弥补银行卡缺陷的产品,以推动电子商务迅速发展。

应用实例

数字付费内容促进微支付重生

DigiCash、Beenz、Flooz这些互联网泡沫中出现的支付系统公司确实生不逢时,目前,电影公司与唱片公司这些掌握着知识产权的实体正在建立自己的新型销售系统。随着iTunes的成功以及互联网视频点播市场被看好,微支付似乎正在迈向成熟期。微支付市场最早出现而又能分享这一市场的公司仅剩下PayPal等少数几家。起初对微支付前景的设想中,报纸、网站内容的分离式付费阅读目前看来还很遥远。这并非由于技术上的原因,而在于读者还没有习惯这种消费方式。起初的设计者还希望微支付应用于BBS,读者需要付费来分享思想家、学者的知识财富。而目前,微支付的兴盛并没有依照设想中的方式,而又重新回到传统的付费内容模式中来,音乐占据了其中大部分市场。分析家认为,这种趋势在未来几年中仍将持续。

(资料来源:http://chinaepayments.com/2004/09/digital-contents-micro-payments.html)

2.5.3 家居银行

家居银行系统是指客户不用亲自到银行而是在家中通过电话、电视、个人电脑等设备就能够与银行联系并享受银行提供的多种金融服务,诸如支付、转账、查询账户余额、银行理财服务等。目前家居银行系统又包括电话银行、电视银行和个人电脑银行。与网上银行相比，家居银行更为贴近普通大众的生活，用户无需购置电脑、不用忍受拥挤的网上塞车，一经开通，即可在家中通过电视机，方便、快捷、安全地完成查询、转账、支付、外汇及股票买卖等多项银行业务，还可了解海外最新金融信息动态，从而体验一种更为时尚、方便的理财方式。

家居银行是在有线电视视讯宽带网基础上，以电视机与机顶盒为客户终端实现联网，办理银行业务，因此其研发能力体现了一家银行的实力。中国建设银行凭借多年在电子银行领域的开拓经验，成功中标承担国家“十五”科技重点攻关专题“网络银行体系研究与应用示范”课题，向社会推出家居银行服务是该课题的重要内容之一。目前，家居银行已经在多个省市推出，为客户带来前所未有的新体验，广大有线电视用户可以享受集个人理财、电子商务、金融信息查询于一体的全新金融服务，让银行服务进一步走进千家万户。

我国内地的首家家居银行：继香港推出全球首家家居银行后，我国内地首家家居银行在湖南省试点成功。1998 年 5 月，全球首家家居银行由香港中银集团利用香港电讯系统成功推出。1999 年 1 月湖南省长沙市被确定为我国内地首家试点单位，由湖南电信与中国银行湖南省分行联手开发。据介绍，1999 年 8 月长沙市家居银行投入运行后，相继开通了金融信息查询、账户管理、家居购物和缴费、银证转账、网上申办贷款、个人外汇实盘买卖等服务。目前已形成了较齐全的业务体系，其用户达到十余万人。家居银行以中国公众多媒体通信网络平台为基础，以 CA 安全认证体系为保障，引入数字签名、数字信封等技术，因此有着极高的安全性。

知识技能练习题

1. 简述电子支付方式的主要类型。
2. 大家常说的贷记卡、借记卡、信用卡有何区别?
3 简述传统支票和电子支票的区别。
4. 简述电子钱包的特点。

应用实训题

1. 登录中国人民银行网站，了解中国支付体系运行状况，特别是各种支付工具的使用情况。

2. 了解现有的电子支付工具，并尝试应用。

3. 总结现有电子支付工具的优缺点，设计一种创新的电子支付产品。

项目三

03

网络银行

项目知识点

1. 了解网络银行的产生与发展。
2. 理解网络银行与传统银行的区别及联系。
3. 掌握网络银行的概念、特点。
4. 掌握网络银行的功能与类型。
5 熟悉网络金融业务。
6. 理解网络银行的监管与服务。
7. 了解我国商业银行网上银行发展的最新动态。

项目技能点

1. 熟练注册并使用网络银行。
2. 能够利用网络银行办理网上金融业务。
3. 掌握网络银行的信息咨询、账户查询与管理、申请与挂失、商务服务和金融管理等功能的操作技能。
4. 熟练使用个人网上银行。

项目素质点

1. 具备网络银行的操作能力。
2. 培养网络银行的功能设计理念。
3. 培养网络银行金融产品设计能力。
4. 培养网络银行风险防患意识。

案例导入

中国工商银行成立于 1984 年。在高科技手段的有力支持下，工商银行各项业务不断创新。工商银行网上银行主要提供商业方面的业务，突出其商业性质，服务项目多且细。工商银行作为中国最大的国有的商业银行，结算业务量占全国金融系统的 50%以上。它率先推出了 B2B 在线支付业务，实现了买卖双方企业网上交易资金的实时划拨。工商银行的网上业务项目在个人服务、企业服务、金融信息三大部分的基础上，还把电子银行服务和银行卡作为两个独立的板块提出，并提供了电话银行、手机银行和电子银行公告等特色服务，推出了全新的个人网上银行品牌“金融@家”和创新产品 USB KEY。中国工商银行网上银行目前为客户提供个人网上银行账户查询、卡内转账、卡间转账、灵通卡、国债买卖、在线缴费、代缴学费、B2C 网上支付、银证通、银证转账、外汇买卖、基金买卖、客户服务等功能。它主要面向单位客户提供网上查询账户信息、内部转账、同城结算、异地汇款等金融服务；向牡丹国际卡的单位及个人持卡人提供查询账户余额、交易明细、对账单信息、网上挂失及换卡申请等金融服务。用户在享受服务前要进行注册，可以在提供网上银行开户服务的网点进行注册，也可以自助注册。自助注册的个人客户除不能使用工行个人网上银行的对外转账、个人汇款功能外，其他功能均能正常使用。自助注册客户若要开通对外转账、个人汇款功能，可携带本人身份证件及注册卡到当地任何一个提供网上银行开户服务的网点办理开通手续。目前，工商银行网上银行开展的具体业务如下：

（1）个人服务：我的账户、缴费站、公益捐款、网上汇市、工行理财、网上保险、网上贷款、银证业务、工行汇款、工银信使、客户服务、e 卡支付、网上商城、信用卡服务、牡丹卡还款等。

（2）企业服务：账户管理、收款业务、付款业务（网上汇款、电子商务、外汇汇款）、集团理财、信用证业务、贷款业务、投资理财（基金、国债、协定存款、通知存款等）、贵宾室、企业年金、商务卡管理、代理行业务（代签汇票、代理汇兑）、客户服务、本地特色等。

任务一　认识网络银行

随着电子商务在世界范围内如火如荼地开展，网上消费、家庭银行、个人理财、网上投资交易、网上保险等网络金融服务在人们生活中的地位变得越来越重要。这些网络金融服务的特点是通过电子货币进行网上支付与结算。因此，网络银行的建设与管理成为了电子支付的重要组成部分，也是银行发展的中心。

3.1.1　网络银行的产生与发展

1. 网络银行的产生

(1) 网络和信息技术为网络银行的产生提供了技术基础。网络银行是现代信息技术和银行业相结合的产物，20 世纪 70 年代中期，信息技术革命极大地改变了传统的生产方式和产业结构，这不仅表现在计算机的迅速普及，通信手段的日益先进及其速度的不断提高，更表现在网络技术，特别是互联网的迅猛发展。迅速增长的互联网用户群无疑对各行各业都意味着潜在的巨大商机，银行业也敏锐地觉察到了这一变化，积极拓展网上业务。1995 年 10 月，James S. Mahan 和 Michael C. McChesney 在美国创建了全球第一家网上银行——安全第一网络银行(Security First Network Bank)。它是世界上第一家被联邦政府首肯、安全通过互联网运行的无人银行，由美国 Office of Thrift Supervision(OTS)批准成立，从而成为世人瞩目的焦点。随着现代计算机网络技术在银行业的应用与推广，银行的服务效率和功能得到了很大的提高，金融全球化和综合化的发展趋势进一步增强。银行业开始进入一个新的历史发展阶段——网络银行发展阶段。

(2) 电子商务的发展催生了网络银行。电子商务是伴随互联网的普及而产生的新的交易模式，是当代信息技术和网络技术在商务领域的应用，其最终目的是要实现网上物流、信息流、资金流三者的统一。因此，网络银行的产生也是电子商务发展的客观要求和必然结果。一方面，电子商务的发展要求商家和消费者的开户银行提供资金支付支持，有效地实现支付手段的电子化和网络化；另一方面，电子商务的发展也给银行带来了机遇，电子商务技术为突破银行传统的业务模式，拓展和延伸银行的服务提供了有利的发展空间。二者之间的相互结合、相互促进、共同提高、共同发展，形成了网上购物、支付一条龙的服务模式，使银行的经营方式逐渐呈现出网络化趋势。

从网络银行的产生基础可以看出，网络银行是一种崭新的网上金融系统。它突破了实物媒介等传统媒介在空间与时间上的局限性，缩短了客户与银行的距离，为用户提供全方位、全天候、便捷、实时的金融服务。网络银行是新生的事物，它是网络发展的必然结果，是电子商务发展的需要，同时也是银行自身发展并取得竞争优势的需要。

2. 网络银行的发展

关于网络银行的发展阶段，不同的国家和地区根据不同的划分标准，有着不同的划分方式，通常把网络银行的发展划分为三个阶段：

第一个阶段：20 世纪 50 年代到 80 年代中后期，为计算机辅助银行管理阶段。

20 世纪 50 年代末，计算机逐渐在美国和日本等发达国家的银行业务中得到应用，早期的金融电子化基本技术是简单的脱机处理，主要用于分支机构及各营业网点的记账和结算，解决手工记账速度慢及财务处理能力低等问题。当时商业银行的主要电子化设备包括：用于管理存款、计算本息的一般计算机；用于财务统计和财务运算的卡片式编目分类打孔机；由计算机控制的货币包装、清点机；鉴别假钞、劣钞的鉴别机，以及电脑打印机等。同时，银行也逐渐开始利用计算机来分析金融市场的变化趋势，以便更好地做决策分析。

20 世纪 60 年代初，金融电子化开始从脱机处理发展为联机系统，在银行存、贷、汇业务之间实现电子化联机管理，同时还建立起了较为快速的通信系统来满足银行与银行之间汇兑业务发展的需要。20 世纪 60 年代末，电子资金转账(Electronic Funds Transfer, EFT)技术兴起及应用，为网络银行的发展奠定了技术基础。电子资金转账系统，是指使用主计算机、终端机、磁带、电话和电信网络等电子通信设备及技术手段进行快速、高效的资金传递的方式，它能够快速有效地处理支付信息、降低交易成本、减少支付时间的不确定性、保证及时转账，从而提高了现金管理的质量和支付的效率，彻底改变了传统的手工处理票据模式。

20 世纪 70 年代，发达国家国内银行与其分行或营业网点之间的联机系统，逐渐扩大为国内不同银行之间的计算机网络化金融服务交易系统，从而实现了国内不同银行之间的通存通兑业务。到 80 年代前期，发达国家的主要商业银行基本实现了处理和办公业务的电子自动化。

20 世纪 70 年代末，电话银行开始在北欧国家兴起，并在 80 年代中后期迅速发展。电话银行是基于电话通信技术的发展而出现的金融服务的创新品种。但是由于电话银行的服务主要依靠语音识别和记录系统，而客户的语音和听力又无法进行统一和规范，因此在进行重大金融服务交易时可能会有存在差错、误解或矛盾的隐患。为了避免在金融交易时出现问题，就需要采用传真复核确认制度，但是这种制度不仅降低了电话银行的经营效率，还增加了双方的交易成本。因此，电话银行的这些缺陷影响了它的应用范围和发展速度。

第二个阶段：20 世纪 80 年代中后期到 90 年代中期，为银行电子化或金融信息化阶段。

随着计算机普及程度的提高，商业银行逐渐将发展的重点从电话银行调整为以个人电脑(PC)为基础的电子银行业务。20 世纪 80 年代中后期，在国内不同银行之间的网络化金融服务系统基础上，逐渐形成了不同国家不同银行之间的电子信息网，构成了全球金融通信网。在此基础上，也出现了各种新型的电子网上服务，如在线银行服务(PC 银行)、销售终端系统(POS)、自动柜员机系统(ATM)、家庭银行系统(HB)和公司银行系统(FB)等。银行电子化使传统银行提供的金融服务变成了全天候、全方位和开放型的金融服务，电子货币也成为了电子化银行所依赖的货币形式。

80 年代中期，欧美的一些银行开始向主要客户提供通过计算机进入自己账户的网上银行服务——家庭银行服务(Home Finance)。家庭银行是银行电子化的重要内容。在家庭银行的发展初期，个人电脑主要用来处理来自银行的原始账户数据。家庭银行可以为客户提供随时查阅对账单、随时查阅收费和信用卡结算单、付账、下载账户交易数据、转账、平衡账户、向银行发送电子邮件、根据自己的时间表来管理资金和账单、在旅行时理财等多项服务，甚至提供一些附加服务，如免费的电话服务等。

随着银行电子化的发展，移动银行出现了。移动银行是利用 ATM 和计算机无线技术与银行实现信息交换而形成的金融服务形式，它可以通过改装后的汽车将银行服务延伸到偏远地区，也可以采用蜂窝数据包控制(CDPD)技术保证数据安全地进行交换，从而实现银行金融的移动服务。

第三个阶段：20 世纪 90 年代中期至今，为真正意义上的网络银行阶段。

20 世纪 90 年代中期，互联网和其他数据网络爆炸性增长，引发了一场全球性的商务革命和经营革命。这一时期，电子商务迅猛发展，电子商务的涉及面非常广泛，涵盖企业、商户、金融、政府有关部门和网络服务商等，由于电子交易必须要经过资金的支付与结算才能完成，所以，作为资金流负载者，银行的参与是至关重要的。网络银行摆脱了传统银行业务模式的束缚，建立了新型的金融服务体系并创新业务品种，为顾客提供多品种全方位的服务。网络银行借助互联网的力量，并使之同现有的计算机与通信技术、信息技术结合起来，使银行能将互联网、核心业务（支付服务和信息服务）处理和客户信息数据库连接在一起，形成一种崭新的业务模式。这是银行服务从传统到现代的一次重大变革。

虽然网络银行、计算机辅助银行管理和银行电子化都是在电脑及其通信系统上进行操作的，但网络银行的软件系统并不在终端上运行，而是在银行服务器上运行的，因而使网络银行提供的各种金融服务不会受到终端设备软件的限制，因此，网络银行比电话银行、自助银行和无人银行等具有更强的服务适应性和开发性。银行服务的整体实力将集中体现在前台业务受理和后台数据处理的一体化综合服务能力以及整合技能上。因此，从 90 年代中期开始，国际性商业银行纷纷将进入互联网提供网络金融服务品种作为银行市场研究与投资的重点项目。

与传统银行设立分支机构相比，网络银行只需借助互联网就可以将其金融业务和目标市场延伸到全球每一个角落，它已经表现出了传统银行无法比拟的全天候、个性化的竞争优势。网络银行为客户提供服务的主要媒介包括互联网、个人电脑、电话、IC 卡、可视电话和银行分支机构等，同时，在提供标准化服务的基础上，逐步建立起以客户为中心的经营管理模式，深入分析市场与客户的需求，以智能化的财务管理手段为依托，建立起面向客户的个性化服务模式，使银行的经营管理向着高技术含量、高知识含量的集约化经营模式转变。由此可见，网络银行必将成为银行业发展的主要趋势，而虚拟金融服务，也必将在实践中克服种种弊端走向成熟和完善。

3.1.2 网络银行的概念与特点

1. 网络银行的概念

网络银行也称为网上银行、在线银行、电子银行或者虚拟银行，是指采用互联网数字通信技术，以互联网作为基础的交易平台和金融服务渠道，网络银行通过互联网向客户提供开户、销户、查询、对账、转账、信贷、网上证券、投资理财等服务项目，使客户足不出户就能安全便捷地管理存款、支票、信用卡及个人投资等。客户还可以通过它进行购物。

网络银行可以分为狭义的网络银行和广义的网络银行。狭义的网络银行，是指利用网络，为通过使用计算机、网络电视、机顶盒及其他个人数字设备连接上网的消费者，提供一类或几类银行实质性业务的银行。这里的“网络”一般指开放性网络。广义的网络银行，简单说是那些利用电子网络为客户提供产品与服务的银行。这里的“电子网络”包括电信网、内部封闭式网络和开放型网络；这里的“产品与服务”包括三个层次：一般的信息和通信服务、简单的银行交易和所有银行业务。

对网络银行定义的理解，主要分为三个方面：

第一，在获取服务的场所方面。传统银行需要建立或租用办公场所，配备齐全的设备及营业柜台，并需要在落实安全措施的情况下才能向客户提供银行服务。而网络银行只需要设计友好的用户界面，利用客户的个人电脑就可以向客户提供金融服务。也就是说，网络银行的服务柜台前移了。

第二，在获取服务的方式方面。传统银行的服务方式，需要客户到银行营业场所，通过与银行临柜人员直接沟通来获取所需的银行服务。而在网络银行的服务方式下，客户只需通过网络，利用计算机的鼠标和键盘，选择相应的菜单，输入数据或指令，借助虚拟的网络空间，即可享受银行服务。因此，可以说网络银行是在互联网上的虚拟银行柜台。

第三，在银行服务的内涵方面。通过网络银行，客户不仅可以享受传统银行的存、贷、汇等金融服务，还可以享受由信息技术带来的其他的创新金融服务。可见，网络银行的出现不仅改变了银行与客户相联系的方式，而且也改变了银行的服务方式、金融产品推广方式和交易处理方式，给传统金融业带来了一场“新的经济革命”。

此外，网络银行不等同于电子银行，电子银行是指商业银行利用计算机技术和网络通信技术，通过语音或其他自动化设备，以人工辅助或自助形式，向客户提供方便快捷的金融服务。我们常见的 ATM 自动柜员机、POS 系统、无人银行等银行服务形式都属于电子银行的范畴。而网络银行可以看作利用互联网技术的一种电子银行形式。

2. 网络银行的特点

网络银行业务是一种全新的服务模式，具有以下特点：

(1) 3A 式银行。网络银行是依托信息技术、互联网的发展而兴起的一种高科技、高智能的“AAA”式银行，能在任何时间(Anytime)、任何地方(Anywhere)、以任何方式(Anyhow)为客户提供服务，突破了时间和空间的限制、突破了服务手段的限制。因此，网上银行是 24 小时的银行、全球化的银行、服务方式多样化的银行。

(2) 全面实现无纸化交易。在通过网络银行进行业务办理的过程中，传统银行业务所使用的票据和单据大部分被电子支票、电子汇票和电子收据所代替；原有的纸币被电子货币，即电子现金、电子钱包、电子信用卡所代替；原有的纸质文件的邮寄变为通过数据通信网进行传送，真正实现了“无纸化”交易。

(3) 经营成本较低。采用网络银行这种新的交易方式，可以极大地降低银行的经营及运行成本。网络银行的主要运行渠道是计算机网络系统，它是虚拟的，没有固定的场地，只需要在网络上设置相应的网站服务，避免了传统银行建立时所需要的大量人力、物力、财力的投入，例如场地费用、室内装修费、照明及水电费、人员费用等。

知识拓展

美国网上银行运作的报告表明，互联网银行经营成本只相当于经营收入的 15%～20%，而普通银行的经营成本占收入的 60%，开办一个网络银行所需的成本只有 100 万美元。在互联网上进行金融清算每笔成本不超过 13 美分，而在银行自有的个人电脑软件上处理一笔交易的成本则达到 26 美分，电话银行服务的每笔交易成本为 54 美分，而传统银行分理机构的处理成本更高达 1.08 美元。所以，网络银行业务成本优势显而易见。而且，网络银行通过利用电子邮件、讨论组等技术，还可提供一种全新的、真正的双向交流方式。由于采用了虚拟现实信息处理技术，网上银行可以在保证原有的业务量不降低的前提下，减少营业点的数量。

（4）一站式服务。通过网络银行，客户可以享受到方便、快捷、高效和可靠的全方位服务。客户可以在家里利用计算机网络开立账户，除了可以办理一般的银行业务，还可以通过网络银行全面地了解保险、证券、基金等金融产品的详细介绍，而少量的网络银行专业人员也可以通过网络很方便地回答全球的客户提出的各类问题。一站式服务可以给客户带来更好的服务体验。

（5）高效便捷。网络银行通过网络进行运作，它处理业务的速度以计算机的处理能力为依托。计算机科技的迅猛发展让以它为基础的网络银行的处理速度远远高于传统银行的处理速度。互联网使银行服务活动的节奏大大加快，网络银行服务便捷、产品更新快、服务创新时间短。同时，银行业务的电子化大大缩短了资金的在途时间，也大大提高了资金的利用率和整个社会的经济效益。

（6）信息共享。网络银行可以通过网络更广泛地收集和分析最新的金融信息，并以更快捷便利的方式传递给网络银行的客户。由于网络资源的全球共享性，可以使银行与客户之间相互了解对方的信用及资产状况，从而大大减少了信用风险和道德风险，实现了信息的有效共享。

任务二　理解网络银行与传统银行

3.2.1　网络银行与传统银行的区别

（1）从货币的角度来看，网络银行使货币的形式发生了本质的变化。传统的货币形式以现金和支票为主，而网络银行的流通货币将以电子货币为主。电子货币不仅能够令商业银行节约使用现金的业务成本，而且可以减少资金的滞留和沉淀，加速社会资金的周转，提高资本运营的效益。同时，基于网络运行的电子货币还可以给政府税收部门和统计部门提供准确的金融信息。

（2）从销售渠道来看，网络银行是计算机网络化的金融服务机构。在计算机网络环境支持下，银行客户可以在有 PC（联网）的任何地方进行业务处理，如汇款、存款、支票、银行资金调拨、付账、转账、贷款、清算、外汇、证券买卖、托收与信用证、旅行支票、购买保险、贵金属买卖等。这种营销渠道最大的好处就是客户处理金融服务业务不会受到太多空间和时间因素的限制。相比之下，传统银行的销售渠道是分行及其广泛分布的营业网点，传统银行提供的服务严格受到时空的限制。

（3）从业务范围来看，银行客户主要需要五类金融服务产品，它们是交易、信贷、投资、保险和财务计划。传统银行通常只能同时满足其中的一至两项服务，而网络银行则可以同时向客户提供这五类金融业务，提高了客户对商业银行及其服务质量的信任。除了传统业务以外，网络银行还提供了一些全新的业务，例如公共信息服务（包括利率、汇率信息，经济、金融新闻等）、理财服务和综合经营服务等，其中综合经营服务既包括直接或者间接控制网上商店，提供商品交易服务，也包括发行电子货币，提供电子钱包等服务，同时还从事或者代理证券保险业务，提供网上金融超市等。所以，网络银行并不是单纯的传统银行业务网络化，而是传统银行业务的延伸和发展。

(4) 从服务方式来看，传统银行拥有众多的银行网点，所以主要采用面对面的人工服务，这种服务的主要优点是容易与客户建立亲善的人际关系，对于客户的综合情况较为了解，而且在现金的收取与支付方面也不需要花费额外的精力。网络银行主要采用数字化、开放式的服务方式，这种服务方式在财务查询、转账、代理、数据分析等方面具有传统银行所无法比拟的优势，但同样也存在一定的问题，例如在现金收付方面，可能还需要传统金融机构的协助才能完成。

(5) 从运行模式来看，传统银行的运行模式是具有物理实体性的柜台交易模式，而网络银行则从物理网络转向虚拟数字网络，客户通过登录网络银行站点来获得金融服务。由于网络银行和客户之间是通过互联网相联系的，所以这种运行模式存在着相互身份确认的问题，这就要求金融交易信息在互联网上的传输必须保护其机密性和完整性。另外，网上交易的所有流程都必须依赖技术手段(例如加密、认证、数字签名等)提供支持，不能像传统柜台操作那样通过客户签名来完成支付指令的确认。因此，网络银行是一种区别于传统银行服务环境的全新服务模式和运行模式。

(6) 从银行收益差异来看，网络银行使商业银行获得经济效益的方式发生了根本性的改变。传统银行获得规模收益的基本途径是不断追加投入、多设网点，从而获得服务的规模效益，而网络银行主要通过对技术的重复使用或对技术及服务内容的不断创新来提高效益。网络银行降低了银行的经营成本和管理成本。

3.2.2 网络银行对传统银行的影响

网络银行的产生和发展引发了一场深刻的银行革命，向传统银行提出了新的挑战，同时也给银行业的发展带来了新的机遇，因此，网络银行的发展对金融业的发展产生了深远的影响。网络银行所带来的影响主要表现在以下几个方面。

(1) 网络银行改变了传统银行的经营理念。

网络银行将根本改变银行的经营环境，从而对传统银行的经营方式、业务内容产生影响。传统银行的经营注重地理位置、资产数量、分行和营业点的数量，而网络银行突破了时空限制，改变了银行与客户的联系方式，从而削弱了传统银行分支机构网点的重要性。网络银行的经营理念在于如何获取信息并最好地利用这些信息为客户提供多角度、全方位的金融服务，因此，网络银行使商业银行的金融服务宗旨和经营理念从“以物(资金)为中心”逐渐转向“以人为中心”。

(2) 网络银行服务的开展促使银行更加重视信息的作用。

网络银行的优劣以获取信息能力、拥有信息量、分析处理信息及为客户提供及时的金融服务的能力来衡量。随着网络银行业务的发展，信息将可能取代资金而成为金融业最重要的资源。由于网络资源的全球共享性，也使银行与用户之间能全面了解对方的信用和资产状况，从而减少信用风险。另外，网络银行通过打破传统银行部门与部门之间的限制，可以综合客户的信息，分析客户的消费习惯、投资偏好，从而为客户提供个性化的服务。此外，网络银行开展的虚拟服务调查、客户追踪等活动，在市场推广、市场调研、客户追踪、特种业务服务和资产管理等领域比传统银行具有明显的优势，有利于传统商业银行建立全方位的市场品牌战略。

知识拓展

中国银行业协会发布《2013年度中国银行业服务改进情况报告》。

数据显示，截至2013年末，中国银行业网上银行个人客户同比增加28.09%；企业客户同比增加29.92%；网上银行交易总量500亿元，4312.87万笔，网上银行交易总额1066.97万亿元，同比增加190.87万亿元，增长21.79%。

手机银行个人客户达到4.58亿户，同比增加1.64亿户，增长55.50%；企业客户达到11.43万户，同比增长23.04%；手机银行交易总量达49.80亿笔，交易总额12.74万亿元，同比增长248.09%。电视银行个人客户达到383.85万户，同比增加954.24%；电视银行交易总量达34.86万笔，交易总额0.90亿元。新兴微信银行个人客户达到290.94万户，企业客户达到4.46万户，全年交易总量达850.76万笔，交易总额6.65亿元。

(3) 网络银行的产生加快了金融产品的创新。

网络银行的业务范围正处于高速扩张之中。网络银行的发展势必引发银行业的激烈竞争。在网络时代，新的金融衍生工具陆续被创造，同时也不断被淘汰，给银行金融产品的创新提出了新的要求。网络金融产品的创新可以利用技术创新进行跳跃式发展，突破了传统银行金融产品阶段性的发展模式，这对银行自身的创新能力也提出更高的要求。因此，银行只有加快金融创新的速度，推出更好、更快、更新和更全的金融产品和服务，才能够满足不断膨胀和变化着的消费者个性化的需求。金融产品的创新已经成为促进银行业发展的重要手段之一。

(4) 网络银行将给传统的金融监管带来挑战。

网络银行在促进银行业向开放化、标准化和自由化的方向发展的同时，也对金融监管和国际金融秩序提出了更高的要求。如何控制电子货币的发行量、如何确定设立网络银行的资格、如何监管网络银行的业务活动等一系列问题成为了金融监管的新课题。在网络时代，各个国家之间需要进一步加强金融沟通与合作，调整各自的金融监督制度和金融法律框架，同时，共同承担起制定和协调全球货币政策、维护全球金融的稳定、监督世界金融法律制度的实施、管理全球金融秩序的职责。

(5) 网络银行正改变传统银行的竞争格局。

由于网络银行的兴起，资金、资本数量、地理区域、分行数量等不再是衡量银行价值的唯一标准，银行的经营由粗放型向集约型转移，银行电子金融创新的程度、处理信息的能力及为客户提供优质服务的能力才是未来银行竞争的焦点。

因此，传统银行的竞争策略发生了很大的变化，网络银行的产生与发展，使得银行业的竞争不再是传统的同业竞争、国内竞争、服务竞争等，而是逐步发展成为金融业与非金融业、国内与国外、网络银行与传统银行等多元化的竞争。

（6）网络银行改变了资本周转方式，提高了社会经济效益。

在传统交易过程中，供需双方交易后，还要通过银行划拨账款以最终完成商务流程。传统银行以资本蓄水池和通道的方式来完成资本的周转，从而获得资本的增值。而网络银行将彻底改变传统银行在资本周转过程中的“蓄水池”和通道的作用，成为资本周转的平台，即一切商务活动都是在网络银行的平台上进行，供需双方交易结束，整个商务流程也可以随之结束。这样，不仅加快了资金流动速度，减少了资金在途天数，也提高了流动资金周转率和整个社会资金的利用率。此外，网络银行可以为客户提供多种多样的快捷方便的服务，客户可以不受时间与空间限制，随时随地进行金融产品交易，这也降低了交易费用，提高了社会经济运行的效率和效益。

（7）网络银行将推动电子商务的加速发展。

电子支付是电子商务的关键环节，也是电子商务得以顺利发展的基础和保障，只有真正实现了在线支付、即时支付，电子商务才能充分地体现出其相对于传统商务的强大优势，从而获得长远的发展，因此，网络银行是电子商务时代的必然产物。随着电子商务在电子交易环节上的不断突破和创新，网络银行的发展将会对传统的货币政策、人们的消费方式及支付习惯产生深远的影响，并推动电子商务的加速发展。

任务三　分析网络银行的功能与类型

3.3.1　网络银行的基本功能

随着网络技术和电子支付的不断发展，网络银行所提供的服务种类不断丰富，服务的质量也不断提高。从总体上讲，网络银行所提供的服务可以分为两大类：第一类是在网络上实现传统商业银行的业务品种。这类业务在网络银行建设的初期占据了主导地位，传统商业银行把网络银行作为自身业务品种的一个新兴营销渠道。而第二类则是充分利用互联网和信息技术优势提供的创新业务品种，这类业务基于网络多媒体互动的特性，以客户为中心、以科技为基础，真正体现了按照市场的需求“量身定做”的个性化服务特色，成为了真正意义上的网络银行业务。从业务品种细分的角度来讲，网络银行具有如下几个业务功能。

（1）功能展示和信息发布。

网络银行主页是银行展示业务功能和发布信息的界面，网络银行的主页内容一般包括银行的基本信息、业务品种信息、国际市场外汇行情、贷款利率、储蓄利率、汇率、国际金融信息、证券行情、股市实时行情及股评分析等。通过信息发布，网络银行可以向客户提供有价值的金融信息和服务，同时也起到了宣传推广的作用;通过功能展示,客户可以很方便地了解银行、认识银行的业务品种以及业务运行规则,为客户进一步办理各项业务提供了方便。

(2) 客户投诉与咨询服务

在提供公共信息的基础上,网络银行还以电子邮件、电子公告板等方式,向客户提供业务咨询及投诉服务。一方面,客户可以通过网络银行进行业务咨询以及业务投诉,体现了网络银行高效便捷的特点,提高了客户满意度。另一方面,为了及时掌握客户的结构,了解客户关注的焦点,还可以建立网络银行的客户分析反馈系统。反馈系统通过收集、整理、归纳、分析客户提出的问题和意见,明晰市场的需求走向,从而为银行决策层的判断提供依据,以便决策层及时调整或设计出创新的经营方式和金融产品。

(3) 账务查询与管理。

网络银行可以充分利用互联网门对门服务的特点,向企业和个人客户提供账户状态、账户余额、交易明细等的查询功能。对于企业客户,网络银行可以为其提供跨地区多账户的账务查询功能;对于个人客户,网络银行还可以为其提供理财监管功能。账务查询与管理的主要特点是客户可以通过查询来获得其银行账户的信息,或者获得与银行业务有直接关系的金融信息,但是并不涉及客户的资金交易和账务变动。

(4) 申请和挂失。

该功能主要包括存款账户的开户,信用卡的开户,电子现金、空白支票申领,企业财务报表申报,国际收支申报的报送,各种贷款、信用证开证的申请,预约服务申请,账户挂失,预约服务撤销等。客户可以通过网络银行清楚地了解有关业务的章程条款,并在线直接填写、提交各种银行表格。该功能的特点是精简了业务流程,为客户提供了高效便捷的服务。

(5) 网上支付功能。

与前面四类功能不同,网上支付功能主要向客户提供互联网上的资金实时结算。网上支付功能是保证电子商务正常开展的关键性的基础功能,也是网络银行的一个标志性功能。如果没有网上支付功能,网络银行只能算作一个金融信息网站,或称为上网的银行。网上支付的功能有很多种,在这里只列举应用最广泛的两种:

① 转账和汇款——客户可以根据自身需要,在网络银行办理网上转账、网上汇款等资金实时划转业务,该业务为实现各项网络交易提供了支付平台。此外,客户也可以通过网络银行在自己名下的几个账户之间进行资金划转,进行定期转活期、活期转定期、汇兑、外汇买卖等不同币种、不同期限资金之间的转换,该功能的特点是方便客户对账户资金的灵活运用和管理。

② 电子支付与网上购物——客户可以办理转账结算、缴纳公共事业费(燃气、水、电、电话、收视费等)、发放工资、银证转账、证券资金清算等电子支付业务。此外,还可以完成网上购物交易,包括商户对顾客(B2C)电子商务模式下的购物、订票、证券买卖等交易,也包括商户对商户(B2B)电子商务模式下的网上采购等交易,这类服务真正实现了不同客户之间的资金收付划转功能。

（6）金融创新服务。

基于互联网的特点，网络银行可以根据不同客户的不同需求开展更多智能化、个性化的服务，提供传统商业银行在当前业务模式下难以实现的功能。例如针对企业集团客户，可以通过网络银行，为其提供查询各子公司的账户余额和交易信息的功能，并在签订多边协议的基础上实现集团内部的资金调度与划拨，提高集团整体的资金使用效益，为客户改善内部经营管理、财务管理提供有力的支持。

（7）商务服务。

商务服务包括投资理财、资本市场、政府服务等功能。其中，投资理财可以分为客户主动型和银行主动型两种。

① 客户主动型——客户可以对其账户的理财信息（金融信息）进行查询，还可以使用银行的分析软件进行分析和处理，以满足各种特殊需求。

② 银行主动型——银行把客户服务作为一个有序进程，在提供金融信息咨询的基础上，以资金托管、账户托管为手段，为客户的资金使用安排提供专业化理财建议和顾问方案，设计出符合客户经济需求的理财建议、计划及相应的金融服务。此外，银行还可以根据存贷款或理财的期限，向客户提前发送转存、还贷或归还信用卡透支金额等提示信息。

3.3.2 网络银行的类型

按照不同的分类标准，网络银行可分为不同类型，具体如表 3－1 所示：

表 3－1 网络银行分类表

分类标准	分　类
按服务对象分类	个人网上银行与企业网上银行
按组织架构分类	纯网络银行与分支型网络银行
按业务角度分类	信息型、交互型和支付型网络银行

一、个人网上银行与企业网上银行

按服务对象分类，网络银行可分为个人网上银行与企业网上银行。

（一）个人网上银行

1. 个人网上银行简介

个人网上银行是指银行通过互联网为个人客户提供账户查询、转账汇款、投资理财、在线支付等金融服务的网上银行服务，使客户可以足不出户就能够安全便捷地管理活期和定期存款、支票、信用卡及个人投资等。个人网上银行客户分为注册客户和非注册客户两大类。注册客户按照注册方式分为柜面注册客户和自助注册客户，按是否申领证书分为证书客户和无证书客户。可以说，个人网上银行是在互联网上的虚拟银行柜台。

现在，国内的大部分商业银行都开通了个人网上银行业务，如招商银行、建设银行、工商银行等。它们的使用功能也基本相同。以下是我国部分个人网上银行网址，如表 3－2 所示。

表 3-2　我国部分个人网上银行网址

我国个人银行网址	
中国工商银行	http://www.icbc.com.cn
中国建设银行	http://www.ccb.com
中国银行	http://www.boc.cn
交通银行	http://www.bankcomm.com
中国农业银行	http://www.abchina.com
中国光大银行	http://www.cebbank.com
中国民生银行	http://www.cmbc.com.cn
华夏银行	http://www.hxb.com.cn
上海浦东发展银行	http://www.spdb.com.cn

2. 个人网上银行应用实例——中国工商银行个人网上银行

中国工商银行的个人网上银行服务起步比较早、功能相对完善。目前，它的个人网上银行系统是国内发展最为成熟的系统之一。下面以中国工商银行为例，介绍如何使用网上的“个人银行”。

(1) 中国工商银行个人网上银行的开通流程

第一步，用户必须申办一张工商银行的牡丹信用卡、贷记卡或灵通卡。

第二步，到中国工商银行的网点申请开通个人网上银行的服务，并向银行购买认证介质，例如“U 盾”(电子证书)或是领取口令卡(若购买“U 盾”，用户还需要在自己的电脑上安装相关软件，包括个人网上银行安全控件和相应证书的驱动程序)。认证介质的目的主要是保护账户安全。

第三步，用户直接登录工商银行的主页 http://www.icbc.com.cn 就可以使用网上银行了。

具体的开通流程如图 3-1 所示。

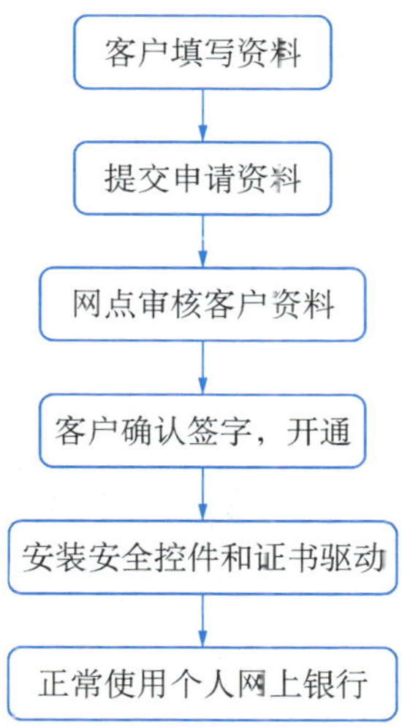

图 3-1
工商银行网上银行开通流程

(2) 中国工商银行个人网上银行的登录流程

首先，打开中国工商银行网上银行主页。如图 3-2 所示。

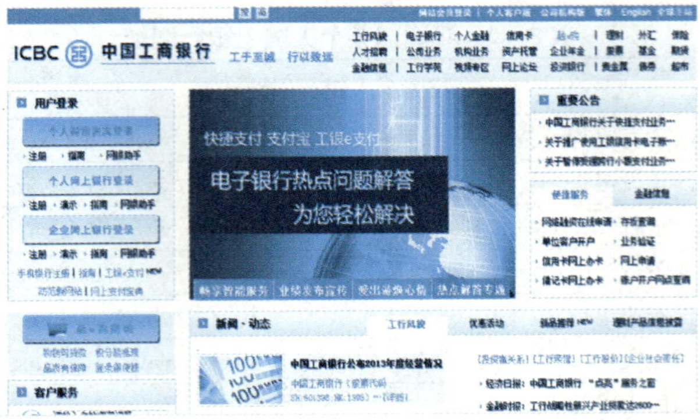

图 3-2
中国工商银行网上银行主页

然后，在进入主页后，单击左上边的“个人网上银行登录”，用户输入已注册网上银行功能的银行卡号和密码，单击“确定”按钮，即可登录网上银行，如图 3-3 所示。登录后便可进行相关业务操作。

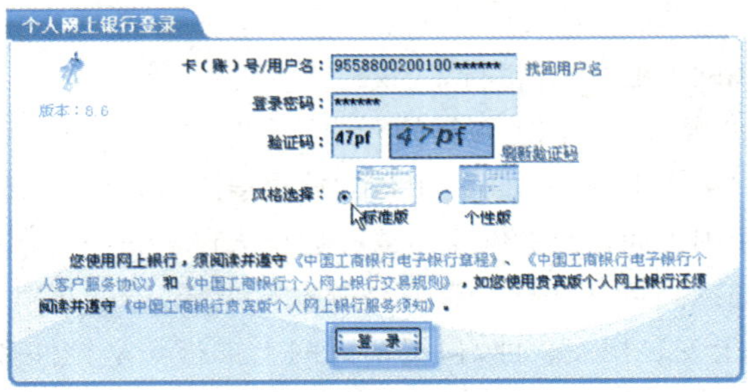

图 3-3
登录中国工商银行个人网上银行

(3) 个人网上银行功能应用

目前，中国工商银行个人网上银行能够为拥有中国工商银行个人牡丹信用卡、贷记卡或灵通卡等银行卡，而且为账户信誉良好的客户提供多项业务，具体如图 3-4 所示。

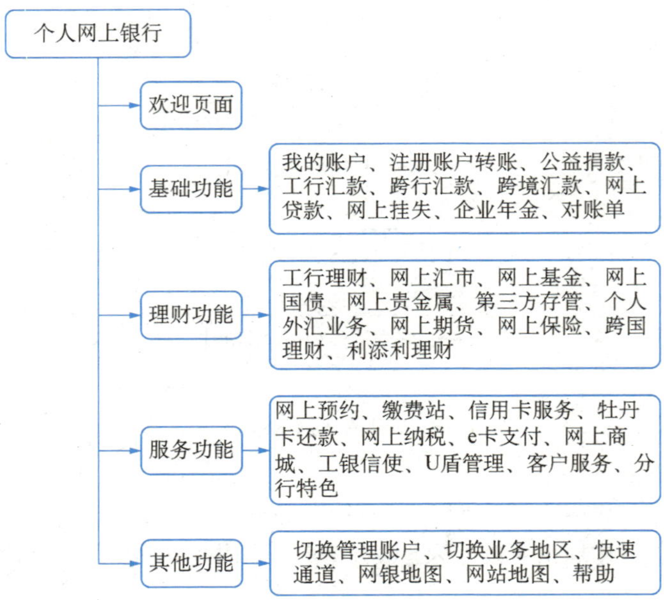

图 3-4
中国工商银行网上银行功能分类

进入了网上银行界面后，用户可以看到，页面上方所列的各项服务，包括我的账户、定期存款、工行理财、转账汇款、网上预约等。如图 3－5 所示。其中每个功能项下还包括一些子功能。

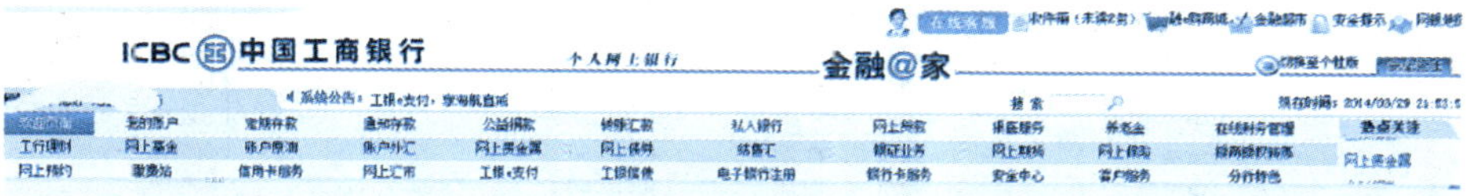

图 3－5
中国工商银行个人网上银行首页

由于中国工商银行个人网上银行的功能和业务种类繁多，下面主要介绍其中的三种常用的功能及其应用流程。

① 账务查询：中国工商银行的客户可以利用个人网上银行对自己的账务信息，例如卡/账号余额、账务历史明细、网上购物明细，进行查询，并可下载账务历史明细。需要注意的是，工商银行网上银行提供一张注册卡可以下挂多张其他卡的功能，使用“注册账户管理”可以查询注册卡号下挂的多个账户。

若要进行余额查询，可点击工商银行个人银行交易区上方一级菜单（图 3－5）中的“我的账户”栏目，展开“账务查询”，点击“余额查询”，选择欲查询的账户后，点击“余额”即可。如图 3－6 所示。

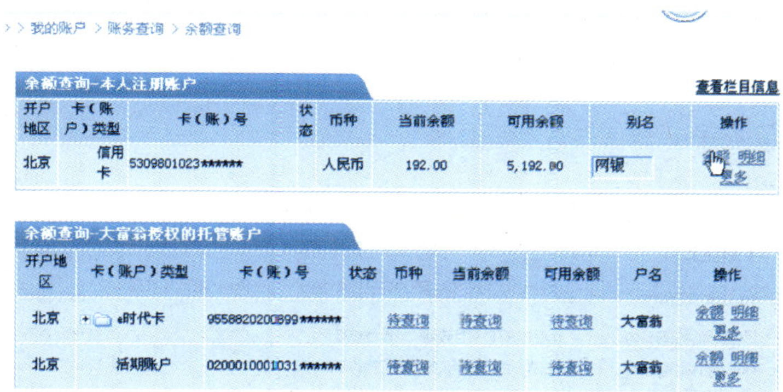

图 3－6
余额查询

若要查询明细，可点击工商银行个人银行交易区上方一级菜单（图 3－5）中的“我的账户”栏目，展开“账务查询”，点击“明细查询”，选择欲查询的账户后，输入起止日期，点击“查询”即可。如图 3－7、3－8 所示。

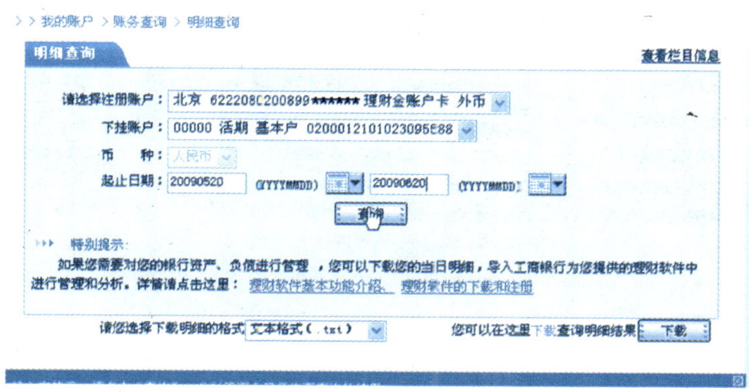

图 3－7
明细查询

卡号：6222080200899****** 卡别名：外币 查询时间：2009年06月20日11时30分21秒

子账户序号：00000 子账户类别：活期 子账户别名：

序号	交易日期	业务摘要	币种	钞/汇	收入金额	支出金额	余额
1	2009-05-23	开户	人民币	钞	1,000,000.00		1,000,000.00
2	2009-05-23	卡存	美元	钞	5,000.00		5,000.00
3	2009-05-23	卡存	美元	汇	4,000.00		4,000.00
4	2009-05-23	卡存	港币	钞	8,000.00		8,000.00
5	2009-05-23	卡存	港币	汇	8,000.00		8,000.00
6	2009-05-23	卡存	欧元	汇	3,500.00		3,500.00
7	2009-05-23	卡存	欧元	钞	6,000.00		6,000.00
8	2009-05-24	债券	人民币	钞		10.00	999,990.00
9	2009-05-24	债券	人民币	钞		1,033.72	998,956.28
10	2009-05-24	债券	人民币	钞	1,032.72		999,989.00
11	2009-05-24	网转	人民币	钞		1.00	999,988.00
12	2009-05-24	网汇	美元	汇		1.00	3,999.00
13	2009-05-24	网汇	人民币	钞		92.80	999,895.20

图 3－8
明细查询结果

② 网上预约：可以查询工商银行所提供的所有预约服务，并申请办理预约业务。首先，点击工商银行个人银行交易区上方一级菜单（图 3－5）中的“网上预约”栏目。然后，交易区左侧会显示网上预约的子菜单，点击“预约申请”。最后，进入预约申请页面，选择要预约的项目并填写相关信息，具体流程为预约申请（图 3－9）——填写预约信息（图 3－10）——预约密码验证（图 3－11）——交易信息验证（图 3－12）——预约成功（图 3－13）。

预约申请

新产品

序号	预约服务名称	功能介绍	操作
1	手机号汇款预约	网上银行注册的活期账户向已与我行账户绑定的手机号按约定日期、金额转账	预约 详情
2	E-mail汇款预约	网上银行注册的活期账户向已与我行账户绑定的E-mail按约定日期、金额转账	预约 详情
3	银行转期货公司预约	向客户提供银行转期货公司预约服务	预约 详情
4	期货公司转银行预约	向客户提供期货公司转银行预约服务	预约 详情

推荐产品

序号	预约服务名称	功能介绍		操作
		转账		
19	灵通快线（超短期）理财预约	将闲置资金自动购买灵通快线（超短期）理财产品，当活期资金不足时自动卖出理财产品。	查看	预约 详情
20	利添利理财预约	将闲置资金自动申购指定基金，当活期资金不足时自动赎回基金。	查看	预约 详情
21	T+0理财预约	当卡内活期资金余额不足时，在定期存款限额内可透支取现、转账和消费。	查看	预约 详情
22	资金自动归集预约	保留被归集账户一定余额的情况下，将资金归集到指定账户。	查看	预约 详情
23	定活通预约	向客户提供活期转定期、定期补足透支金额服务。	查看	预约 详情
24	通知存款自动转存预约	当活期账户余额大于指定金额时，将账户多余部分，（符合通知存款起存条件）存为通知存款。	查看	预约 详情
25	理财产品定投预约	向客户提供理财产品定期购买预约服务。	查看	预约 详情
26	银行转期货公司预约	向客户提供银行转期货公司预约服务	查看	预约 详情
27	期货公司转银行预约	向客户提供期货公司转银行预约服务	查看	预约 详情

图 3－9
预约申请

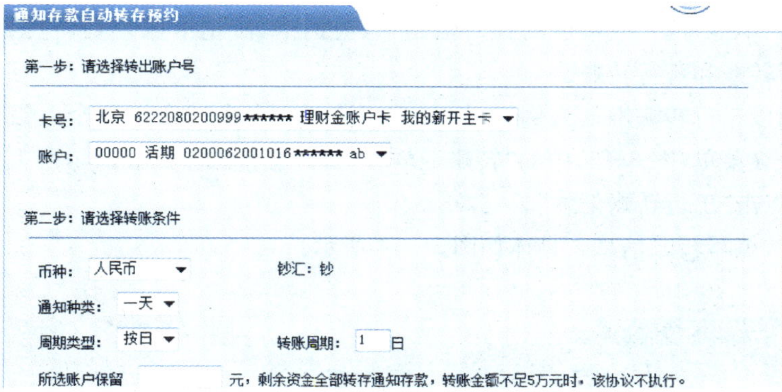

图 3－10
填写预约信息

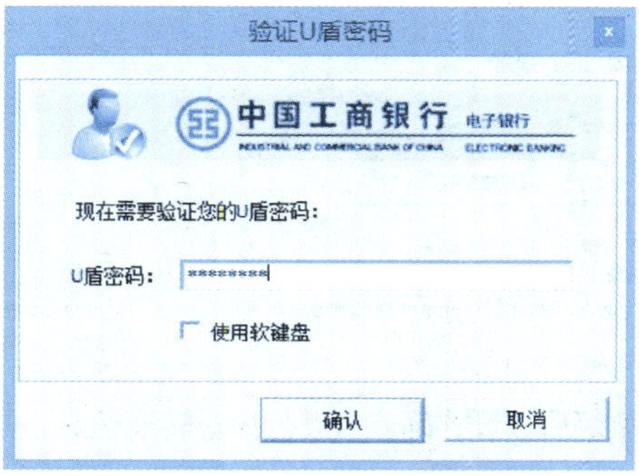

图 3－11
预约密码验证

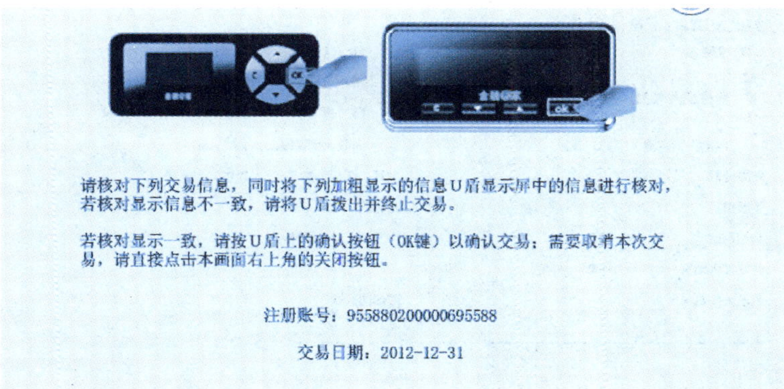

图 3－12
交易信息验证

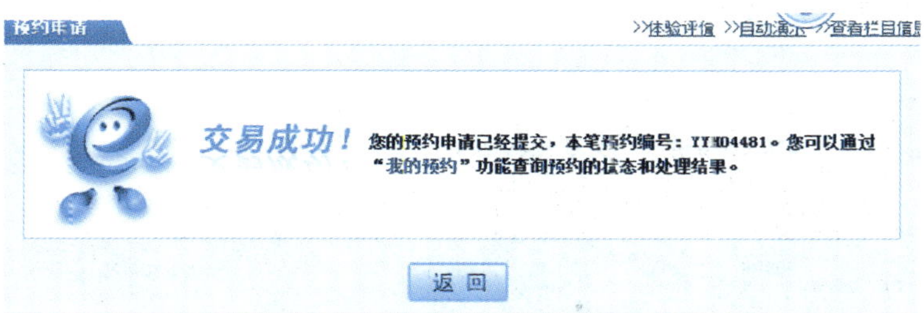

图 3－13
预约成功

③ 卡账户转账汇款：客户可以实现自己的人民币卡账户之间的资金互转以及向同城（本地）他人或单位的牡丹信用卡、灵通卡、贷记卡账户划转资金，其中包括同行转账和跨行转账。

下面以工行转账汇款为例，介绍其应用流程。点击工商银行个人银行交易区上方一级菜单（图 3－5）中的“转账汇款”栏目。交易区左侧会显示网上预约的子菜单，点击“工行转账汇款”。

首先，填写转账信息。具体如图 3－14 所示。

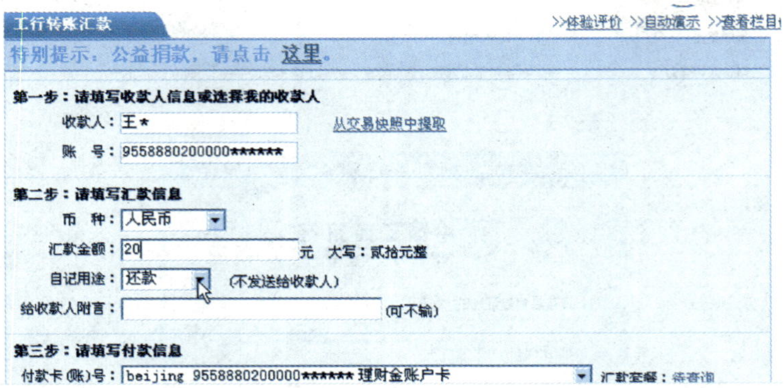

图 3－14
填写转账信息

第二步，转账信息填好后，点击“确认”，进行核对转账信息。具体如图 3－15 所示。

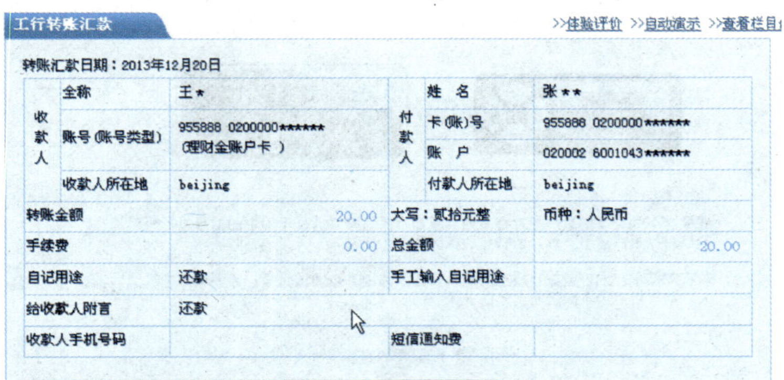

图 3－15
核对转账信息

第三步，核对信息，按图片提示输入验证码，并验证介质密码（本书以 U 盾为例）。具体如图 3－16、3－17 所示。

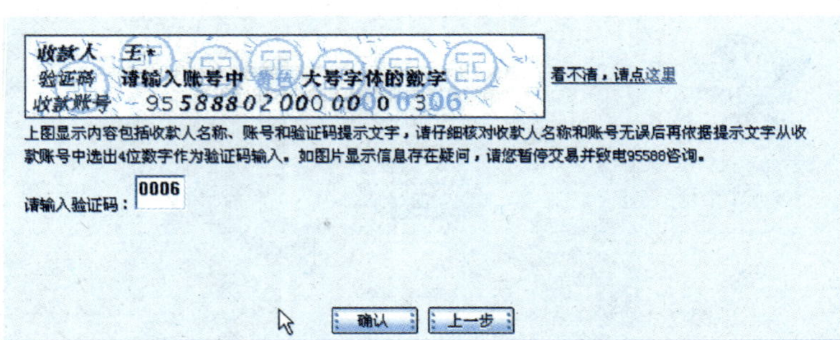

图 3－16
输入验证码

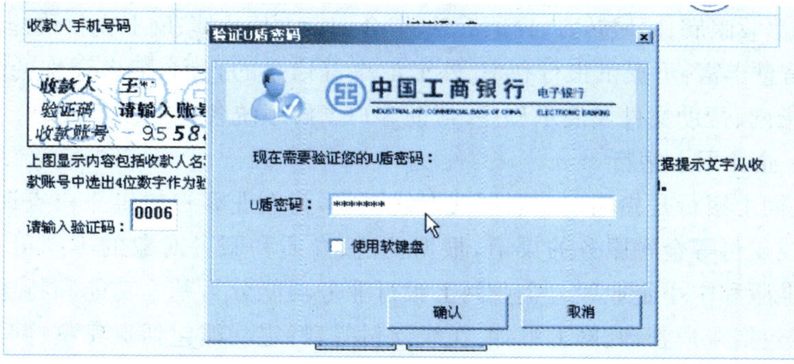

图 3-17
验证密码

第四步，核对信息无误，交易成功。具体如图 3-18、3-19 所示。

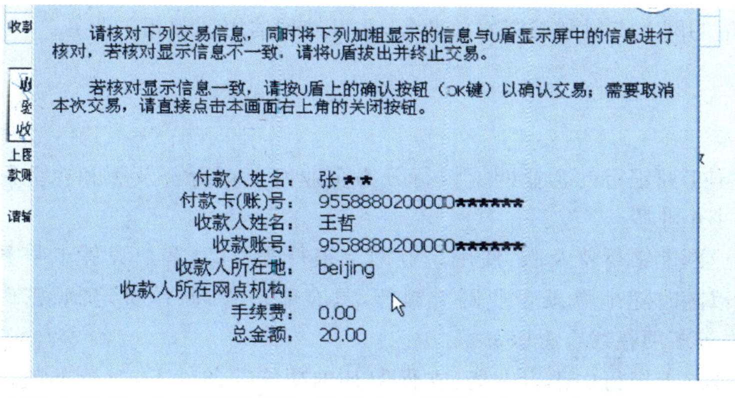

图 3-18
核对信息

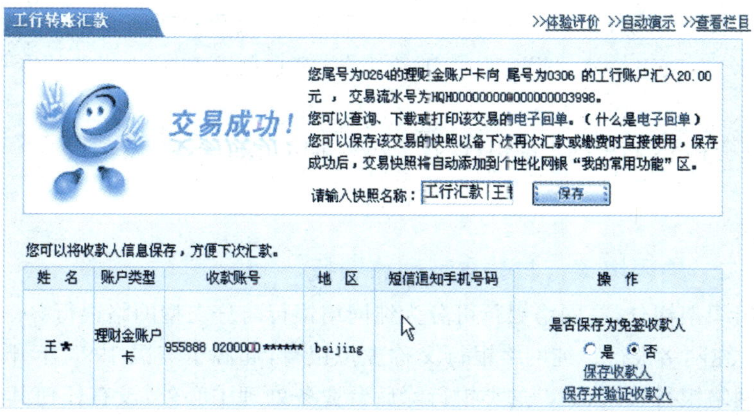

图 3-19
交易成功

(4) 中国工商银行个人网上银行特点

中国工商银行个人网上银行是中国工商银行为个人客户提供的网上自助金融服务，它具有如下特点。

① 安全可靠：采取严密的标准数字证书体系，通过国家安全认证。

② 功能强大：多账户管理，方便家庭理财；个性化的功能和提示，体现客户的尊贵；丰富的理财功能，成为客户的得力助手。

③ 方便快捷：24 小时网上服务，跨越时空，省时省力；账务管理一目了然，所有交易明细尽收眼底；同城转账、异地汇款、资金调拨方便快捷；网上支付快捷便利。

④ 信息丰富：可提供银行利率、外汇汇率等信息的查询，配备详细的功能介绍、操作指南、帮助文件及演示程序，帮助客户了解系统各项功能。

（二）企业网上银行

企业网上银行是指通过互联网或专线网络，为企业客户提供账户查询、转账结算、在线支付等金融服务的渠道，根据功能、介质和服务对象的不同可分为普及版、标准版和中小企业版。企业网上银行业务功能分为基本功能和特定功能。基本功能包括账户管理、网上汇款、在线支付等，特定功能包括贵宾室、网上支付结算代理、网上收款、网上信用证、网上票据和账户高级管理等。

企业网上银行适用于企业与政府部门等企事业单位客户。企事业单位可以通过企业网上银行服务实时了解企业财务运作情况，及时在组织内部调配资金，处理大批量的网上支付和工资发放业务，并可处理信用证等相关业务。

应用实例

中国工商银行的企业网上银行分为企业网上银行普及版和企业网上银行中小企业版。

企业网上银行普及版：使用企业网上银行普及版，客户只凭卡号和密码就可以随时随地登录企业网上银行，具有账户管理、首页定制、密码维护、挂失等多项在线金融服务。

企业网上银行中小企业版：在保留基础功能的条件下，对标准版进行了功能的精简、组合，形成了一套操作方便、简单易用、功能实用的中小企业网上银行系统，为中小企业客户提供账务查询、账户对账、转账汇款、企业财务室、工银信使、投资理财、预约服务、客户服务和本地特色的专业化服务。

（资料来源：中国工商银行网站 www. icbc. com. cn）

二、纯网络银行与分支型网络银行

按组织架构分类，网络银行可分为纯网络银行与分支型网络银行。

(1) 纯网络银行。纯网络银行又称虚拟银行，起源于美国 1995 年开业的安全第一网络银行(SFNB)。这类银行除后台业务处理中心外，没有任何其他物理上的营业机构，雇员很少，一般只设一个办公地址，既无分支机构，又无营业网点，几乎所有业务都通过网络来进行。纯网上银行又分成两种：一是直接建立的独立的网上银行；二是以原银行为依托，成立新的独立的银行来经营网上银行业务。纯网上银行可以树立自己的品牌，以极低廉的交易费用实时处理各种交易，提供一系列的投资、抵押和保险综合业务，还可以向客户提供更优惠的存贷款利率。但与传统银行相比，纯网络银行无法收付现金，加重了对第三方机构的依赖性。此外，纯网络银行缺乏客户基础，需要培养新客户的信任度和忠诚度，银行前期技术的投入非常大。

(2) 分支型网络银行。分支型网络银行又被称为“网上分行”、“网上柜台”、“网上分理处”等,它是现有的传统银行利用互联网作为新的服务手段,建立银行站点,设立新的网上服务窗口,提供在线服务而设立的网上银行。

分支型网络银行与纯网络银行的不同之处在于,分支型网络银行是利用互联网辅助银行提供金融服务,把传统银行业务延伸到网上,是原有的银行业务与网络信息技术相结合的产物,而不是银行的完全电子化和网络化。分支型网络银行最大的优点是以传统银行为依托,具有强大的资金来源和广泛的客户基础。但是这种模式会受到母体银行原有的体制框架、技术框架的束缚,因此,究竟是发展更多的传统业务还是发展电子业务将成为分支型网络银行决策的难题。

目前,绝大多数商业银行已经设立了分支型网络银行,例如,我国的商业银行中,工商银行的个人网上银行“金融@家”、企业网上银行“财 e 通”,建设银行的“e 路通”,平安银行的“企业网上银行 S-ebank”品牌等。分支型网络银行已成为网络银行的主要形式。

三、信息型、交互型和支付型网络银行

按业务角度划分,网络银行可分为信息型、交互型和支付型网络银行。

(1) 信息型。这是银行通过互联网提供最基本的服务。银行在独立的服务器上建立 Web 网页,提供银行基本资料、业务情况等信息服务。由于服务器与银行内部网之间在物理上是断开的,所以其风险相对较低。信息型网络银行既可以由银行建立也可以由网络服务商建立。

(2) 交互型。交互型系统允许在银行系统和客户之间进行一些互动行为,例如电子邮件、账户查询、贷款申请或者一些静态信息的更新。交互型系统会和银行内部网络保持一定的连接,因此其风险要高于信息型系统。当银行内部网络对外部而言变为可见时,出于安全的考虑,需要银行建立合适的监控体系。

(3) 支付型。这个层面的网上银行业务允许客户办理交易,包括个人业务和公司业务,是一种在线支付系统。它是以客户从互联网上发来的电子付款指令为依据,为客户办理账户之间资金转账的系统,是网上银行业务的主体和电子商务的基础。

任务四　网络银行金融服务

网络金融,又称电子金融(E-finance),从狭义上讲是指在国际互联网上开展的金融业务,包括网络银行、网络证券、网络保险等金融服务及相关内容;从广义上讲,网络金融就是以网络技术为支撑,在全球范围内的所有金融活动的总称,它不仅包括狭义的内容,还包括网络金融安全、网络金融监管等诸多方面。它是存在于电子空间中的金融活动,是现代信息技术和金融的融合,其存在形态是虚拟化的、运行方式是网络化的。不同于传统的以物理形态存在的金融活动,它是

互联网技术飞速发展的产物，是适应电子商务(E-commerce)发展需要而产生的网络时代的金融运行模式，是未来金融发展的一个重要方面。

3.4.1 网上基金

1. 我国网上基金发展概述

互联网的出现改变了传统的交易模式，使网上基金交易得到突飞猛进的发展。事实上，基金管理公司进行网上基金的申购和赎回在基金业较发达的国家和地区已很普遍，如怡富(台湾)基金管理公司有35%的委托笔数是通过网上交易来完成的。而在美国，大部分共同基金的持有者运用互联网，其中将近一半的持有者浏览基金有关的网站。

2003年3月17日，招商基金管理公司为招商安泰系列基金的发行率先在国内推出“网上基金开户”的服务，通过互联网正式发售“招商安泰系列开放式证券投资基金”。其销售平台由招商银行、招商证券、华夏证券、国泰君安和申银万国共同组成，发行期为40天，托管银行为招商银行。招商银行和招商证券的客户均可以通过各自网站实现该功能。该基金是国内市场上首只由中外合资基金公司发行的基金，同时也是外资进入中国基金市场后首次亮相的基金产品。来自北京的某跨国公司驻京首席代表杨女士，共认购了6万元系列基金，有幸成为中国基金史上首位网上开户者。网上基金开户服务对于消费者而言，避免了往返营业网点和排队等待的麻烦，短短几分钟时间就可以完成开户和认购过程，为现有客户进入基金市场提供了一条快速通道。随着第三方支付获得基金销售许可，网上基金呈现出井喷的现象。仅2013年就有阿里巴巴、腾讯、百度等十几家互联网企业与基金公司开展合作，在网上进行基金销售。其中，以阿里巴巴的“余额宝”、腾讯的“现金宝”成交量最大。

2. 交易模式

(1) 基金公司网站交易

近年来各大基金公司纷纷开通了自己的网上基金交易平台，客户可以轻松地在基金公司网站购买基金产品。图3-20所示为华夏基金网站。在基金公司网站进行交易，需设置基金交易账户密码、转入账户等。部分基金公司网站实行申购、赎回基金T+0到账的交易模式。

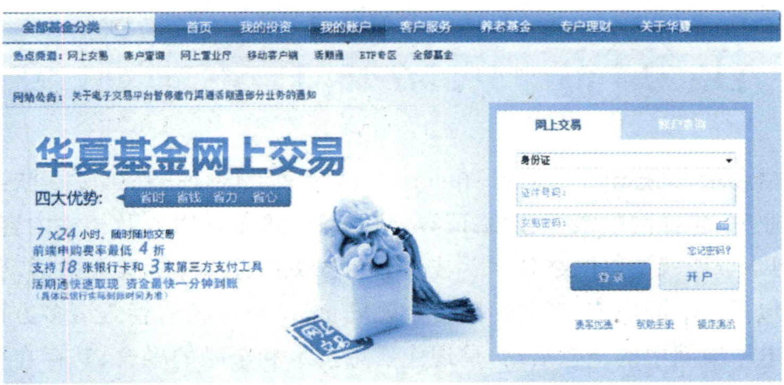

图3-20
华夏基金网站

（2）网上银行基金交易

目前，各大银行也已开通了网上基金的交易模式，其实质与银行柜台代销一样。图 3－21 所示为工行网上基金交易平台。在网上银行购买基金产品时，需要开通一张该银行的银行卡，并进行网上基金交易开户。

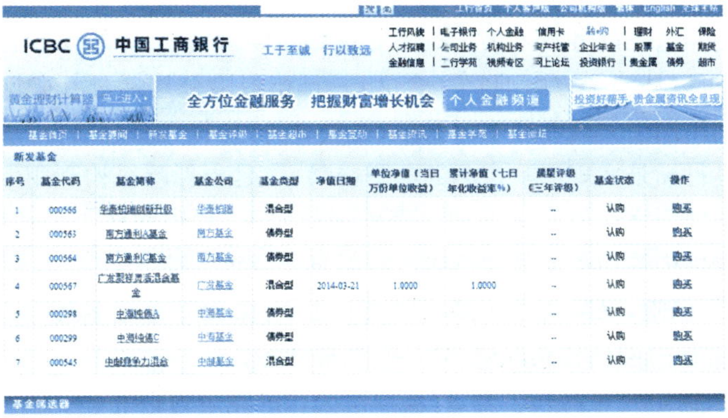

图 3－21
工行网上基金交易平台

（3）第三方平台基金交易

随着网上基金销售许可的放开，各大互联网平台纷纷推出了各类“宝宝”理财产品，这些理财产品的实质是对应的货币基金。如阿里巴巴的余额宝（图 3－22）是对应天弘基金公司的货币基金产品，客户购买余额宝之后就是购买了天弘公司的货币基金。腾讯的理财通对应的是华夏的货币基金。

图 3－22
第三方基金交易平台——余额宝

应用实例

2014 年 1 月 15 日晚间，微信理财通在微信“我”界面的“我的银行卡”频道中正式上线，在“我的银行卡”频道里，投资者只要绑定相关合作银行的银行卡就能购买微信理财通。

理财通对接的是华夏基金旗下的货币基金，理财通上线之后 7 日年化收益率达到了 7.9%，仅仅通过六天的销售，该产品规模已经超过百亿。

（资料来源：http://baike.baidu.com/view/3208935.htm）

3.4.2 网上保险

网上保险是电子商务领域的一支新军。随着互联网的普及，已有越来越多的保险公司意识到网络银行潜藏的无限商机，像欧美国家一些大的保险机构，网上保险业务已颇具规模。网上保险业务在电子商务领域将有非常巨大的市场。

网上保险，也称为保险电子商务，指保险公司或保险机构以信息技术为基础，以互联网和电子商务技术为工具来支持保险经营管理活动，实现保险业务的经济行为。可以从两个方面理解其含义：一是指保险公司通过互联网络开展电子商务，即利用网络实现在线客户服务、在线宣传、投保、核保、给付、理赔等业务工作，其最终目标是实现保险产品的电子交易；二是指保险机构利用网络进行内部管理，即利用网络对公司员工和代理人进行培训，利用网络与公司股东、代理人、保险监督机构等相关人员和机构进行信息交流等活动。

通过网上保险，保险公司应该达到以下几个目的：

(1) 通过保险网络化获取更多保源，拓展业务；

(2) 扩大保险公司的知名度，提高保险公司的竞争力；

(3) 为保险客户提供更多、更好、更全面的服务；

(4) 挖掘潜在的保险客户。

因此，保险网络化应该融入保险经营和管理的每一个关键环节，而且它是一种高收益、高回报的投资行为，需要不断地投资并与保险业务共同成长。保险公司的网络化活动主要分为两部分：一部分以宣传企业的形象为主，另一部分则侧重产品的宣传与在线销售。后者即通过网络进行产品宣传与在线销售已成为互联网上的主流。同时，通过互联网进行业务辅助的站点迅速增加。中国保险信息网上的保险公司可以通过公司首页、总体视觉效果、新闻以及企业文化、业绩介绍等栏目进行公司的形象宣传。与此同时，通过险种介绍数据库以及与此配合的险种荟萃、险种查询、投保意向等内容，访问者可以浏览和查询保险产品，获得名称类别、简介、保险责任、保单全文等不同深度的介绍资料。此外，保险公司也可以通过保险网的“会员服务”界面，查询和浏览网上用户发来的投保意向书和投诉单，添加修改和删除公司的新闻，发布招聘并查看求职信息等。

1. 网上保险发展现况

我国的网上保险业务出现时间不长。1997 年，中国保险协会和北京维信投资顾问有限公司共同发起成立了我国第一家保险网站——中国保险网 www.china-insurance.com，并在当年即促成了我国网上投保第一单。2000 年 3 月 9 日，朗络电子商务有限公司与中国太平洋保险公司北京分公司合作，推出国内首家电子商务保险网站——“网险”，有网上个人保险、网上企业团体保险两大类共 30 多个险种，实现了网上投保、实时投保、实时核保、实时认证和在线支付。该公司称今后购买保险产品，只需要在网上点击几下鼠标，就可以通过网上支付和快递公司送去的保单达到投保目的。平安保险公司北京分公司和泰康人寿保险股份有限公司也与“网险”签约，共同推出网上投保业务。

2. 网上保险交易模式

目前，综合我国网上保险业务的发展来看，我国的保险网站可以分为以下三种模式：

（1）保险公司自己开发的网站

这类网站主要推广自家公司的险种，例如泰康在线等。这类网站以公司为背景，有实体支撑，是保险电子商务的主力军。2001 年，中国平安签出了真正意义上的中国第一张电子保单，从核保到签单，全部过程在网上完成，实现了网上销售零的突破。

（2）专业财经网站或综合门户网站开辟的保险频道

这类网站主要目的是满足其消费群的保险需求，例如和讯的保险频道（insurance.hexun.com）正是为增加网上的财经内容而开设的。

（3）独立的保险网（也称第三方网站）

这类网站不属于任何保险公司，也不附属于任何大型网站，它们是为保险公司、保险中介和客户提供技术平台的专业互联网技术公司。目前，国内较有影响的独立保险网有：慧择网（www.hzins.com）、中国保险网（www.china-insurance.com）等。由于此类网站独立于保险公司之外，既不代表保险人，也不属于中介人，所以法律地位模糊，经营也面临许多困难，一些独立的保险网站开始寻求转型，逐步向软件开发和销售等其他盈利模式发展，还有一些独立的保险网站已关闭，如金融街、健康网等。

3. 网上保险的特点及优势

网上保险是保险业和互联网相结合的产物，网上保险的最终目标是通过网络实现投保、核保、理赔、给付等保险的全过程，即实现保险的电子商务化。因此，它具有一般电子商务所具有的直接性、虚拟性、电子化和时效性等优点。同时与传统的保险经营方式相比，网上保险更具有许多特点和优势，具体体现在以下几个方面：

（1）拓展了经营时间和空间。互联网具有国际性和开放性特点，通过互联网，网上保险业务可以延伸到全球任何地区的任意一台网上电脑，实现 24 小时的在线服务，促使保险市场进一步向国际化、全球化的方向发展。网上保险发展到一定程度还可以免去代理人、经纪人等中介，直接与保户进行业务往来，大大缩短投保、承保、保费支付和保险金支付等进程的时间，经营时间和空间得以大大拓展。

（2）为客户提供个性化的服务，为企业争取更多的保源。网上保险突破了传统的经营和服务模式，变成以客户为中心的全功能、个性化、网络化、超越时空的服务，拉近了保险公司和保户的距离。如一些客户不喜欢与业务员面对面的交流，而互联网可以帮助他们克服这种尴尬，这样就积极地争取了保源。客户还可以对产品的多个报价进行对比，选择自己满意的产品。同时，客户还可以通过保险公司提供的个性化服务定制自己满意的险种。

（3）网上保险降低了企业经营成本，提高了经营效率。网络技术能使保险公司极大地降低成本，特别是在销售以及客户服务领域，保险公司和客户以电子邮件相互沟通，降低了公司的保单维持费用和相应的设备等一般费用，而各种费用的降低，带来各险种的保险成本的降低，最终受益的是保户。保险公司可以通过网络技术合理优化经营模式，降低价格来吸引更多的客户，实现保险公司和客户的双赢。

应用实例

继余额宝之后，阿里系另一款产品“娱乐宝”近日亮相，引起业界热议。

娱乐宝对接的是国华人寿旗下“国华华瑞1号终身寿险A款”的投资连结型保险（以下简称：投连险）产品，官方称预期年化收益率7%，不保本不保底。

首批登录娱乐宝界面的项目分别为电影《小时代3》、《小时代4》、《狼图腾》、《非法操作》以及社交游戏《魔范学院》，总投资额7300万元。

也就是说，网民通过娱乐宝平台购买国华人寿的保险理财产品后，资金将投向文化产业，以获得预期收益，但不保本保底。

（资料来源：http://tech.qq.com/a/20140328/005548.htm）

3.4.3 网上证券

网上证券也称网络证券，是基于计算机互联网的证券交易行为，网上证券服务是证券业以网络信息为媒介，为客户提供的一种全新商业服务，包括证券网上发行、信息发布和查询、网上理财经纪服务和网上委托交易。网上证券交易在全球正逐步成为证券交易方式的主流。因为证券市场具有知识、资本相对集中的优势，且作为交易标的的股票、债券和基金几乎不存在实物交收、储运和保管等物流问题，所以基于互联网络的证券交易成为整个电子商务领域成长最为迅速的内容之一。

1. 网上证券交易的优势

网上证券交易作为一种全新的委托方式，可降低交易成本，提高投资效率，打破传统交易方式的时空局限，是证券业的一项新变革。网上证券交易的优势主要体现在以下两个方面：

一是对券商来说，网上证券可以打破时空限制，无限扩大客户服务区域；降低成本、提高服务质量、扩展业务，开拓市场，扩大市场份额；有助于为客户提供更加及时、个性和全面的服务，深化和加强券商的服务意识，提供更多新型个性化服务，并针对个别客户进行“量身定做”，提高客户的忠诚度；有利于整合各种资源，包括人才方面的资源、信息方面的资源，也包括通信设施方面的资源等。

二是对证券投资者来说，网上证券可以真正做到随时、随地、随意地进行证券投资。网上证券交易可以使投资者得到更加优质快速的证券行情信息和交易服务；可以减少因行情延迟、信息时差或交易不及时等引起的交易损失；可以突破地域限制，在任何一个能够上网的地方参与证券交易，给所有投资者一个公平的交易平台和较平等的服务（信息咨询服务和交易渠道服务），从而使散户交易的条件和手段大户化。

2. 网上证券交易的形式

目前,网上证券交易的主要应用形式大致有以下几类:

(1) 分布经纪业务系统

券商可以通过电子商务网络为异地股民提供服务,也可以通过网络来进行股评视频会议等。

(2) 集中监控系统

券商通过网络对各营业部进行实时监控,各营业部也可在遇到较大的破坏时借助行情和交易备份,通过切换到其他营业部继续交易。

(3) 券商决策支持系统

券商通过各营业部收集客户交易资料,在此基础上综合运用数据库、专家系统等方式,为券商决策提供有力的支持。

(4) 分布证券资讯系统

券商可以通过网络从分布在各地的营业部采集和整合信息,加上券商总部统一外购的信息,更丰富、更低成本、更快速地传送给各营业部,实现信息快速共享。

3. 网上证券发展概况

我国券商亦纷纷进军网上证券交易,网上证券交易的发展势头强劲,经中国证监会核准具有开展网上证券委托业务资格的券商数量已很多,网上证券交易的份额已达60%,已经不再仅仅是现场交易的补充。它对证券公司的运营模式产生了深远的影响。随着更多券商的加入,网上证券交易额将快速增加,网上证券交易成为证券交易的主流模式已是大势所趋,不可逆转。

在我国证券市场,技术因素和技术手段已经不构成限制,只是目前我国资本市场还不完善,管理层对网上证券交易的技术标准、技术体制、市场监管、网上证券交易者的资格审查等无明确的规定,仍然沿用与传统证券交易相似的管理模式,这在一定程度上制约了网上证券交易的发展。要使网上证券交易在我国成为更加重要的交易手段、有一个经济的产业规模,还有很多工作要做。

2000年春,中国证监会出台了《网上证券委托暂行管理办法》,对网上交易的开展进行了规范,中国证监会根据《网上证券委托暂行管理办法》,于2001年2月和5月,先后两批共核准了33家证券公司开展网上证券委托业务的资格。

中国证监会积极支持发展我国网上证券交易的政策,推动国内的大券商从战略高度发展电子商务,努力通过网上交易,提升公司常规业务水平,拓展业务范围。财经证券类网站和券商网站的注册用户稳步上升,并呈现出加速发展的趋势。专家估计,到2015年,网上交易份额会达到70%以上。

任务五　网络银行的风险与监管

3.5.1　网络银行的风险

随着网络银行的发展,其风险问题也日益突出,面临着网络技术带来的法律风险和业务、技术等风险。这些风险不仅影响网络银行的健康发展,也对金融体系的安全稳定及广大金融消费者的利益构成极大威胁。因此，构建新的监管体系并建立与之相适应的合理有效的监管制度，促进网络银行的健康发展，维护社会公众对网络银行的信心，已成为网络银行发展至关重要的问题。

1. 网络银行风险类型

(1) 法律风险：法律风险是指因银行经营活动不规范、不符合法律规定或因外部法律事件所导致的与其期望达到的法律目标相违背的法律不利后果发生的可能性。网络银行是近年的新兴产物，尚未有完善的法律体系与之配套，从而可能会引发网络银行的风险。

(2) 系统风险：网络银行是基于互联网系统和IT技术运行的金融服务形式，这就决定了网络银行是在一个开放、广泛的网络环境下运行的。此外，硬件设施的问题也可能会导致网络银行出现风险。

(3) 业务风险：业务风险主要是指由于客户的操作不当或者客户的信誉问题而导致的风险，以及由银行内部员工的监守自盗或者操作失误引发的风险。

2. 网络银行的风险成因

网络银行是基于网络技术运行的银行，它的风险主要源自传统银行的风险和互联网技术的风险，具体成因主要有以下几个方面：

(1) 网络的开放性

互联网最大的特点就在于其开放性，这也导致了被攻击的隐患，增加了网络银行的风险。网络在提供更多的金融信息的同时，所暴露出来的安全隐患也是不容忽视的。黑客的攻击、电信的诈骗、虚假的网站等，这些都体现了网络自身的弱点。而这样的风险由于其波及的范围较广，难以辨认信息的渠道、方向和传输路径，也对风险的管理和防范提出了新的挑战。

(2) 计算机病毒的泛滥

目前，网络上传播的计算机病毒数量巨大，对网络银行造成了很大的影响。很多不法分子利用这些病毒、木马攻击各大金融系统，获取金融核心信息，给使用网络银行的客户造成了巨大的损失。

(3) 运作不完善

由于网络的快速发展，各家银行之间的竞争由传统银行逐渐向网络银行转变。网络银行所包含的业务越来越多，它的风险也越来越多。网络银行的快速发展使得银行业在自身网络维护及安全防范方面的人才有所缺乏，成为风险产生的一方面原因，而银行内部控制方面的不健全是风险产生的另一方面原因。此外，部分金融机构为了提高竞争力，推出不成熟的金融产品，也留下了巨大的风险隐患。

3.5.2 网络银行的监管

一、网络银行的监管原则

从网络银行业务运作的本质来看，运用互联网技术进行金融活动，只是从手段和技术上改变了金融活动的空间、时间和组织形式，并且在某些方面改变了传统银行机构的管理模式。因此，网络银行监管的原则，应该与银行业网络化的发展理念相一致，并在一定程度上根据网络银行活动进行适当的修正和补充。网络银行监管的基本原则应当包含公平原则、保护消费者权益原则、创新原则和效率原则。

1. 公平原则

无论母行是何种性质、规模，被监管的网络银行都应该统一遵守政府监管机构制定的监管制度。在政府监管过程中认真贯彻公平原则，可以增强政府监管机构的监管形象，提高政府监管的效果。

2. 保护消费者权益原则

在网络银行各参与主体中，消费者明显处于劣势地位，消费者在与网络银行、网络服务商签署网络银行服务协议时处于一个信息不对称的被动地位，因此网络银行监管的原则之一是保护消费者权益，只有这样，网络银行才会有市场。

3. 创新原则

互联网技术的发展，不仅是通信方式或媒介形式的改变，更意味着新的经济活动形式的出现。我国网络银行的发展空间相当大，对网络银行的监管，其目的不应该是抑制这些活动的发展空间，而应当体现出创新原则，在制定监管规则时，保持相当的弹性，以灵活地适应互联网技术的创新。

4. 效率原则

监管作为一种产品，它的成本除了维持监管机构存在和执行监管任务的行政费用之外，还包括四个方面的隐性成本，具体而言是道德风险、合规成本、社会经济福利的损失和监管的动态成本。因此，政府监管机构在履行监管职能时，必须坚持监管的效率原则，力争以最少的监管成本实现最大的监管收益。

二、网络银行的监管目标

网络银行的监管目标是：

1. 保持公众对网络金融系统和网络金融市场的信心，使公众能够了解网络金融系统及与网络金融产品相关的利益和风险。

2. 确保为网上消费者提供所需的保护。

3. 为发现和阻止金融犯罪提供帮助。

三、我国网络银行监管的难点

1. 分业监管模式与网络银行混业经营的矛盾

从我国金融监管体制的总体设置来看，银监会与保监会、证监会并列分别对银行业、保险业和证券业进行监管，网络银行业务主要受银监会的监管。但我国网络银行业务在经营范围上允许混业经营，混业经营与功能型监管相适应，如果在混业经营基础上实行机构型监管，那么网络银行在从事保险业务和证券业务时的监管将出现空缺。

2. 现有银行体系所内生的问题

银行体系所内生的问题是指由于我国银行业建立在国家垄断信用基础上，而造成的信用软约束，即制度性金融垄断、国有企业亏损、政府行政干预形成的一种“体制性金融垄断风险”。

我国银行业所内生的特点也将给网络银行的监管带来一定的阻碍：一是区

域差异、所有制形式差异及银行体系结构差异所造成的银行监管法律实际效果的不平衡性;二是与目前的国际金融监管发展态势及金融发达国家立法创新衔接性差。依据新的巴塞尔资本协议的监管思想,银行机构的内部风险控制是风险监管中的重点,监管检查评价与市场约束是风险管理的外部机制。而我国目前比较重视对网络银行的外部监管,重视对银行不良资产及盈利状况的真实性检查。只有完善网络银行的内部控制制度、风险预测防范制度和治理结构制度,才能提高网络银行风险控制能力。

3. 银行信息披露存在的问题

各国银行业监管机构均对信息披露、透明度给予了极大的重视。网络银行具有无纸化操作的特点,网络交易记录难以跟踪,加大了监管当局对网络银行业务进行审查的难度,因此更应加强其信息披露。我国商业银行信息披露没有完全制度化、法制化,信息披露内容零散,将使得有效监管受到阻碍。因此应该强调对信息披露的重视,采取有力措施加强网络银行信息披露。

4. 客户权益保护意识

我国立法者和银行对网络银行客户隐私权的保护认识不足。网络银行客户隐私关系其切身的经济利益和合法权益,掌握了银行客户的隐私,往往就意味着掌握了一定的商业资源。在网络技术下,对个人信息的侵害手段日趋技术化和多样化。网络环境下客户隐私受侵犯几率也会大大增加,银行及监管部门应采取切实有效的措施使客户的隐私得到保护。

5. 相关法律法规的滞后性

我国的网络银行同电子商务、商业网站的发展相似,在相关法律法规几乎空白的情况下,迅速出现并不断演进,带有浓厚的自发性,形成了金融监管的法律法规和监管手段滞后的局面。面对层出不穷的新问题,现有的法律保障仍显不足,有待加强。

四、欧美国家对网络银行的监管模式

1. 网络银行风险的监管模式

从目前的情况来看,国外对网络银行风险的监管主要有美国和欧洲两种模式。美国对网络银行风险的监管,基本上是通过补充新的法律、法规,使原有的监管规则适应网络电子环境来进行的。因而,在监管政策、执照申请、消费者保护等方面,网络银行与传统银行的要求十分相似。负责监管的部门也主要是美国货币监理署(OCC)、美联储(FRS)、财政部储蓄机构监管局(OTS)、联邦储蓄保险公司(FDIC),以及联邦金融机构检查委员会(FFIEC)。其中,OCC 和 FRS 是主要监管机构,OTS 负责对网上公众储蓄进行审核认定,如第一家纯网络银行 SFNB 的营业执照就是由 OTS 颁发的。它们之间的具体责任划分,以《联邦金融监管法案》(CFR)第 12 条为根据。总体来说,美国金融监管当局对网络银行的监管采取了审慎宽松的政策,一方面它们强调网络和交易的安全,维护银行经营的稳健和对银行客户的保护;另一方面它们认为网络银行是一种有益于金融机构降低成本、改善服务的创新,通过使用标准网络浏览器和协议,这种创新不仅可以大大降低技术维护成本，加快新系统和软件的开发，而且使银行间可以实现资源共享、成本分担，因而，它们基本上不干预网络银行的发展与创新。

相比之下，欧洲对网络银行的监管所采取的办法较为新颖。欧洲中央银行(ECB)要求其成员国采取一致性的监管原则，欧盟各国国内的监管机构负责监督统一标准的实施。欧盟对网络银行监管的主要目标有两个：一是提供一个清晰、透明的法律环境，二是坚持适度审慎和保护消费者的原则。按照欧盟关于协调银行、投资服务和保险服务法律体系的要求，欧盟对银行注册实行“单一执照”(Single Passport)规则，即在欧盟一个国家内获准开展的业务，同样可以在其他国家进行。具体到网络银行业务上，ECB要求成员国在网络银行监管上，坚持一致的体系，承担认可电子交易合同的义务，并将建立在“注册国和业务发生国”基础上的监管规则，替换为“起始国”(Country of Origin)规则，以增强监管合作、提高监管效率，实现实时监控网络银行产生的新风险。

按照这些要求，对网络银行的监管主要集中在以下几个方面：一是区域问题，包括银行间的合并与联合、跨境交易活动等；二是安全问题，包括错误操作和数据处理产生的风险、网络被攻击等；三是服务的技术能力；四是随着业务数量和范围的扩大而增加的信誉和法律风险，包括不同的监管当局、不同的法律体系可能造成的风险。

2. 网络银行的监管规则

监管规则主要体现在消费者权益、法律实施和国内国际协调三个方面。消费者权益主要涉及网络银行通过电子手段向客户传递相关业务信息的标准与合法性，客户个人信息、交易信息和账户信息的安全，纠纷处理的程序等规则。法律实施主要涉及原有的一些要求，如要求银行对洗钱、欺诈等非法交易进行跟踪，对法令的有效性和范围进行规定，以及由于网络银行无法实施而享有的豁免，政策机构及监管当局出于执法或监管的需要，而对加密的金融信息解密的权限、范围。国内国际协调主要是对网络银行跨州、跨国界的业务和客户延伸所引发的监管规则冲突的调整。

在具体的规则实施上，英国金融服务局(FSA)的观点较有代表性。FSA认为：

(1) 金融监管的基本准则不能随金融服务方式的改变而改变，网络银行虽然改变了银行业务的媒介方式，但并不意味着传统金融监管的基本准则会发生变化，资本充足率和适当的管理层要求依然适用。

(2) 保护消费者合法权益是金融监管的根本所在，但监管机构不能因担心网络银行的安全问题，限制或阻碍网络银行的创新与发展。

(3) 在网络经济时代，监管当局应努力保持监管的透明度和一致性。

(4) 监管当局的合作应加强，促进信息共享。

(5) 金融服务媒介仍可能发生变化，与之相关的法律法规应留有余地并作相应调整。

3. 网络银行的监管内容

目前政府对网络银行的监管内容主要有市场准入、业务扩展管制和日常检查与信息报告。

(1) 市场准入。大多数国家都对设立网络银行有明确的要求，需要申报批准。这些要求一般包括：注册资本或银行规模；技术协议安全审查报告；办公场所与网络设备标准；风险揭示与处置规划；业务范围与计划；交易记录保存方式与期限；责任界定与处理措施等。此外，对于网络分支银行，一般还要求其母行承担相应的承诺。

(2) 业务扩展管制。包括两方面的内容：一是业务范围，除了基本的支付业务外，在多大程度上允许网络银行经营存贷款、保险、证券、信托投资，以及非金融业务、联合经营业务等；二是对是否允许纯网络银行建立分支或代理机构进行监管等。

(3) 日常检查与信息报告。一般都要求网络银行接受各监管机构的日常检查，除资本充足率、流动性等检查以外，还包括交易系统的安全性、客户资料的保密与隐私权的保护、电子记录的准确性和完整性等检查。除此之外，还普遍要求网络银行建立相关信息资料、独立评估报告的报告备案制度。

知识技能练习题

1. 申请网上银行时应该注意哪些问题?
2. 网络银行与传统银行有哪些区别?
3. 按照不同的分类标准，可以将网络银行分为哪几类?
4. 相对于传统银行，网络银行有哪些优势?
5. 目前，网络金融都包括哪些内容? 各自有什么特点?
6. 根据网络银行的特点，分析网络银行监管的难点与重点。
7. 简述网络银行产生和发展的原因。
8. 根据所学知识和切身体验，分析目前个人网络银行主要能为我们提供哪些服务。
9. 网络银行业务的相关风险有哪些?

应用实训题

1. 请访问两家网络银行，调查其网上银行开通的主要程序，掌握其主要功能，了解其主要的安全策略，并对调查结果进行必要的分析和判断，将结果填入表 3-1-1 中。

表 3-1-1　网上银行调查表

调查时间________　　　　调查人：________

序号	网上银行	主要开通程序	主要功能	安全策略
1				
2				
调研结论				

2. 登录招商银行网上银行和建设银行网上银行、中国银行网上银行，理解、比较并总结它们的业务类型、业务特点等。

(1) 进入招商银行网站(http://www.cmbchina.com)，查看个人和企业网上银行的演示文件，并了解网上银行的各种业务及功能，主要包括个人银行大众版、专业版和企业银行的有关业务。

(2) 进入中国建设银行网站(http://www.ccb.com)，了解其网上银行业务，主要包括个人服务、企业服务、电子银行等业务。

(3) 进入中国银行网站(http://www.boc.cn)，了解其网上银行业务。

3. 浏览我国各大商业银行网站以及其他国家的网上银行站点，梳理有关网络银行的资料，总结其业务模式以及发展趋势。

4. 登录中国工商银行个人网上银行，体验各项业务的办理流程，并绘制操作流程图。

5. 试对除工商银行以外其他银行的网上银行进行分析，看看其交易时有无类似于工商银行“口令卡”或“U盾”的安全措施，若有机会请尝试应用。

项目四

04

网上支付

项目知识点

1. 掌握网上支付的概念。
2. 理解网上支付的特点。
3. 掌握网上支付的参与主体。
4. 熟悉网上支付系统的功能。
5. 了解网上支付系统的类型。

项目技能点

1. 掌握网上支付的流程。
2. 学会在网上支付过程中利用各种安全保障措施保护自己账户的安全。
3. 熟练掌握网上支付手机费，水、电、燃气费，学杂费等操作流程。

项目素质点

1. 具备网上支付的操作能力。
2. 培养网上支付流程的设计能力。
3. 树立优化网上支付流程的理念。
4. 培养网上支付的安全意识。

案例导入

随着电子商务和网络银行的迅猛发展，网上支付已经成为电子商务中必不可少的重要组成部分，人们在购物网站上挑选商品后，可以选择“网上支付”方式，足不出户进行付款，完成购物的全部过程。此外，市民还可以足不出户缴纳水、电、燃气等各类费用。如果居民的水、电、燃气等供应商（不必考虑它们分别在哪家银行开户）签订了网上支付协议，并授权居民的开户银行代理支付，那么水、电、燃气等供应商就可以根据居民的使用情况向居民的开户银行发起扣款指令，居民的开户银行根据居民的授权协议自动扣减居民的账户金额从而完成缴费，并打印缴费凭证供居民核对。网上支付方式能满足百姓在节假日和夜间支付活动的需要，越来越贴近人们的生活。

2014 年 3 月 17 日，中信银行与 VFS（英国签证申请中心管理公司）英国签证服务网上付费系统正式上线。从此，中国赴英签证申请人可在英使馆网站缴纳签证费后，通过链接进入中信银行网上金融商城，可直接申请快速签证、贵宾服务、护照返还、快递及黄金时间服务五大增值服务的在线付费。该项由中信银行独家推出的赴英签证贵宾付费服务，在线办理省时、省力，让赴英签证办理全程无忧。

据了解，英国签证网上付费服务包含以下五大内容：快速签证服务，满足一定条件的客户可享受快速签证处理服务，签证申请会在 3 至 5 个工作日受理完毕；护照返还服务，客户在签证申请递交时可取回护照，在中国满足一定条件的客户可以享受这一服务；黄金时间服务，使用该服务的申请人可在非正常工作时间如傍晚或周末到签证申请中心递交申请；贵宾服务，所有申请人均可申请贵宾服务，申请成功后可免费享受快递签证结果的服务；快递服务，所有申请人均可申请该服务快速获取签证结果。该五大内容是根据目前申请英国签证最多的客户需求而专门开发的网上在线付费服务，促使赴英签证办理流程更加快捷高效。据悉，全国的客户均可通过中信银行网上金融商城在线购买相应的服务内容。

任务一　认识网上支付

4.1.1　网上支付的概念

日常生活中，人们处理和解决的支付问题，概括起来可以分为三种形式：

（1）以流通货币为手段的支付。流通货币就是我们生活中广泛使用的人民币或其他货币。这种方式实现支付的前提是买卖双方对流通货币的认同。

（2）以支票作为支付工具的支付。

（3）以电子的方式实现支付。例如我们到商场购物，使用信用卡支付，这种支付方式比较方便。

我们所说的电子商务网上支付是上述电子支付方式的进一步发展。广义地讲，网上支付是发生在购买者和销售者之间的金融交换，而这种交换的媒介通常是银行所支持的某种数字金融工具，比如银行卡、电子支票或电子现金等。

电子商务的发展要求信息流、资金流和物流这三流之间的畅通。其中，资金流主要是指资金的转移过程，包括付款、转账、兑换等过程。在互联网上做电子商务，支付方式可以采用在线的电子支付（“一网通”等），也可以采用离线的传统支付方式“网上贸易，网下结算”。传统支付方式最大的优点是人们比较熟悉，感觉安全可靠，但是其缺点也比较突出，例如效率低下，从而大大影响了电子商务本来应具备的快捷便利的特点。因此，网上支付成为了电子商务走向成功的关键因素。电子商务的资金转移主要通过网上支付来实现，网上支付是电子商务的重要组成部分。

综上所述，网上支付又叫网络支付，就是以金融电子化网络为基础，以商用电子化工具和各类电子货币为媒介，以计算机技术和通信技术为手段，将与货币相关的信息以电子数据形式存储在银行计算机系统中，并通过计算机网络系统以电子信息形式，在线实现货币的流通和支付。简而言之，网上支付就是交易者（包括消费者、企业和银行等）使用安全的电子支付手段，通过网络所进行的货币支付或资金转移，是买卖双方在网上发生的一种资金交换。

网上支付是电子商务活动的关键环节和重要组成部分，是电子商务能够顺利发展的基础条件。人们只有在完整认识并建立可行的网上支付系统的基础上，才能真正开展电子商务活动。随着电子商务在互联网上蓬勃发展，选择何种网上支付系统来降低交易成本，并保证支付过程的安全性和可靠性，是电子商务中各交易主体必须面对和考虑的问题。

4.1.2 网上支付与传统支付的区别

（1）从支付处理方式来看，网上支付以计算机技术为支撑，采用先进数字技术来处理货币的存储、支付和流通过程，与传统支付通过现金、票据等实物流转来实现有很大的不同。传统银行卡支付时必须在商场使用商场的POS机进行付款；网上支付可以在任何地点使用计算机进行购物和付款。

知识拓展

工银e支付

工银e支付是工商银行推出的以"手机号＋银行账号后六位＋手机动态密码"作为安全认证方式的新型电子支付方式。

工银e支付开通方法是：只要你在工商银行曾经留存过手机号码，就无需到柜面办理。通过工商银行网站首页快捷功能栏内的"工银e支付"链接进入工银e支付注册页面，按照页面提示，完成注册开通工银e支付。工银e支付支持的注册卡（账户）包括：灵通卡、理财金卡、工银财富卡、信用卡、活期存折等。

开通工银e支付后，可以在工商银行B2C商户网站购物支付时选择"工银e支付"进行小额在线支付，完成电子商务交易。工银e支付主要用于小额在线支付，使用工银e支付的同时，可以申请开通网上银行、手机银行、电话银行等其他业务。

（2）从身份认证和付款授权方式来看，传统银行卡支付在购物现场使用银行卡支付密码或签名等方式验证持卡人的身份；网上支付在计算机网络上使用CA中心提供的数字证书验证持卡人、商家、支付网关以及银行身份。付款授权方式上，传统银行卡支付使用手写签名的方式授权商家扣款；网上支付使用数字签名进行远程授权。

（3）从信息传递渠道来看，传统银行卡支付使用专用网，因此比较安全；而使用网上银行卡进行支付的消费者和商家均使用互联网，只有银行使用专用网。因此，在互联网与银行的专用网之间必须设置支付网关以保障银行网以及交易的安全。

(4) 从商品和支付信息的采集方式来看，传统银行卡支付使用商家的 POS 机、条形码扫描仪和读卡设备采集商品和信用卡信息；网上支付直接使用计算机，通过鼠标和键盘输入商品和银行卡信息。

(5) 从消费领域方面来看，网上支付集储蓄、信贷和非现金结算等为一体，应用于生产、交换、分配和消费领域。

(6) 从对软硬件设备要求来看，由于网上支付的工作环境为开放网络平台并结合银行专用网络，而传统支付往往只是利用封闭的银行系统，所以，网上支付采用更先进的通信手段，对软硬件要求较高，而传统支付常常采用传统通信媒介，对软硬件要求不高。

4.1.3 网上支付的参与主体

网上支付的体系是一个融购物流程、支付与结算工具、安全技术、认证体系、信用体系，以及现在的金融体系为一体的综合性大系统。因此，网上支付与结算的过程是涉及客户、商家、银行或其他金融机构、商务认证管理部门的安全商务互动，网上支付体系的基本构成如图 4-1 所示。

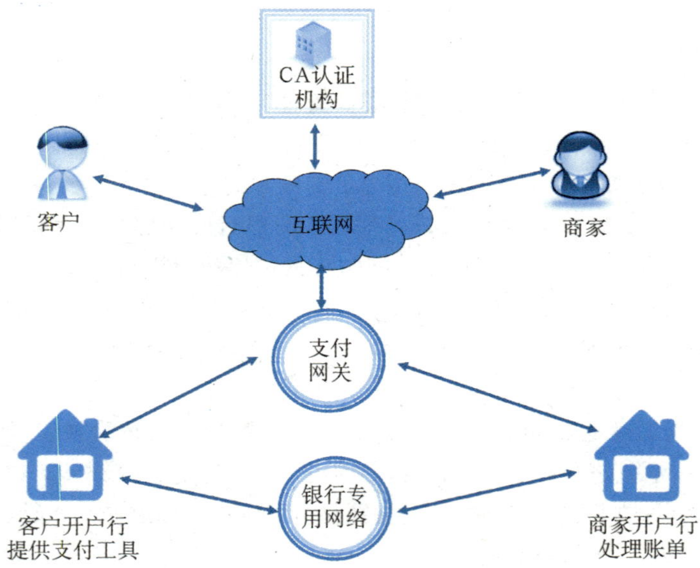

图 4-1
网上支付体系的构成图

如图 4-1 所示，完整的网上支付过程的参与主体有客户、商家、客户开户行、商家开户行和认证机构。除此之外，还需要互联网、银行网络和支付网关的支撑与协作。

(1) 客户。一般情况下，网上支付需要涉及存在交易关系的两个主体，客户是其中之一，指与某商家有交易关系并存在未清偿的债权债务关系(一般是债务)的一方。要想完成网上支付运作，其起点就是客户必须要用自己拥有的支付工具(如信用卡、电子钱包等)来发送支付指令。

(2) 商家。商家与客户相对应，是指拥有债权的商品交易的另一方，与客户通常构成交易关系。因此，当交易达成时，商家便可以根据客户发起的支付指令向金融体系请求获取相应的货币。一般情况下，商家需要准备优良的服务器来处理这一过程，包括认证以及不同支付工具的处理。

(3) 客户开户行。完整的网上支付必须涉及相应的金融机构(通常是银行)，而在网上支付过程中，根据归属的不同，银行又可分为客户开户行和商家开户行。其中，客户开户行是指客户在其中拥有账户的银行，客户所拥有的支付工具是由开户行来提供的，客户开户行在提供支付工具的同时也提供了一种银行信用，即保证支付工具的兑付。在银行卡支付体系中，客户开户行又被称为发卡行或者付款行。

(4) 商家开户行。商家开户行是指商家在其中开设账户的银行，在整个支付过程中，商家开户行账户是资金流向的地方，扮演着收款行的角色。商家将客户的支付指令提交给其开户行后，就由其开户行来进行支付授权的请求，并进行银行与银行之间的清算等工作。商家开户行是依据商家提供的合法账单(客户的支付指令)来工作的，因此又称为收单行。

(5) 支付网关。支付网关是指公用网和金融专用网之间的接口，用来保护银行的内部网络，主要完成通信、协议转换和数据加解密功能。支付网关的作用是：将互联网传来的数据包解密，并按照银行系统内部的通信协议将数据重新打包，接收银行系统内部反馈的响应消息；将数据转换为互联网传送的数据格式，并对其进行加密。客户与商家的支付信息必须通过支付网关才能进入银行支付系统，进而完成支付的授权和获取。因此，支付网关的建设对支付结算和银行自身的安全及金融系统的风险起着至关重要的作用。

知识拓展

电子商务交易中同时传输了两种信息：交易信息与支付信息，必须保证这两种信息在传输过程中不被无关的第三者阅读，包括商家不能看到其中的支付信息(如信用卡号、授权密码等)，银行不能看到其中的交易信息(如商品种类、商品总价等)，这就要求支付网关一方面必须由商家以外的银行或其委托的信用卡组织来建设；另一方面网关不能分析交易信息，对交易信息也只是起保护传输的作用，即这些保密数据对网关而言是透明的。

(6) 银行网络。银行网络是指银行内部及银行与银行之间进行通信的网络，具有较高的安全性，包括中国国家现代化支付系统、人民银行电子联行系统、工商银行电子汇兑系统、银行卡授权系统等。

(7) 认证机构。认证机构负责为参与网上支付商务活动的各方(包括客户、商家与支付网关)发放数字证书，以确认各方的身份，保证电子商务支付的安全性。认证机构必须确认参与者的资信状况(如在银行的账户状况，与银行交往的信用历史记录等)，因此，认证过程也离不开银行的参与。

除以上参与各方外，电子商务支付系统的构成还包括支付中使用的支付工具(银行卡、电子现金、电子支票、网上银行)以及遵循的支付协议(SET 协议、SSL 协议)等。

任务二　网上支付系统的功能和类型

4.2.1 网上支付系统的功能

网上支付系统应该具有以下基本功能。

(1) 认证功能。网上支付应能使用数字签名和数字证书等手段实现对电子商务各方的认证,以防止支付欺诈。

(2) 数据加密功能。网上支付应能使用安全的加密技术对相关支付信息流进行加密,可以采用对称性加密和非对称性加密体制来进行信息的加解密,并可采用数字信封、数字签名等技术来加强数据传输的保密性与完整性,以防止未被授权的第三者获取信息的真正含义。

(3) 保证数据完整性功能。应能使用数字摘要算法来确认电子支付的真实性,防止伪造和假冒等欺骗行为。为保证数据不被未授权者建立、嵌入、删除、篡改、重放而完整无缺地到达接收者一方,可以采用 Hash 技术,通过对原文进行运算生成数字摘要,一并传送给接收者,接收者就可以通过收到的数字摘要来判断所接收的电子信息是否完整。若发现接收的信息不完整,可要求发送方重发以保证其完整性。

(4) 认定功能。当网上交易双方出现纠纷时,特别是出现有关支付结算的纠纷时,系统应能保证对相关行为或业务的不可否认性的认定。这用于保护通信用户以对付来自其他合法用户的威胁,如发送用户否认他所发的消息,接收者否认他已接收的消息等。

(5) 处理贸易业务多边的支付问题。由于网上贸易业务的支付涉及客户、商家和银行等多方,其中传送的购物信息与支付信息必须连接在一起,因为商家只有确认了支付信息才会继续交易,银行也只有确认了购物信息才能提供支付。但同时,商家不能读取客户的支付信息,银行不能读取商家的订单信息,这种多边的支付信息可以通过双重签名等技术来实现。

(6) 保证支付结算的速度。让商家与客户感到快捷,这样才能表现出电子商务的效率,发挥出在线支付结算的优点。

知识拓展

"五招"防范网上银行风险

第一招:登录网上银行时,必须核对登录网址与自己签订的协议书中的网址是否相符。避免利用搜索引擎等第三方途径登录网上银行,以防落入一些假网上银行利用网址设下的陷阱。

第二招：网上银行证书密码的设置宜采用数字与字母的混合，且不要与电子邮件、网上社区或腾讯QQ的密码设置一样，以提高密码破解难度。在进行网上银行的操作时，建议客户最好使用USBkey，可提高网上银行的安全性。另外，银行卡支付密码不要简单地使用出生日期、身份证号码等容易破解的数字，不给犯罪分子留下任何盗取密码的可乘之机。

第三招：定期查看交易记录。进行网上银行交易时，要仔细核对录入信息（账号、金额等），转账完成后不论系统提示成功与否，都应该查询转出账户的余额和明细；定期查看网上银行的历史交易记录，随时掌握账户变动情况；发现异常交易或账务差错，应立即与开户营业机构联系。

第四招：避免在公用计算机上使用网上银行。由于文件数字证书具有可复制性，因此最好不要在公用计算机上使用网上银行，尽量专机专用，防止机密资料通过公用计算机落入他人之手。

第五招：购买正版软件，经常给计算机杀毒，同时警惕电子邮件链接。网上银行一般不会通过电子邮件发出"系统维护"、"升级"等提示；若遇重大事件，系统暂停服务时银行会提前公告。一旦发现资料被盗，应立即修改相关交易密码或进行银行卡挂失。

（资料来源：《内蒙古晨报》，2009-04-28）

4.2.2 网上支付系统的类型

发展中的以互联网为主要运作平台的网上支付有多种分类标准，而且随着电子商务的发展与技术的进步，更多更新的网络支付工具被不断地研发出来并投入应用，又会产生一些新的分类。下面主要介绍最常见的几种分类形式。

表4-1 网上支付分类表

分类标准	分　类
基于网上支付工具不同	基于账号的支付和基于代币的支付
基于电子货币不同	银行卡支付、电子支票支付、电子现金支付
基于网上支付的安全通信与控制协议不同	基于SSL协议的信用卡网上支付、基于SET协议的银行卡网上支付
基于支付信息传递路径不同	间接支付模式、直接支付模式和基于第三方（非银行）支付模式
基于客户实际付款的时间不同	提前支付模式、后支付模式和即时支付模式
基于实体性质不同	B2C型网络支付方式和B2B型网络支付方式等

（1）按照网上支付的工具进行分类，网上支付一般可以分为基于账号的支付和基于代币的支付这两类。对于电子商务网上支付而言，基于账号的网上支付工具有银行卡、电子支票和电子汇票等；基于代币的网上支付工具有电子现金等。

(2) 电子货币的种类主要有四种类型：储值卡型电子货币、信用卡应用型电子货币、存款利用型电子货币和现金模拟型电子货币。所以根据电子货币的不同分类，网上支付也相应地可以分为银行卡支付、电子支票支付、电子现金支付几种形式。

银行卡支付：这是交易方通过网络利用银行卡进行支付的方式，银行卡的种类可以包括信用卡、借记卡和智能卡。

电子支票支付：这是一种模仿纸质支票来完成网上支付的方式，它利用数字签名进行签发和背书，并使用数字证书来确认付款人、付款银行和银行账户。

电子现金支付：这是利用具有某些现金性质的电子货币进行网上支付的方式，它具有可接受性、保证支付、无交易性和匿名的特征，在支付的过程中无须访问消费者的银行个人账户。

(3) 按照网上支付的安全通信与控制协议，可以将网上支付模式分为：基于SSL协议的信用卡网上支付、基于SET协议的银行卡网上支付。

(4) 按照支付信息传递路径分类，可以将网上支付模式分为：间接支付模式、直接支付模式和基于第三方(非银行)支付模式。其中，间接网上支付模式是指客户将支付信息传给商家，商家再将支付信息传给银行支付处理网络；直接网上支付模式是客户在银行网址发出支付指令，银行再将支付结果发给商家；第三方网上支付模式是指客户和商家间的支付业务由第三方支付公司来完成，它是目前发展最为迅速的新型支付模式，如美国的PayPal，淘宝网的支付宝等。

(5) 按照客户实际付款的时间不同，可以将支付模式分为：提前支付模式、后支付模式和即时支付模式。

所谓“提前支付”就是指先付款，然后才能购买到产品或服务。提前支付系统主要通过将电子货币保存到硬盘或一张智能卡上的方式来工作的，这些包含该电子货币的文件叫做虚拟钱包(Virtual Wallet)。提前支付系统是银行和在线商店首选的解决方案。由于它们要求用户提前支付，所以不再需要为这些钱支付利息，而且可以在购买产品的瞬间将钱传送给在线商店以防止数字欺骗。

应用实例

现在很多娱乐教育网站就是采用“提前支付”这种方式，例如新东方网络课堂，它要求学员首先利用各种方式购买其学习卡，通过卡上的账号进入网络教学板块进行学习。

如果您购买了新东方网络课堂的听课卡，需要先将卡注入您的账户里面，然后购买课程。卡注入账户下面是以账户余额的形式存在的，在购买相关课程时，只要在支付方式时选择“账户余额”支付即可，然后提交订单，课程即购买成功。

所谓“后支付”就是指支付系统允许用户购买商品之后再进行支付。无论是在传统支付还是电子支付中，信用卡都是一种最普遍的后支付系统。但是因为信用卡低级的安全措施，可能因受欺骗而增加费用，而且事务处理费用也很高。与信用卡相比，借记卡相对比较安全，因为它要求顾客证实那些只有卡所有者才知道的信息：例如个人识别号 PIN(Personal Identification Number)。目前，后支付系统是网上支付比较普遍的方式。

所谓"即时支付"是指交易与支付同步，即在交易发生的同时，钱也被从买方的银行账户中转入卖方账户。即时支付系统实现起来是最复杂的，因为该系统为了立即支付，必须直接访问银行的内部数据库。即时支付系统需要执行比其他系统更严格的安全措施，因而它是最强大的系统。基于互联网的即时支付系统是"在线支付"的基本模式。商家可以从即时支付模式获得利益，因为货款与订单是同时到达的，这在一定程度上，可以减少发生欺骗行为的可能。

(6) 电子商务的主流分类方式就是按照开展电子商务的实体性质分类，即分为 B2B、B2C、C2C、B2G、G2G 等类型的电子商务。考虑到这些不同类型的电子商务的实力、商务的资金流通量的大小、一般支付结算习惯等因素，可以按开展电子商务的实体性质把当前的网络支付方式分为 B2C 和 B2B 这两种最主要的网络支付方式。

B2C 型网络支付方式：这是企业与个人进行网络交易时采用的网上支付方式，比如电子货币中介绍的信用卡网上支付、IC 卡网上支付、电子现金支付、电子钱包支付以及最新的个人网络银行支付等。这些方式的特点是适用于不是很大金额的网络交易支付结算，应用起来较为方便灵活，实施也较为简单，风险也不大。

B2B 型网络支付方式：这是企业与企业进行网络交易时采用的网上支付方式，比如电子货币中介绍的电子支票网上支付、电子汇兑系统、国际电子支付系统 SWIFT 与 CHIPS、中国国家现代化支付系统 CNAPS、金融 EDI 以及最新的企业网络银行服务等。这种支付方式的特点是适用于较大金额的网络交易支付结算。

任务三　网上支付的流程

目前已经推出的网上支付方式主要以金融电子化网络为基础，以商用电子化设备和国内交易卡或数字文件为媒介，货币以电子数据形式存储在交易卡或计算机数据库的账户中，并通过计算机网络系统传递电子信息实现流通和支付功能。在互联网上所出现的较典型的电子支付方式包括：电子现金支付方式、电子支票支付方式和银行卡支付方式(信用卡、借记卡)等，它们在交易、支付和结算过程中都有自己的特点。

传统支付与网上支付方式相比，最大的区别在于流通媒介的不同，前者主要依靠传统纸质货币与票据，大多属于手工作业；而后者则是电子货币的网上作业。因此可以说，基于互联网平台的网上支付结算流程与传统的支付结算的运作过程基本上是类似的。如果熟悉纸质现金、支票等传统方式的支付结算过程，将有助于对网上支付结算流程的理解。例如，用户通过互联网进行网上支付的过程与在实体商店中利用销售点系统(即POS信用卡支付结算系统)支付的处理过程基本类似，其主要不同在于网上支付的客户是通过个人电脑、互联网、Web服务器作为操作和通信工具，而POS信用卡支付结算所使用的是专用刷卡机、专用终端、专线通信等。

基于互联网平台的网上支付一般流程如图4-2所示。

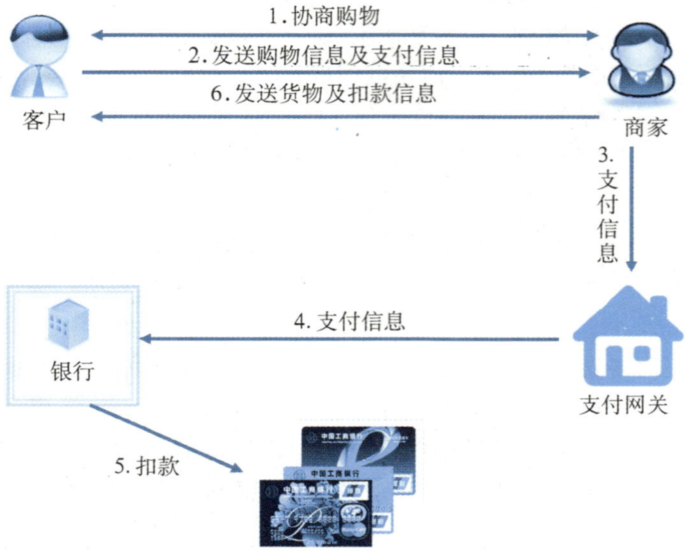

图4-2
网上支付流程图

(1) 客户在连接互联网后，用Web浏览器浏览相关商品，在选定某商品并决定订购时，需要在网络上填写订单，选择所应用的网络支付结算工具，并且得到银行的授权使用，例如信用卡、电子钱包、电子现金、电子支票或网络银行账号等。

(2) 客户需要对相关的订单信息(如支付信息)进行加密，然后在网上提交订单。

(3) 商家服务器对客户的订购信息进行检查，确认无误后，再把相关的、经过加密的客户支付信息等转发给支付网关，直至银行专用网络的银行后台业务服务器进行确认，以期从银行等电子货币发行机构验证得到支付资金的授权。

(4) 银行验证确认后，通过建立起来的经由支付网关的加密通信通道，再将确认及支付结算信息回送给商家服务器，为了进一步的安全，还可以给客户回送支付授权请求。

(5) 银行得到客户传来的进一步授权结算信息后，再将资金从客户的账号转拨到开展电子商务的商家银行账号上，同时，利用金融专用网进行结算，并将支付结算成功的信息分别发送给商家和客户。

(6) 商家服务器在收到银行发来的结算成功的信息后，再将网络付款成功的信息和发货通知发送给客户。这时，一次典型的网上支付结算流程就结束了。

商家和客户可以借助金融网络系统分别查询自己的资金余额信息，以便进一步核对账户余额。

图4－2所示的是网上支付一般流程，是对目前各种网上支付结算方式的应用流程的普遍归纳，并不代表所有网上支付方式的应用流程与图4－2所示都是一模一样的。在实际应用中，由于技术上、资金数量上、管理机制上的不同，这些网上支付方式的应用流程还是有所区别的，但大致遵守该图示流程。此外，不同网上支付结算工具(例如：信用卡、电子现金、网上银行账号)的网上支付结算流程也是有所差别的。图4－2所示的网上支付流程还有一个特点就是实现资金的立即支付，特别适用于数目众多的较小额度金额的电子商务业务，对客户与商家来讲都是方便的。

任务四　网上支付的优势与挑战

我国的网上支付业务有了很大发展，各银行基本实现联网，而且几乎各大银行都推出了网上银行业务，为网上支付的推广应用创造了条件。

网上支付具有方便、快捷、高效、经济的优势。用户只要拥有一台可以上网的个人电脑，便可足不出户，在很短的时间内完成整个支付过程，且支付费用仅相当于传统支付的几十分之一，甚至几百分之一。采用了网上支付方式以后，企业能够利用收集到的客户信息建立决策支持系统，进行账单分析、估测市场趋势、预算新举措费用等等。同时，网上支付系统的高效率，可以使企业很快地进行资金处理和结算，有效地防止了拖欠的发生，对于企业提高资金管理和利用水平有很大的帮助。

网上支付与电子银行是电子商务交易双方进行资金结算处理的主要方式，这就需要改变传统的支付结算习惯，但由于部分商家、客户难以适应和接受这种方式，往往抵制电子商务。此外，各个商业银行推出的网上支付方案不同，造成了开发上的重复浪费，也无法保证信用卡处理的统一问题。这些都给用户带来了使用上的困惑，使用复杂度也相应提高了。因此，网上支付发展有着很强的优势，同时，也存在一定的挑战。

1. 安全问题

网上支付最大优点在于其便捷性，免去了传统交易中繁琐的票据、语言沟通、手续等操作，通过简捷的信息流或者是转换成信息流的操作来实现交易，使得交易双方足不出户就能够进行交易。但是网上支付带来便捷性的同时，也带来了安全隐患，这种安全隐患主要来自第三方支付机构及银行的安全系统。网上支付与电子银行需要一个完善的技术平台和管理机制，中间需要很多高科技技术，很多银行的技术与管理控制能力还不足以支撑网上支付结算的可靠运转。网上支付安全的主要影响因素包括网络建设、传输过程中数据安全问题和国家管理体制等问题，其中数据安全问题最为突出，比如黑客的攻击。且全球或全国缺乏一个统一、权威的CA认证中心，容易造成交易的交叉认证和混乱。

2. 信用风险

信用不足、相关知识缺乏致使企业与客户普遍对网上支付结算的安全性、方便性持怀疑态度，对采用网上支付方式持谨慎甚至是消极态度。在网上交易中，由于信用缺失和交易双方之间存在的信任问题，买家往往不愿意直接将货款付给卖家，而卖家没收到货款也不会轻易将商品发出，因而双方往往选择第三方支付的方式。而第三方支付机构诚信度不一，同时又缺乏权威的独立的第三方信用评价机构，使得第三方支付机构存在着诚信问题。此外，由于资金不是即时结算，在一定的周期内有资金沉淀，一方面使得网上支付即时性的优势损失，另一方面存在第三方支付机构卷走客户资金的潜在风险，阻碍了网上支付的发展。

3. 政策风险

支付手段的电子化、网络化在促进银行现代化的同时，也对现有的制度、法规提出了挑战。政府及中央银行有必要针对新情况，及时调整、修正金融等各方面的政策和法规，如CA认证中心的管理办法，与电子签名的有效性、电子票据的合法性、商业银行新型业务的市场准入等有关的政策法规，以此规范和保障电子支付的运作。从需求上看，我国的网上支付已经进入高速增长期。在未来，网上支付的需求方面有着巨大的发展空间。但另一方面，由于网上支付尤其是第三方支付平台是近几年发展起来的新兴产业，目前我国相关政策的出台落后于市场的发展，对其缺少有针对性的政策指导。

任务五　网上支付应用实例

4.5.1 网上购物

一般来说，网上物品的经营大致可分为两种类型：一类是电子商店，即提供网上购物或网上服务的经营者，通过自己的网站直接对用户出售商品或者提供服务，例如海尔商城。另一种是电子商场，它是指许多提供不同商品或者服务的营业者集中在一个网站中，用户可以在该网站购买不同公司所提供的商品或者服务(在这种情况下，网站经营者扮演的角色更像是商店经营者与消费者的中介)，例如淘宝网。

一个电子商务网站要开通网上支付功能，通常有两种途径：一是通过第三方支付平台，如支付宝、网银等，这种操作比较容易实现；二是与银行协商获得一个支付接口，从而实现网上银行的直接支付。要实现网上银行的直接支付，需要与开通网上支付功能的银行签署协议，办理相关手续；之后银行会提供给商户一个商户编号，而商户通过其网站把商户编号和支付信息等内容提交给银行的处理系统就可以了。下面以中国工商银行为例介绍网上购物时支付的基本流程。

(1) 用户在商户网站浏览商品信息，签订订单。这里以当当网为例，首先登录当当网，搜索要买的商品，并选择购买。具体如图 4 - 3、4 - 4、4 - 5 所示。

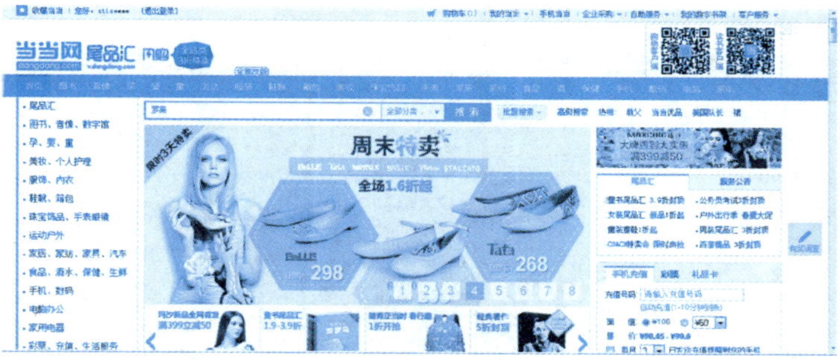

图 4-3
登录当当网

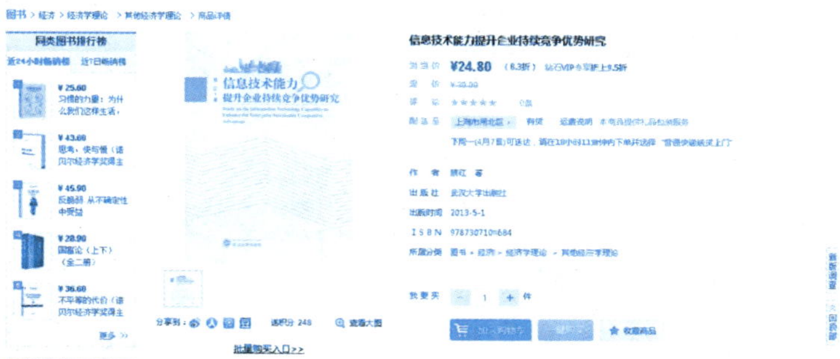

图 4-4
选择商品

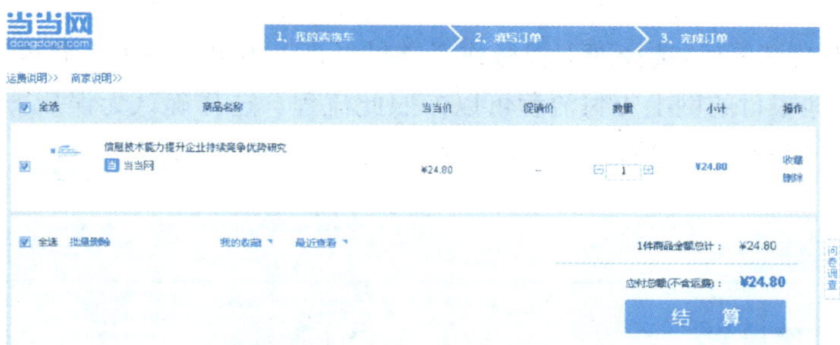

图 4-5
购买商品

(2) 填写收货地址和支付方式,并提交订单。国内网上购物的付款方式主要有三种:款到发货(直接银行转账或在线汇款,即网上支付),第三方担保交易(淘宝支付宝、百度百付宝、腾讯财付通等担保交易),以及货到付款的方式。在此,我们选择"网上支付"。具体如图 4-6、4-7、4-8 所示。

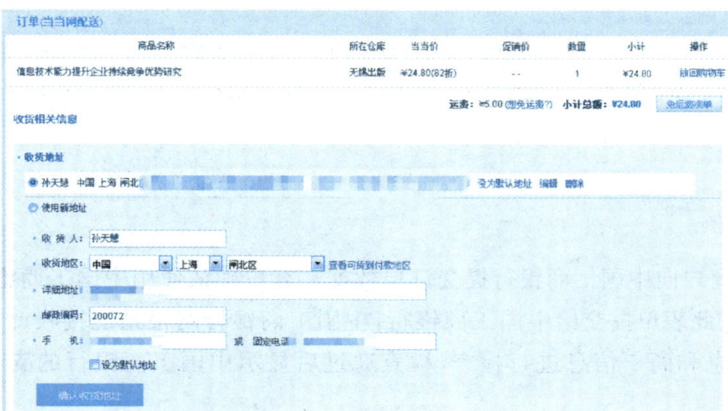

图 4-6
填写收货地址

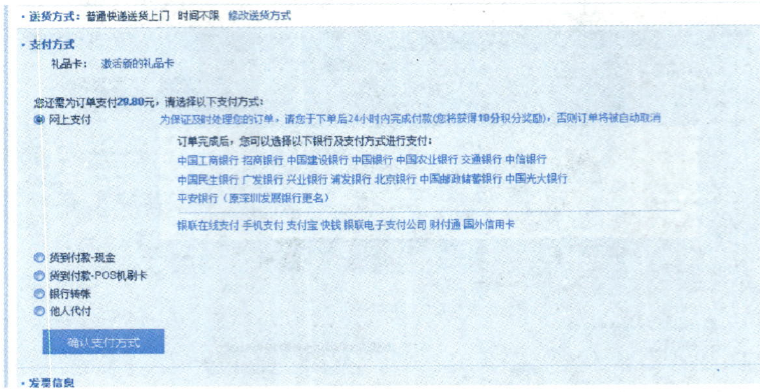

图 4－7
选择“网上支付”

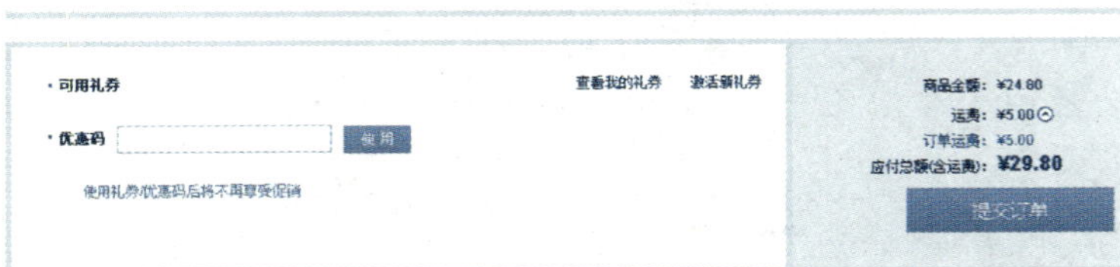

图 4－8
提交订单

(3) 提交订单后，选择网上银行或者支付平台。本书以中国工商银行网银支付为例，其他银行的网上支付流程可以参照此流程。选择确认无误后，点击下一步，进入支付环节。具体如图 4－9 所示。

图 4－9
选择网上银行或
支付平台

(4) 商户向中国工商银行提交订单数据。客户确认使用中国工商银行网银支付后，将此表单提交给中国工商银行，中国工商银行网银系统接收此笔订单，对订单信息和商户信息进行检查，检查通过后显示中国工商银行的支付页面。

客户在此页面首先输入支付卡号、支付密码和验证码等，然后查询客户在银行的预留信息。具体如图 4－10、4－11 所示。

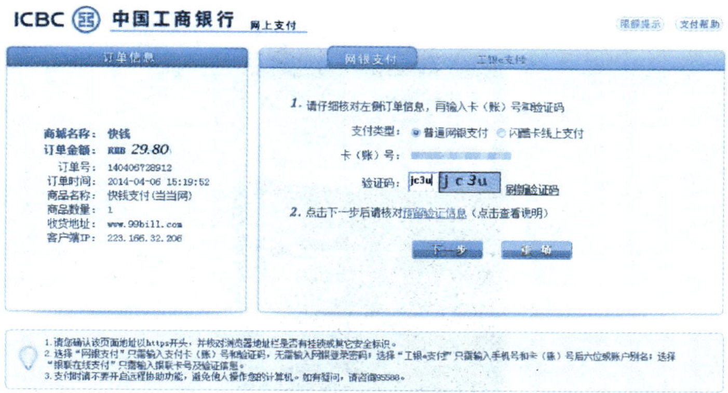

图 4－10
输入卡号

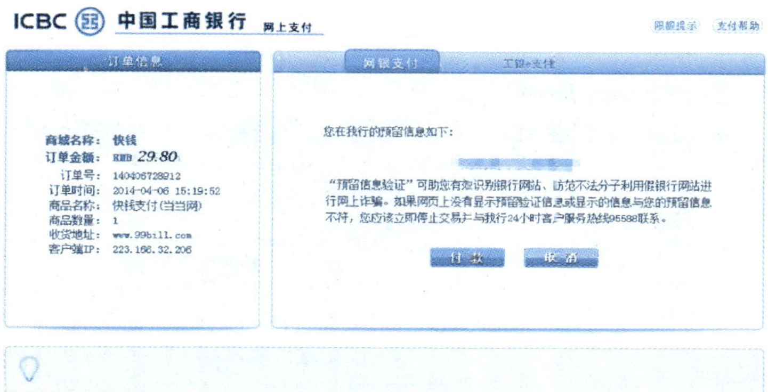

图 4－11
查看预留信息

（5）中国工商银行检查客户信息，检查通过后显示确认页面；客户确认提交后，中国工商银行进行支付指令处理。在此阶段，需要安全介质的安全保障。

工商银行最常用安全介质有两种——U 盾和工行网银电子密码器。

U 盾是工商银行推出并获得国家专利的客户证书 USBkey，是工行为客户提供的办理网上银行业务的高级别安全工具。U 盾是用于网上银行电子签名和数字认证的工具，它内置微型智能卡处理器，采用 1024 位非对称密钥算法对网上数据进行加密、解密和数字签名，确保网上交易的保密性、真实性、完整性和不可否认性。U 盾适用于工行个人网上银行所有客户，特别适合安全级别要求较高的客户。

工银电子密码器是由工商银行面向电子银行客户推出的新一代的安全认证工具，为使用该行网上银行、电话银行、手机银行等电子银行渠道的客户提供了更加安全、可靠的身份认证方式。它是工行继 U 盾、口令卡之后首家推出的新型安全工具，具有内置电源和密码生成芯片、外带显示屏和数字键盘的硬件介质，无需安装任何程序即可在电子银行等多渠道使用。密码器可以满足客户的小额多次支付需求（如充话费等），方便使用。

下面以工银电子密码器为例进行演示。按照页面提示，在工银电子密码器（如图 4－12）上输入相应数字，以此获取动态密码，进行支付，如图 4－13 所示。

图 4－12
工银电子密码器

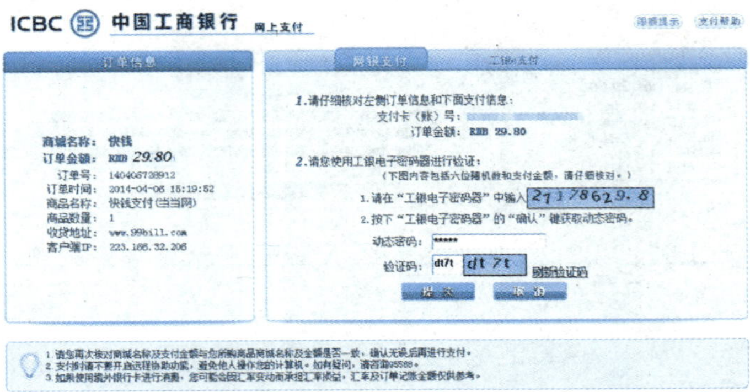

图 4－13
输入动态密码

（6）中国工商银行进行支付指令处理后，将交易结果显示给客户。如图 4－14 所示。

图 4－14
交易成功信息反馈

应用实例

如何通过网上银行购买南方航空公司的电子机票

(1) 进行网上购票前，首先必须注册为南航网上售票系统的用户并遵守《用户购票服务协议》。

(2) 用户登录后，先进入“航线选择”页面选择航班始发、到达城市及航班日期，之后在“航班选择”页面确定具体的航班、价格和旅客人数。

(3) 将乘机旅客的姓名、有效证件号码及联系人资料在“输入旅客信息”页面提交。请确保您输入信息的正确性，以便航班发生变动时能及时通知您。

(4) 进入“订座完成”页面时，确认行程资料无误后，您务必在 15 分钟内完成票款支付，否则系统将自动取消你的交易。

(5) 成功完成网上支付，表示购票已经完成。您可以在“订票记录”页面查到您的订票信息，确认出票成功后，方可退出南航网上售票系统。

(6) 若您需要修改旅客姓名、退票、修改联系人资料等，可以进入“订票记录”页面依照相关提示进行网上操作。

4.5.2 网上缴费

随着网络银行的迅猛发展，除了网上购物以外，人们还可以利用“网上支付”方式来完成许多领域的支付工作，比较常见的有网上缴纳水、电、燃气费，电话费，学费等各类费用。下面以网上支付手机费为例，进行具体的演示。

网上支付手机费用的方式一般分为两种，第一种是直接登录网上营业厅，例如登录中国移动网上营业厅，进行网上支付，此流程类似于前面所讲的“网上购物”，只不过是把原来所购买的实体商品变成了虚拟产品(电话费)，但是其过程基本一致，这里就不重复演示了。另一种是登录网上银行，进行缴费。本书以中国工商银行个人网上银行为例，进行具体的应用演示。

第一步，结合网络银行所学的相关知识和技能，登录工商银行个人网上银行，点击交易区上方的一级菜单中的“缴费站”栏目。交易区左侧显示出缴费站的子菜单页面，展开“在线缴费”，显示其子菜单，点击“我要缴费”。“我要缴费”页面如图 4－15 所示。

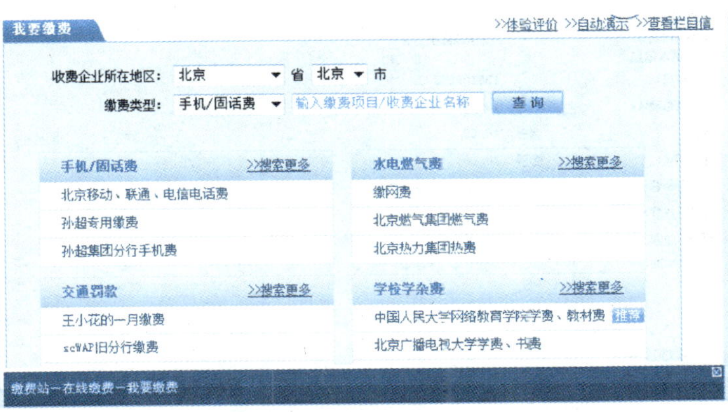

图 4－15
“我要缴费”页面

第二步，交易区显示“我要缴费”页面，在其中选择您要缴纳的项目，并点击它，如图 4－16 所示。

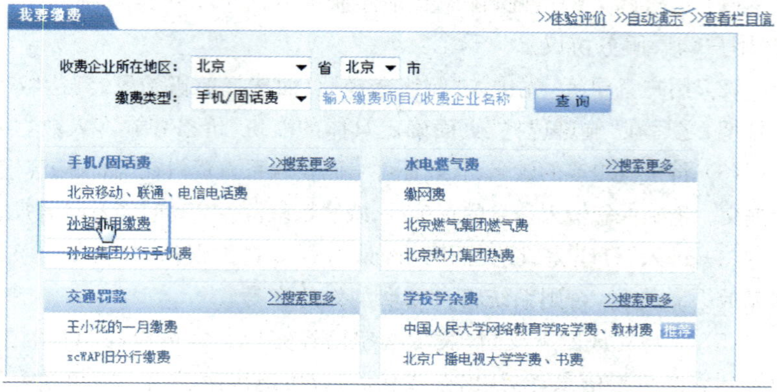

图 4－16
选择要缴纳的项目

第三步，阅读相关信息后，点击“我同意”(如图 4－17)后，进入信息填写页面，选择并填写相关信息，点击“下一步”，具体如图 4－17 至 4－19 所示。

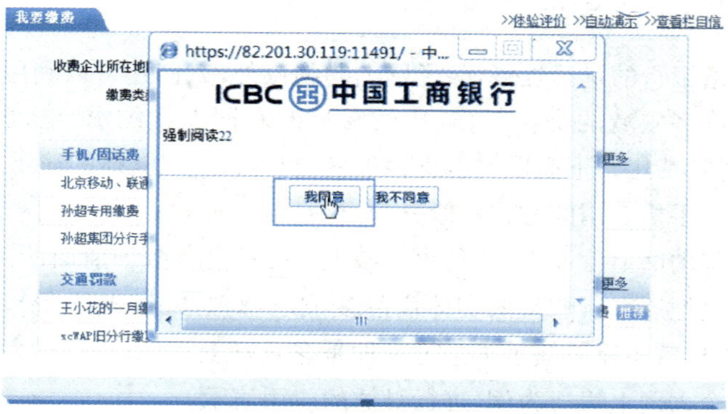

图 4－17
点击“我同意”

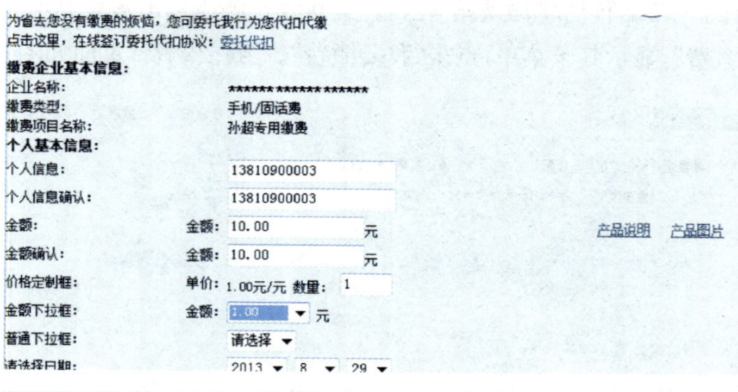

图 4－18
填写信息

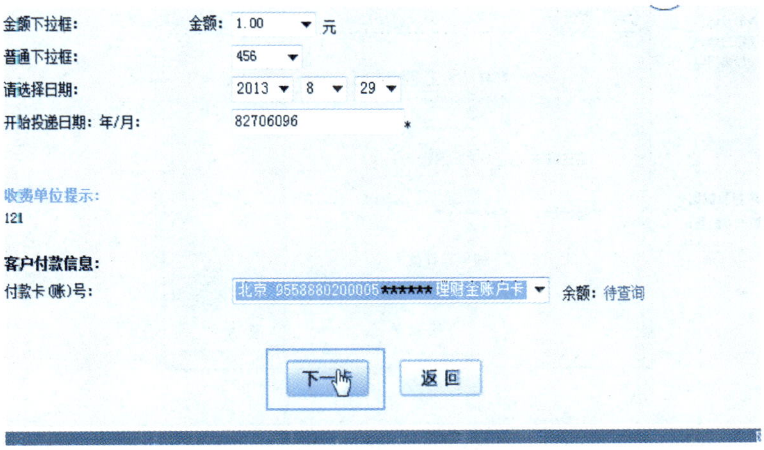

图 4-19
点击“下一步”

第四步，页面回显缴费相关信息，以便核对，核对信息无误后，点击“提交”。具体如图 4-20、4-21 所示。

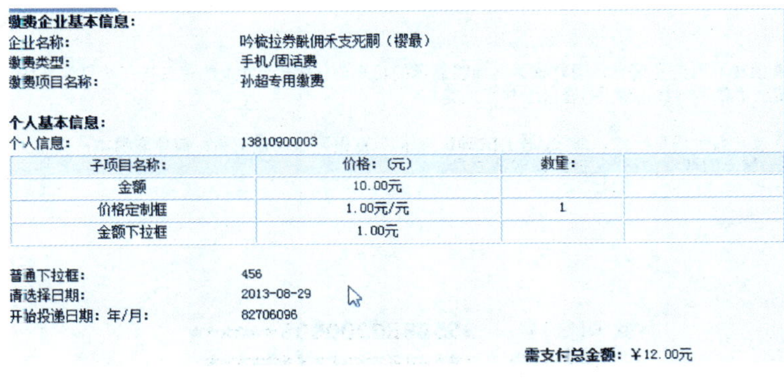

图 4-20
核对信息

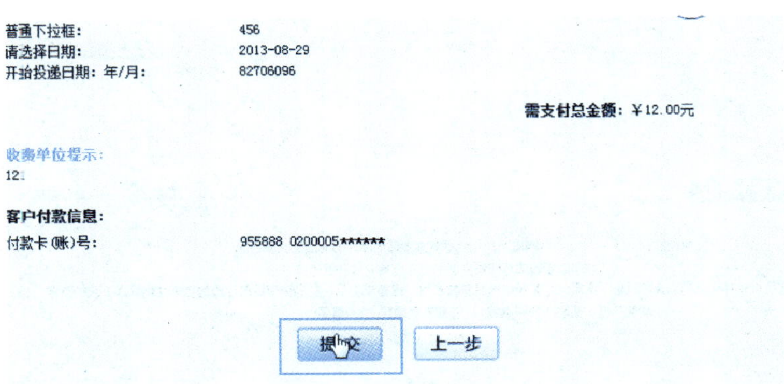

图 4-21
点击“提交”

第五步，安全介质以 U 盾为例，信息提交后，需要输入 U 盾密码，点击“确定”，并再次核对交易信息，信息无误后，按 U 盾上的“OK”键，手机缴费交易成功。具体如图 4-22 至 4-25 所示。

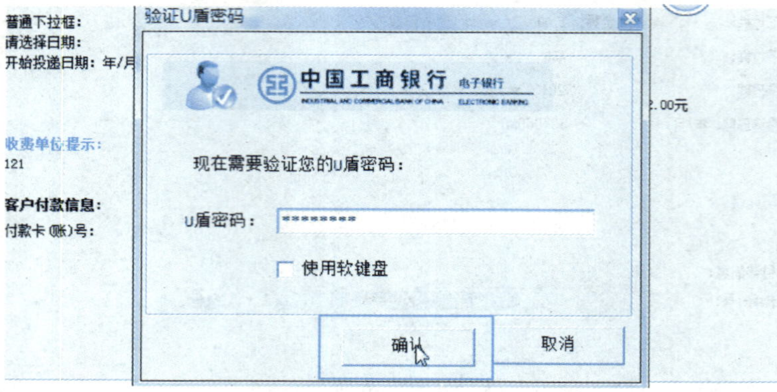

图 4 - 22
输入密码

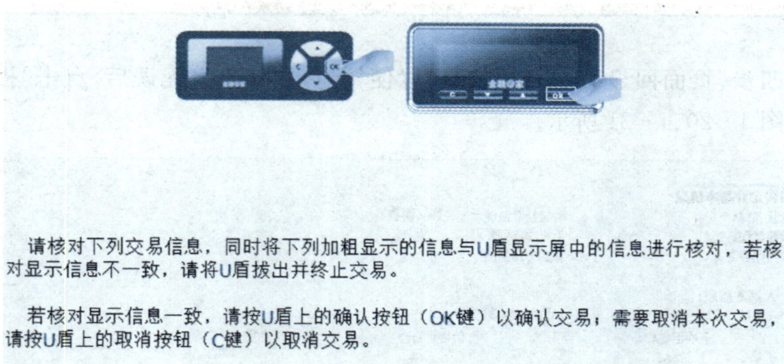

图 4 - 23
核对信息

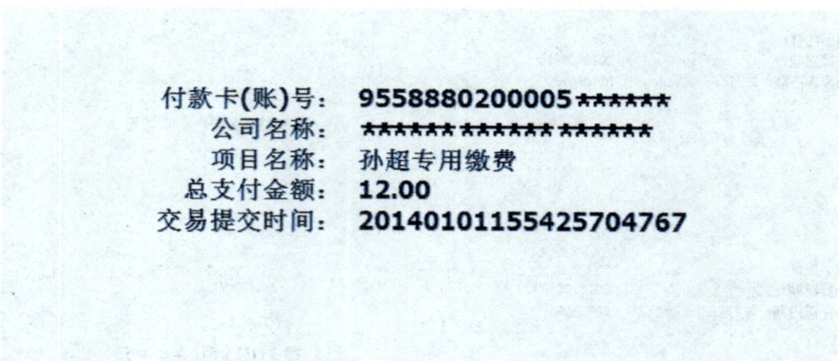

图 4 - 24
核对信息

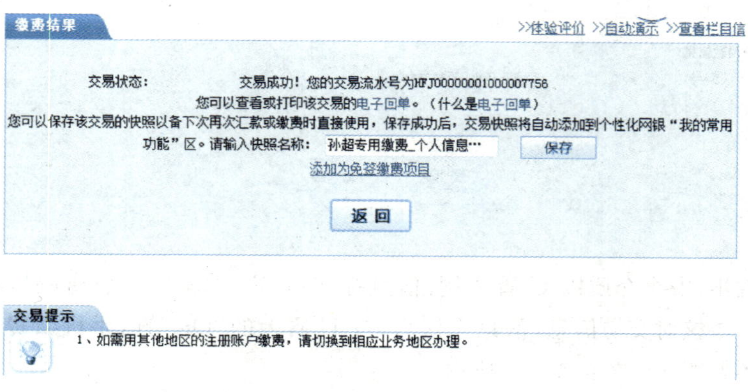

图 4 - 25
交易成功

知识拓展

介绍一个网上支付常遇到的问题

生活中,可能会遇到这样一种情况,买家说通过某行网上银行支付了账款××元,可卖家的账户上却没有增加账款。用存折去银行柜台刷卡显示:账户记录显示"登存"××元,然后下一行显示"反存"××元。究竟这是怎么回事呢?买家付了款吗?

据银行工作人员解释:"反存"就是取消的意思。对方是用网上银行给你汇的款。在汇款过程中对方在录入汇款摘要时出现了错误,所以钱到达你的银行时,我们的工作人员发现了错误(可能是他填写的你的账号和户名与你真实的账号和户名不一样),但又已经把钱录入你的账户里,再把钱取消,所以就出现了这种情况。卖家肯定是没收到钱,因为钱在录入当天,银行工作人员发现错误,就把钱退回汇款人的账户里了。

可见,网上银行和柜面办理业务的区别在于:网上银行只要汇款人提交成功,电脑就会自动发送到要求到达的银行,再由银行工作人员审核无误才能入账到个人账户里。在柜面办理的业务,是由银行工作人员审核无误才能入账的。所以大家在汇款的时候尽量问清卖家的汇款行名称,或者到柜面去直接办理,避免双方的损失。

如果你在支付中遇到问题,请拨打银行服务热线:工行 95588、建行 95533、招行 95555、中行 95566、农行 95599。

课后阅读——各商业银行网上支付业务开通的有关情况

一、中国工商银行

银行客服电话:95588

支付说明:首次进行网上支付,须在银行网站申请开通个人网上银行。

支持卡种:牡丹灵通卡/理财金账户卡/信用卡/贷记卡/国际卡/商务卡

中国工商银行网址:http://www.icbc.com.cn

二、中国建设银行

银行客服电话:95533

支付说明:首次进行网上支付,在银行网站申请开通个人网上银行后,再到建设银行柜台办理手续和取得支付卡号、密码、网银证书。在银行的支付界面上输入卡号、密码提交即可。

支持卡种:龙卡借记卡/龙卡贷记卡/龙卡信用卡/万事达彩照卡/VISA 彩照卡/龙卡金卡

中国建设银行网址:www.ccb.com

三、中国银行

银行客服电话:95566

支付说明：凭卡信息即可登录个人网上银行，无需注册。

支持卡种：长城借记卡/长城信用卡/长城国际卡

中国银行网址：www.boc.cn

四、中国农业银行

银行客服电话：95599

支付说明：首次进行网上支付，需在银行网站申请开通个人网上银行。

支持卡种：金穗借记卡/金穗信用卡/金穗储蓄卡

中国农业银行网址：www.abchina.com

五、招商银行

银行客服电话：95555

支付说明：首次进行网上支付，须在银行网站申请开通个人网上银行。

支持卡种：专业版/一卡通/信用卡/支付卡

招商银行网址：www.cmbchina.com

六、交通银行

银行客服电话：95559

支付说明：登录个人网上银行，无需另外开通网上支付功能。

支持卡种：太平洋信用卡/太平洋借记卡/太平洋专用卡/太平洋智能卡/太平洋彩照卡/太平洋维萨信用卡/太平洋万事顺借记卡/太平洋互联借记卡/太平洋万事达信用卡(广东)

交通银行网址：www.bankcomm.com

七、广发银行

银行客服电话：95508

支付说明：首次进行网上支付，需在银行网站申请开通个人网上银行。

支持卡种：广发理财通卡/广发信用卡/外汇卡/商旅卡

广发银行网址：www.cgbchina.com.cn

八、中国光大银行

银行客服电话：95595

支付说明：凭卡信息即可登录个人网上银行，无需另外开通网上支付功能。

支持卡种：阳光卡

中国光大银行网址：www.cebbank.com

九、中信银行

银行客服电话：95558

支付说明：凭卡信息即可登录个人网上银行，无需另外开通网上支付功能。

支持卡种：中信信用卡/中信理财宝/中信储蓄卡/中信借记卡

中信银行网址：bank.ecitic.com

十、中国民生银行

银行客服电话：95568

支付说明：凭卡信息即可登录个人网上银行，无需另外开通网上支付功能。

支持卡种：民生借记卡/民生信用卡/民生储蓄卡

中国民生银行网址:www. cmbc. com. cn

十一、浦发银行

银行客服电话:95528

支付说明:凭卡信息即可登录个人网上银行,无需另外开通网上支付功能。

支持卡种:东方借记卡/准贷记卡/信用卡

浦发银行网址:www. spdb. com. cn

十二、兴业银行

银行客服电话:95561

支付说明:凭卡信息即可登录个人网上银行,无需另外开通网上支付功能。

支持卡种:兴业银行信用卡/兴业银行借记卡

兴业银行网址:www. cib. com. cn

十三、华夏银行

银行客服电话:95577

支付说明:凭卡信息即可登录个人网上银行,无需另外开通网上支付功能。

支持卡种:华夏银联卡/华夏银行借记卡

华夏银行网址:www. hxb. com. cn

十四、中国邮政储蓄银行

银行客服电话:95580

支付说明:凭卡信息即可登录个人网上银行,无需另外开通网上支付功能。

支持卡种:邮政储蓄卡/邮政储蓄绿卡/留密存折/借记卡/信用卡

中国邮政储蓄银行网址:www. psbc. com

知识技能练习题

1. 简述网上支付的概念和特点。
2. 用图文描述网上支付体系的基本构成,分析各个参与主体各自的作用。
3. 如何理解网上支付与结算是我国目前电子商务发展的瓶颈之一?
4. 简述一个完整的网上支付系统应该具备哪些功能。
5. 按照不同的分类标准,可以将网上支付分成哪些类别?
6. 简述网上信用卡的支付流程。
7. 网上支付能够带来哪些主要的效益?

应用实训题

1. 在开通个人的网上银行之后,登录银行网站,给自己的手机充10元话费,将话费充值主要过程的屏幕图复制后进行保存(要求具有4~6个主要步骤)。

2. 以招商银行“一卡通网上支付(网上支付卡)”为例，说明网上购物的准备工作及操作过程。

3. 结合实际操作，举例说明网上支付的使用过程。

4. 请分别站在消费者的立场和商家的立场上，具体分析网上支付存在的问题。

项目五

05

移动支付

项目知识点

1. 掌握移动支付的定义、特点及分类。
2. 掌握移动支付的业务范围。
3. 理解移动支付的产业链构成。
4. 了解移动支付的发展现状及存在的问题。

项目技能点

1. 掌握移动支付的基本操作流程。
2. 掌握手机银行和手机钱包的支付流程。
3. 掌握移动支付的运营模式。

项目素质点

1. 培养移动支付设计理念。
2. 具备分析移动支付运营模式的能力。
3. 培养创新移动支付产品的思维能力。

案例导入

几年以前，移动支付还在人们憧憬中停留在理论层面，而现在，随着移动互联网的发展，支付方式正日趋多样化。支付宝钱包、微信支付等各种新的移动支付方式，除了促进交易的便利和安全，也为人们的日常社交带来了新体验。

2013 年，是业界公认的移动支付业务狂飙突进的一年。中国人民银行发布了《2013 年支付体系运行总体情况》，数据显示，2013 年移动支付业务保持高位增长，支付笔数和金额分别同比大涨 212.86% 和 317.56%。

艾瑞咨询最新数据显示,2013 年第三季度,中国第三方移动支付市场交易规模达到 2965.1 亿元,环比增长 152.6%。综合此前数据,2013 年前三季度,移动支付市场累计交易规模已近 5000 亿元。在各类细分市场中,随着用户移动互联网支付习惯的养成,以及基于移动互联网支付的产品创新和业务拓展,远程移动互联网支付交易规模高速扩张至 2747.9 亿元,环比增长 185.3%,占整个市场比重达 92.7%,支付宝就占据了逾六成的份额,处于绝对优势;短信支付基本趋于稳定,市场份额下滑;近端支付尚处于基础建设和用户培养阶段,增长乏力,市场份额受到挤压。

经过两年的积极布局、产品创新和业务模式探索,各移动支付核心运营企业已基本形成较为成熟的产品模式,差异化竞争格局初现。目前移动支付核心运营企业大致分为四大业务方向:以支付宝、财付通为代表的企业发展远程移动支付客户端;以拉卡拉、钱袋宝为代表的企业发展手机刷卡器;以联动优势、上海捷银为代表的企业继续其传统短信支付;以移动、联通和电信三大运营商为代表的企业主攻移动近场支付。

任务一　认识移动支付

5.1.1 移动支付的定义

随着移动电话(Mobile Phone)、个人数字助理(Personal Digital Assistant)、平板电脑(Tablet Personal Computer)以及其他的手持式电子设备的广泛使用,移动商务在人们生活中扮演着越来越重要的角色,移动支付正在引起社会广泛的关注。与移动商务一样,移动支付也是随着无线联网、信息技术的发展而出现的新型商务支付方式,处于发展与成熟时期,所以在内容上也在不断丰富和完善。

根据百度百科的定义,移动支付也称为手机支付,就是允许用户使用其移动终端(通常是手机)对所消费的商品或服务进行账务支付的一种服务方式。企业或个人通过移动设备、互联网或者近距离传感直接或间接向银行金融机构发送支付指令产生货币支付与资金转移行为,从而实现移动支付功能。移动支付将终端设备、互联网、应用提供商以及金融机构相融合,为用户提供货币支付、缴费等金融业务。

国外著名移动支付论坛 Mobile Payment Forum 给出了移动支付的定义:移动支付是指交易双方为了某种货物或者服务,使用移动终端设备为载体,通过移动通信网络实现的商业交易。移动支付所使用的移动终端可以是手机、PDA、移动 PC 等。

根据中国人民银行对移动支付的定义,移动支付是指单位、个人直接或授权他人通过移动通信终端或设备,如手机、掌上电脑、笔记本电脑等,发出支付指令,实现货币支付与资金转移的行为。

综上所述,移动支付就是指交易双方为了某种货物或者业务,通过移动设备(手机、PDA、移动 PC 等)进行商业付款和交易。移动支付充分结合了银行卡及手机钱包的各种优点,摒弃了各方缺陷,使得货币交易电子化的进程得以发展和完善，为各类第三方电子支付企业提供了更广阔、更多样的业务方式。

知识拓展

微信支付

微信支付是由腾讯公司知名移动社交通信软件微信及第三方支付平台财付通联合推出的移动支付创新产品。用户只需在微信中关联一张银行卡，并完成身份认证，即可将装有微信 APP 的智能手机变成一个全能钱包，之后即可购买合作商户的商品及服务，用户在支付时只需在自己的智能手机上输入密码，无需任何刷卡步骤即可完成支付，整个过程简便流畅。

微信支付可实现的应用场景包括公众号支付和 APP 支付。目前包括微团购、麦当劳、QQ 充值等微信公众号已可通过微信支付进行交易，首批上线的商户将涵盖电商的多个细分领域，包括机票预订、网购、交通卡充值等绝大部分品类的商品和服务，用户均可通过微信支付实现购买。

应用实例

"我今天打车上班，没花 1 分钱。马云买单了。爽!"

"你用'快的'还是'嘀嘀'? 支付宝和微信支付，你觉得哪个好用?"

2014 年初，两个电商大佬——阿里巴巴和腾讯，抢着掏腰包"请全国人民打车"。阿里跟"快的"一帮，腾讯与"嘀嘀"一伙儿。两家不约而同地向所有"打车一族"和出租车司机示好："你打一次车，我帮你付 10 元，还奖励出租车司机 10 元或 15 元。"前提是，你得用你手机上的支付宝钱包或微信支付来买单。一时间，全国多地打车的人数一下子井喷了。两个"大土豪"还相互较上劲儿：用微信支付("嘀嘀")每单送 10 元！那用支付宝支付("快的")每单就送 11 元！用微信支付每单送 12 元了！那用支付宝支付立马送 13 元！"二马"(阿里的马云与腾讯的马化腾)比着烧钱，在一派"砍砍杀杀"中，移动支付，这个在几个月前对很多人而言还很生疏的字眼，几乎眨眼之间变得生动丰满起来。

(资料来源：http://www.banyuetan.org/chcontent/zx/mtzd/2014228/95035.html)

5.1.2 移动支付的分类

移动支付根据不同的分类标准，有多种分类方式。了解与掌握移动支付的分类，是掌握移动支付基本应用的前提，不同分类标准对移动支付的基本分类如表 5－1 所示。

表 5-1 不同分类标准对移动支付的基本分类

分类标准	分类内容
按支付的额度分类	微支付、宏支付
按购买服务或商品的渠道分类	移动服务支付、移动远程支付、移动近场支付
按业务实现形式分类	手机银行、手机代缴、手机钱包、手机信用平台
按移动支付的基础分类	基于账户的支付、基于代币券的支付

1. 按支付的额度，可以分为微支付和宏支付。

根据移动支付论坛的定义，微支付是指交易额少于10美元的支付行为，通常是购买移动内容业务，例如游戏、视频下载等。宏支付是指交易金额较大的支付行为，例如在线购物或者近距离支付(微支付方式同样也包括近距离支付，例如交停车费等)。两者之间最大的区别就在于安全要求级别不同。对于宏支付方式来说，通过可靠的金融机构进行交易鉴权是非常必要的；而对于微支付来说，使用移动网络本身的SIM卡鉴权机制就基本可以了。

2. 根据购买服务或商品渠道的不同，可分为移动服务支付、移动远程支付、移动近场支付。

(1) 移动服务支付

在移动服务支付模式下用户通常购买的是基于手机的内容或应用(如手机铃声、手机游戏等)，应用服务的平台与支付费用的平台相同，即皆为手机，以小额支付为主。

(2) 移动远程支付

移动远程支付指通过移动网络，利用短信、GPRS等空中接口，和后台支付系统建立连接，实现各种转账、消费等支付功能。移动远程支付一般分为两种方式：一是支付渠道与购物渠道分开的方式，如通过上网购买商品或服务，而通过手机来支付费用；二是支付渠道与购物渠道相同，都通过手机或移动设备，如通过手机来远程购买彩票等。

(3) 移动近场支付

移动近场支付是指通过具有近距离无线通信技术的移动终端实现本地化通信进行货币资金转移的支付方式，一般是指在购物现场选购商品或服务，通过手机或移动POS机等支付的方式，如在自动售货机处购买饮料，在报摊上买杂志，付停车费、加油费、过路费等。常见的移动近场支付分为两种：一种是利用移动终端，通过移动通信网络与银行以及商家进行通信完成交易；另一种是只将手机作为IC卡的承载平台以及与POS机的通信工具来完成交易。

此外还可以根据无线传输方式的不同分为空中交易和WAN(广域网)交易两种。空中交易是指支付需要通过移动终端，基于GSM/GPRS/CDMA1X等移动通信运营商网络系统；WAN交易则主要是指移动终端在近距离内交换信息，而不通过移动通信运营商网络，例如使用手机上的红外线装置在自动售货机上购买可乐。

由于传输方式不同，移动支付既可以基于移动通信网络来实现，也可以基于红外线等方式来实现，红外线等方式主要用于短距离的移动支付。目前，我国的移动运营商一般都采用基于移动通信网络的SMS、WAP等技术来实现移动支付。近两年，韩国的SK等移动运营商通过与银行、信用卡机构、零售商店等机构和行业进行合作，相继推出了手机红外移动支付业务，业务发展呈现良好势头。

3. 根据业务实现形式的不同，可以分为手机银行、手机代缴、手机钱包、手机信用平台业务。

(1) 手机银行

手机银行是通过移动通信网络将客户的手机连接至银行，实现通过手机界面直接完成各种金融理财业务的服务系统。作为一种结合了货币电子化与移动通信的崭新服务，手机银行业务不仅可以使人们在任何时间、任何地点处理多种金融业务，而且极大地丰富了银行服务的内涵，使银行能以便利、高效而又较为安全的方式为客户提供传统和创新的服务。

手机银行与WAP网上银行相比，优点也比较突出。首先，手机银行有庞大的潜在用户群；其次，手机银行须同时经过SIM卡和账户双重密码确认之后，方可操作，安全性较好，而WAP是一个开放的网络，很难保证在信息传递过程中不受攻击；另外，手机银行实时性较好，折返时间几乎可以忽略不计，而WAP进行相同的业务需要一直在线，且受到网络拥挤程度与信号强度等许多不定因素的影响。

(2) 手机代缴

手机代缴的特点是代收费的额度较小且支付时间、额度固定；用户所缴纳的费用在移动通信费用的账单中统一结算，如个人用户的E-mail邮箱服务费代收。当前，该种服务在手机支付服务中居重要地位。

(3) 手机钱包

手机钱包是综合了支付类业务各种功能的一项全新服务，它是以银行卡账户为资金支持，以手机为交易工具的业务，将用户在银行的账户和用户的手机号码绑定，通过手机短信息、IVR、WAP等多种方式，用户可以对绑定账户进行操作，实现购物消费、转账、账户余额查询等功能，并可以通过短信等方式得到交易结果通知和账户变化通知。

手机钱包可为用户提供小额、无物流的数字化产品支付服务，业务范围涵盖软件付费、邮箱付费、数字点卡购买、手机保险、电子杂志等领域。客户可以通过银行营业厅、银行网站、语音、短信以及POS机等方式开通服务(开通方式视开通地区与接入银行而有所不同)，可办理手机查缴话费、手机理财、手机购物等多项业务。其中的刷卡支付功能，可在商场、超市中购物或乘坐公交车辆时使用。

应用实例

上海世博会期间，中国移动与申通地铁推出了“刷手机乘地铁”服务。当时，市民只要前往移动营业厅把手机内普通的SIM卡升级成RFID SIM卡，就可实现“手机钱包”功能。在全市1500个有“手机钱包”标识的专用地铁站闸机，刷手机即可实现扣费，但扣的是手机电话费。在原有刷手机乘地铁的基础上，新一代“手机钱包”将功能升级，市民使用指定手机以及最新一代“手机钱包”(手机内装上NFC-SIM卡)，进出地铁站闸机时，包含有银行卡的“手机钱包”将直接扣费试运行。

应用实例

"手机缴费通"业务是通过银联公司的POS机或移动公司的24小时营业厅自助终端实现某一移动手机号和某一银联卡的绑定后，该移动手机客户可通过本机发送指定短信到特定短信接入号或拨打特定电话，实现用绑定银行卡内的钱为自己或朋友的手机随时随地充值的业务。

(4) 手机信用平台业务

手机信用平台的特点是移动运营商和信用卡发行单位合作，将用户手机中的SIM卡等身份认证技术与信用卡身份认证技术结合，实现一卡多用的功能。例如在某些场合可以用接触式或非接触式SIM来代替信用卡，用户提供密码，进行信用消费。现阶段，我国的手机信用平台的推广市场准备和技术准备都需要进一步完善。

4. 按移动支付的基础，可以分为基于账户的支付和基于代币券的支付。

(1) 基于账户的支付

消费者在使用移动支付系统之前，都需要注册一个账号，这个账号通常由互联网支付提供商(Internet Payment Provider，简称IPP)进行维护。消费者在每次支付事务中均通过该账号进行交易，并会定期收到账单，然后通过向IPP付款来保持账户平衡。由于基于账户的支付方式管理费用较高，所以通常不适合于小额交易(如微支付)。于是，这种小额交易通常由第三方支付代理商来负责，它们把这些小额交易聚集起来，在稍后的时间进行批处理，于是减少了大量小额支付所带来的管理费用。

(2) 基于代币券的支付

在这种支付方式中，消费者拥有自己的电子货币。电子货币是一种由银行等金融机构支持的可以代表货币价值的交易介质。在基于代币券的支付方式中，消费者把实际货币兑换成代币券。在交易过程中，电子货币完全像普通货币一样使用。代币券支付的最大优点是适合小额支付，因为其管理费用与基于账户的支付方法相比要低得多。

5.1.3 移动支付的特点

移动支付与移动商务的主要特点就是移动性，它涉及大量的移动信息的传递、交换与处理，需要相应的移动计算技术的支持，即相关的无线互联技术，如蓝牙技术(BlueTooth)、无线局域网络技术(WLAN)、无线广域网络技术(WWAN)、无线应用协议(WAP)等，能提供时尚、安全、随时随地的支付服务。与其他电子支付手段相比，移动支付具有很多的优点，主要表现在以下几个方面。

1. 便捷性

首先，是购物的方便性，移动支付比网上支付所需要的硬件条件还要低，网上支付起码需要一台能够上网的电脑，而移动支付只需利用一部手机即可以实现。中国的手机用户是互联网用户的三倍，移动支付终端普及率比较高，使支付更加方便。

其次，移动支付还具有缴费准确、无需兑付零钱、快捷、多功能、全天候服务等特性。

2. 安全性

移动支付作为电子商务较为重要的支付方式，直接涉及用户和运营商的资金安全，所以，支付安全是移动支付的关键问题之一。中国社会调查所就我国电子支付企业用户满意度进行的抽样调查的结果也显示，消费者最关注的仍是电子支付的安全性。

移动设备用户对隐私性的要求远高于 PC 用户。高隐私性决定了移动互联网终端应用的特点——在共享数据时既要保障认证客户的有效性，又要保证信息的安全性。这就不同于互联网公开、透明、开放的特点。在互联网上，个人电脑用户信息是可以被搜集的；而移动设备用户显然不需要让他人知道甚至共享自己设备上的信息，移动设备的隐私性保障了支付的安全。移动支付采用的高安全级别的智能卡芯片，与目前的银行磁条卡相比，具有更高的安全性。

3. 灵活性

由于移动终端具有极好的随身性和移动性，可以使消费者摆脱营业厅的特定地域限制。用户只要申请了移动支付功能，便可足不出户完成整个支付与结算过程，避免了毫无价值的排队等候，交易时间成本低，可以减少往返银行的交通时间和支付处理时间，有利于调整价值链，优化产业资源布局。移动支付不仅可以为移动运营商带来增值收益，也可以为金融系统带来中间业务收入。

4. 实时性

移动通信终端和互联网平台的交互取代了传统的人工操作，使移动支付不再仅仅受限于相关金融企业、商家的营业时间，实现了 7×24 小时的便捷服务。用户可以随时随地通过手机使用移动互联网，随时随地查询账户余额、交易记录、实时转账、修改密码等，管理自己的移动支付账户，还可以通过手机客户端或者 UTK 菜单对离线钱包进行“空中”充值，充分体现移动支付的方便实时的特点。

5. 综合性

移动支付为用户提供了移动电子商务的远程支付功能，同时也可以满足用户对地铁、公交、电影票、食堂等小额支付的需要，还可以提供门禁、考勤等服务。

知识拓展

艾瑞咨询“中国移动支付市场研究报告”的调研数据显示：

1. 移动支付用户的三个特点：年轻、高学历、高收入。

2. 使用安卓系统的移动用户占全部移动支付用户的 63%。

3. 移动支付的用户认知度比较高，占全部用户的 89.7%。

4. 使用过短信支付的用户最多，占 54.9%；但最常使用用户最多的支付手段是手机客户端，占 29.2%。

5. 影响用户使用移动支付的核心因素是便捷性，占全部用户的36.2%。

6. 用户认为未来移动支付的安全性和便捷性最需要改善，分别占全部用户的69.4%和50.2%。

任务二　体验移动支付流程与模式

5.2.1 移动支付流程

移动支付与一般的网络支付都要涉及四个主要的环节：消费者、商家、发行方和收款方。其中，发行单位和收款单位都应该是金融机构，而两者之间的区别在于移动支付的平台运营商需要对商家和消费者的身份进行确认才能完成交易。消费者从网上商家选好产品或服务后，发出购买指令，执行购买操作，商家去移动支付平台取得消费者信息，进行确认，由移动支付平台代收费用并告知商家可以交付服务或产品，从而形成完整的手机支付过程。具体的流程如图 5－1 所示。

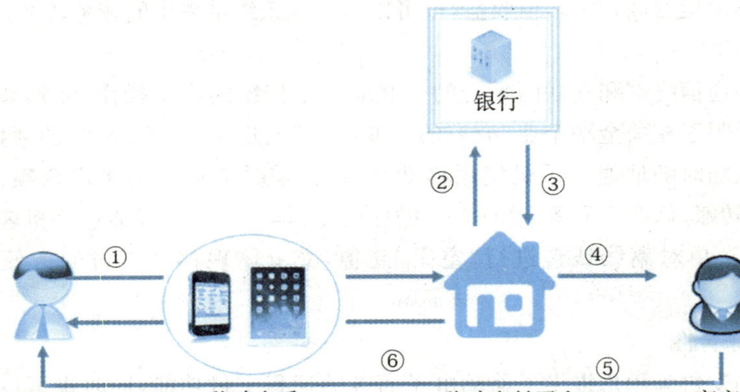

图 5－1
移动支付流程图

第一步：消费者通过移动介质（手机、平板电脑等移动产品）选定商品和服务，提出支付请求，支付请求通过移动介质传输到移动支付平台。

第二步：移动支付平台接受支付请求，并将移动支付请求信息的卡号等信息发送到银行端进行验证。

第三步：银行端对支付信息进行验证，验证成功之后银行对消费者的银行卡进行扣款，并返回支付成功信息到移动支付平台。

第四步：移动支付平台收到支付成功信息之后，发送支付成功凭证给商家。

第五步：商家收到支付成功凭证之后，可以为消费者提供商品或服务。

第六步：移动支付平台返回支付凭证给消费者。

应用实例

嘀嘀打车微信支付流程

2014 年 1 月 4 日，嘀嘀打车开始接入手机微信 ios 版，1 月 8 日，安卓版也接入嘀嘀打车，嘀嘀打车成为接入微信的唯一打车软件。微信支付和嘀嘀打车的合作，除了扩大移动打车服务覆盖的用户群，也对移动支付提供了更便利的支付场景。其具体流程如下：

1. 登录微信，进入“我”的标签，选择“我的银行卡”，可以看到嘀嘀打车的服务，选择进入嘀嘀打车页面。如图 1。

图 1

图 2

2. 在嘀嘀打车页面，可以看到附近的出租车数量及自己所在的位置，在要去的地方输入你的目的地，选择你要付的小费，点击“马上叫车”。如图 2。

3. 叫车成功后，会显示司机姓名、所在出租公司、车牌号、所在方位、预计等待时间等信息。如果一定时间内没有司机接单，会提示用户重新下单。如图 3。

图 3

图 4

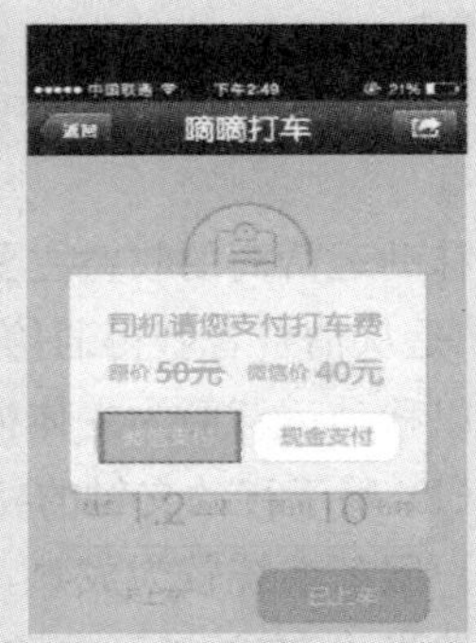

图 5

4. 等你上车后，到达目的地，司机在司机端会输入本次打车的费用。选择“微信支付　立减 10 元”，弹出输入确认框。如图 4。

5. 弹出框中显示的是本次的打车费用及支付方式，选择“微信支付”，依次输入支付密码后，即可完成本次打车。如图 5。

5.2.2 移动支付运营模式

移动支付的运营模式由移动支付价值链中各方的利益分配原则及合作关系决定。成功的移动支付解决方案是充分考虑到移动支付价值链中的所有环节，进行利益共享和利益均衡。当前，移动支付的运营模式主要有三类：以移动运营商为主体的移动支付模式、以金融机构为主体的商业模式和以第三方为主体的移动支付模式。

一、移动支付的三种运营模式

1. 以移动运营商为主体的运营模式

以移动运营商为主体的运营模式是在通信网络技术不断发展的基础之上建立的。当移动运营商作为移动支付平台的运营主体时，移动运营商会以用户的手机话费账户或开设专门账户作为移动支付账户，用户所发生的移动支付交易费用全部从用户的话费账户或专门账户中扣减，用户需要事先在专门账户中存入现金才可以使用。具体如图 5-2 所示。

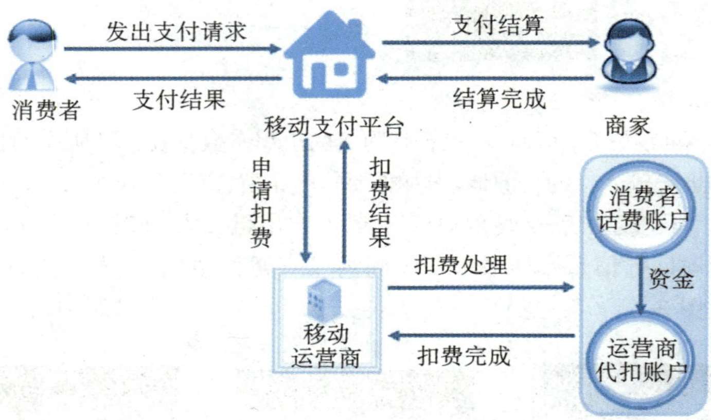

图 5-2
以移动运营商为主体的移动支付模式

移动运营商的收益主要来源有两部分：一是从商家获得每笔交易的服务佣金；二是从消费者获得通信费，包括短信费、WAP 浏览费等。

以移动运营商为主体模式的主要特点如下：

(1) 基于移动支付的特性，这种运营方式拥有庞大的手机用户群，而且计费和客户服务系统较为成熟，容易把握受众群、细分市场，支持多种多样的手机业务收费模式，有效地开展移动多媒体广播业务。还可将移动多媒体广播业务与原有的视频点播、内容(音乐)下载、彩信、彩铃等业务进行整合，向用户提供多样化的综合应用服务，提高用户的忠诚度并获得新的收入增长点。

(2) 直接与用户关联，不需要银行参与，技术实现简便。但是，用户每月的手机话费和移动支付费用很难区分，因此，通过这种方式进行的交易常常仅限于小额交易。

(3) 运营商需要承担部分金融机构的责任，如果发生大额交易将与国家金融政策发生抵触；同时，无法对非话费类业务出具发票，税务处理复杂。

2. 以金融机构为主体的运营模式

以金融机构为主体的运营模式，其实是传统支付的延伸，在这种模式下，运营商只负责提供网络，但不参与移动支付业务的管理和运营。金融机构的主要盈利来源是从商家获得每笔交易的服务佣金，同时，移动运营商也可以收取来自消费者的通信费和来自金融机构的专网使用或租赁费用。具体如图 5－3 所示。

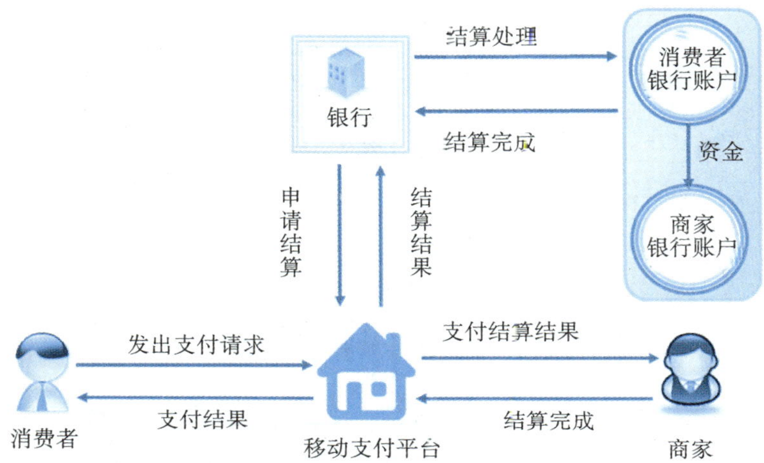

图 5－3
以金融机构为主体的移动支付模式

(1) 以银行为主体

银行通过专线与移动通信网络实现互联，将银行账户与手机账户绑定，用户通过银行卡账户进行移动支付。银行为用户提供交易平台和付款途径，移动运营商只为银行和用户提供信息通道，不参与支付过程。当前我国大部分提供手机银行业务的银行(如招商银行、广发银行、工商银行等)都由自己运营移动支付平台。以银行为主体的移动支付业务存在的主要问题如下：

① 各银行只能为本行用户提供相关服务，技术规范、业务规范的统一以及由此带来的银行间的互通性成为了主要问题，移动支付业务在银行之间不能互联互通。

② 各银行都要购置自己的设备并开发自己的系统，因而可能会造成较大的资源浪费。

(2) 以银联为主体

银联作为国内银行卡信息交换网络的金融运营机构，所提供的移动支付平台接入服务是银行卡支付服务的延伸，有别于商业银行个性化的手机银行业务，属于一种为所有商业银行向持卡人提供的统一和普适化的金融服务。

中国银联覆盖全国的银行卡信息交换网络连接国内所有商业银行，这个独特的优势和国家支持的背景，使得银联在移动支付产业成为一个可信赖的合作伙伴。由银联来建立和运营移动支付平台，可以避免以移动运营商为主导的一些弊端，同时也能解决多个银行共同开展移动支付业务时带来的困扰和资源浪费，优化了整个产业，使得各方的定位更加明晰，大家能各展所长，共同发展。

3. 以第三方服务提供商为主体的运营模式

第三方服务提供商是独立于银行和移动运营商的第三方经济实体,同时也是连接移动运营商、银行和商家的桥梁和纽带。第三方服务提供商利用移动运营商的通信网络资源和金融机构的各种支付卡,进行支付的身份认证和支付确认,通过交易平台运营商,用户可以轻松实现跨银行的移动支付服务。如图 5-4。

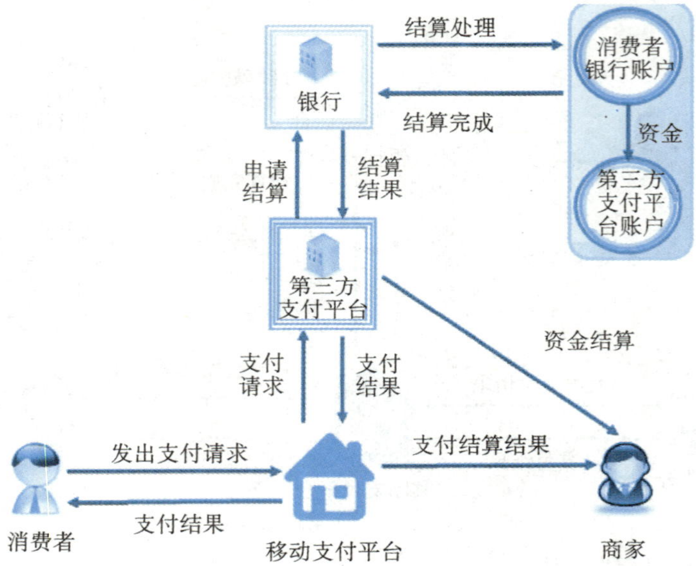

图 5-4 以第三方服务提供商为主体的移动支付模式

以第三方交易平台为运营主体提供移动支付业务具有如下特点:第一,银行、移动运营商、平台运营商以及服务提供商(Service Provider)之间分工明确、责任到位;第二,平台运营商发挥着"转接器"的作用,将银行、运营商等各利益群体之间错综复杂的关系简单化,将多对多的关系变为多对一的关系,从而大大提高了商务运作的效率;第三,用户有了多种选择,只要加入到平台中即可实现跨行的支付交易;第四,平台运营商简化了其他环节之间的关系,但也在无形之中为自己增加了处理各种关系的负担;第五,在市场推广能力、技术研发能力、资金运作能力等方面,都要求平台运营商具有很强的行业号召力。

知识拓展

"手付通"是中国银联委托瀚银科技开发的手机移动商务平台,它是以手机中的金融智能卡(SIM 卡或智能 SD 卡)为支付账户载体,以手机为支付信息处理终端,通过无线通信网络以及近场通信技术(NFC)进行远程和现场支付的新兴支付方式。用户只需在手机端下载软件并进行简单操作,就能实现银行卡消费、账单支付、移动商务等操作,目前已开通了机票购买、酒店预订、公用事业缴费、保险购买、购物及信用卡还款等多种手机支付功能。

二、三种模式的融合与发展

我们从以移动运营商为主体的运营模式、以金融机构为主体的运营模式和以第三方服务提供商为主体的运营模式中都看到了移动支付的发展前景，并且它们各有各的优势。然而，移动支付产业的发展始终要通过商业模式得以实现，任何企业想要独自垄断市场都是不可能实现的。在如此庞大且整体性很强的市场中，这三种模式必须合理分工并紧密合作，建立适合移动支付产业长久发展的机制，才能形成规范共赢的商业模式。

目前，我国移动支付产业具有产业链长、合作方案复杂、协调成本高等特点，这就要求各个参与主体找准自身的位置所在，明确各自的责任和权利，相互之间加强沟通和协作，并积极创造新的商业模式。同时，这也要求政府、金融机构、第三方电子支付公司、电信运营商等多方投入资金，通力合作，才能保障移动支付产业的健康发展。

任务三　分析移动支付产业链与业务类型

5.3.1　移动支付产业链构成

产业链是各个产业部门之间基于一定的技术经济关联，并依据特定的逻辑关系和时空布局关系客观形成的链条式关联形态。所以移动支付的产业链就是为了满足消费者对移动支付的基本服务和增值服务的需求，由移动运营商、应用提供商、移动设备提供商、金融机构、商家、第三方支付服务提供商、终端消费者等多个环节组成的链条。在移动支付产业链中，各个产业环节互为基础，相互依存，但又相互独立。只有建立并完善移动支付产业链，才能使产业链中各个成员获得最大的利益，实现共赢，以此推动移动支付市场的健康发展。移动支付产业链的构成具体如图 5－5 所示。

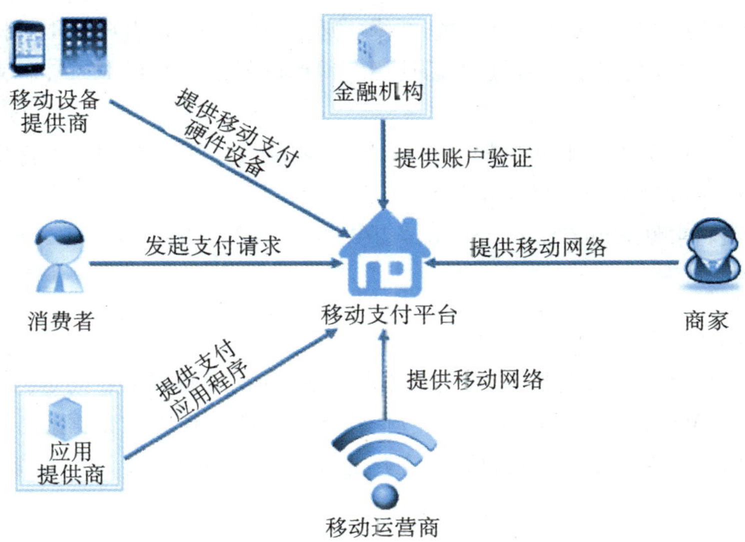

图 5－5
移动支付产业链构成

1. 移动运营商

移动运营商是移动支付业务中最重要的角色之一，也是整个产业链的核心。移动运营商的主要任务是搭建移动支付平台，为移动支付提供安全的通信渠道。一方面，移动支付系统的通信方式正在向多样化方向发展，有语音、短信、GPRS、CDMA以及基于WAP的方式等；另一方面，随着移动支付系统的安全保障体系复杂化、多样化的发展，移动运营商需要为不同类别的移动支付业务提供不同的保密服务和安全等级。因此，可以说移动运营商不仅是连接用户、金融机构和服务提供商的桥梁，甚至可以在一定程度上控制整个电子支付的交易流程。

在移动支付业务中，移动运营商主要从四个方面获得利益：第一，移动运营商可以获得来自服务提供商的佣金。第二，基于语音、短信服务、WAP的移动支付业务可以给运营商带来数据流量收益。第三，移动支付业务可以刺激用户产生更多的数据业务需求，从而促进其他移动互联网业务的发展。第四，移动运营商可以利用移动支付稳定现有客户并吸纳新的客户，提高企业竞争力。

在产业发展进程中，运营商应发挥组织、协调作用，主动寻求与下游相关企业的合作，探索新型合作关系，平衡各方面的利益关系，实现产业各方的共同发展。运营商要实现向综合信息服务提供商的转变，必须对产业链各环节进行有效管理。电信运营商的创新能力和服务水平将很大程度上取决于其适应与引导产业链的能力。

2. 应用提供商

应用提供商(Application Provider，AP)在移动支付产业链中的根本作用是开发和提供应用服务：一方面，通过网络运营商提供的业务平台接入其服务；另一方面，从内容提供商、其他第三方组织或个人获取内容，并在其应用服务中组合包装。此外，服务提供商也可以将开发应用服务的工作外包给应用提供商。

应用实例

Flint是一家新兴的移动支付应用提供商，与Square、PayPal的Here应用以及Isis提供的解决方案所不同的是，使用该公司应用不要求用户手机上装有加密狗或类似NFC的新技术。通过Flint应用，用户使用手机相机镜头扫描支付卡上的账号，然后使用获得的账号以及客户本人签名完成交易。

2012年5月9日据科技博客TechCrunch报道，移动支付应用提供商Flint在A轮融资中获投300万美元。

(资料来源：http://news.163.com/12/0509/23/813N9HEK00014AEE.html)

3. 移动设备提供商

随着3G技术的成熟和4G技术的不断发展，移动设备厂商在向运营商提供移动通信系统设备的同时，还推出了包括移动支付业务在内的数据业务平台和业务解决方案，这为运营商提供移动支付业务奠定了基础。设备提供商主要为运营商提供空中接口、基础设施、路由器和交换机等网络设备，为运营商建设 3G 和 4G 通信网络，负责通过不同的网络技术，为网络运营商提供足够的带宽，而且要确保采用不同技术制式的网络之间能够共存和补充，为网络正常运营提供必要的技术支持和保证。此外，设备提供商也给运营商和应用服务提供商提供运营支持系统和运营平台。

从终端的角度来看，具有 STK 功能的 SIM 卡日益普及，支持各种移动数据业务的手机也被终端厂商不断推向市场，这为移动支付业务的不断发展创造了条件。

从商家的角度上来看，在商场和零售店部署移动支付系统，在一定程度上能减少支付的中间环节，降低经营、服务和管理成本，提高支付的效率和客户满意度。

应用实例

目前，主要的移动通信设备制造商包括国外的诺基亚、飞利浦、爱立信、西门子、索尼、摩托罗拉，国内的复旦微电子、大唐、握奇数据、天喻信息等都提出了各自的移动支付解决方案。例如，爱立信与中国联通在无锡推出了小额支付移动解决方案实验系统，手机用户能够随时随地用手机进行小额支付，通过手机享受订购车票、购买鲜花、购买 CD、缴纳公用事业费等多种类型的个人支付服务。

4. 金融机构

金融机构作为与用户手机号码关联的银行账户的管理者，在移动支付产业链中，占据着非常重要的地位。首先，在移动支付业务中，结算方主要是银行，所以从用户的角度出发，用户对银行的依赖程度要远高于对商家和移动运营商的依赖程度。银行需要为移动支付平台建立一套完整、灵活的安全体系，从而保证用户支付过程的安全通畅。其次，在整个产业链中银行所拥有的资源比较多，与移动运营商相比，银行不仅拥有以现金、信用卡及支票为基础的支付系统，还拥有个人用户、商家资源，例如拥有银行账户的商户信息、多年积累的交易数据清算的经验和强大的数据处理支持平台等。最后，银行对于开展移动支付业务的灵活度最大。一方面，银行可以和移动运营商结合起来提供移动支付业务；另一方面，银行也可以自己进行应用开发。

因此可以看出，以银行为代表的金融机构获得的利益主要来自两个方面：

(1) 来自手机银行账户上的预存金额，其增加的储蓄额无疑能让银行受益。

(2) 来自每笔移动支付业务的利润分成。

除此之外，通过移动支付业务，能够激活金融机构银行卡的使用；同时，还能有效减少营业网点的建设，降低经营成本，有助于巩固和拓展用户群，提高金融机构的市场竞争力。

5. 商家

商家是与最终消费者发生交易的主体，移动支付平台为各种商家提供了便利、灵活的支付渠道;同时移动支付服务提供商自身特有的客户群也帮助商家拓展了销售渠道。商家利用移动支付的方式可以降低交易成本,提高服务质量。

应用实例

2011 年 2 月,凡客诚品推出手机凡客网和移动客户端,进军移动电子商务领域。据凡客诚品的统计数据,2011 年 4 月以来,凡客诚品移动客户端的每日订单数量在 6000 单左右,全年最高日单量突破 5 万单,每日交易额超过 50 万,占凡客诚品交易额的 3%。

(资料来源:http://tech.sina.com.cn/i/2011-04-28/16475462757.shtml)

商家可以是网站、商场、零售商、停车场、电影院、航空公司等各种类型。由于各商家纷繁复杂的业务类型,它们需要能可靠支持各种产品或服务销售的移动支付业务解决方案。例如,用手机在自动售货机上购买食品,需要具有支持手机付费模块并可以销售食品的自动售货机;用手机购买电影票,需要具有支持移动支付的票务销售系统。安全、方便、稳定是商家与终端用户对移动支付系统最基本的要求。

6. 移动支付平台

作为银行和运营商之间的衔接环节,移动支付平台通过整合产业链的所有资源,面向商家和消费者提供移动支付服务,在移动支付业务的发展进程中发挥着重要的作用。

移动支付平台除了具有整合移动运营商和银行等各方面资源并协调各方面关系的能力,还能为手机用户提供丰富的移动支付业务,吸引用户为应用业务支付各种费用。移动支付平台的主要功能是账户管理、安全与认证管理、费用清算管理以及支持各种移动支付的通信手段管理。

移动支付平台既可以是独立的新兴企业,也可以是移动运营商、银行或信用卡组织建立的分支机构,还可以直接由移动运营商、银行或信用卡组织提供移动支付服务。移动支付平台的收益来源主要有两方面:一是向移动运营商、银行和商户收取设备和技术使用许可费;二是从移动运营商处提取签约用户使用移动支付业务的佣金。

知识拓展

从欧洲的情况来看,最早出面推广和提供移动支付服务的并不是那些主流的移动运营商,而是像瑞典 Paybox 这样的第三方门户网站。不管用户是哪家移动运营商的,也不管其个人金融账号是哪家银行的,只要用户在这家公司登记后,就可以在该公司的平台上办理众多的移动支付业务。

在国内,也已涌现出上海捷银信息技术有限公司、泰康亚洲(北京)科技有限公司以及广州金中华通信公司等一批第三方移动支付系统集成和服务提供商,它们都积极致力于整合移动运营商和银行部门的资源,为用户提供移动支付服务。

7. 终端消费者

终端消费者是移动支付产业链的关键和末梢,是移动支付系统的使用者。整个移动支付产业链的发展离不开终端消费者,没有终端消费者就没有价值可言。其对服务质量的评价可以直接影响到整个产业链的发展。从终端消费者的角度出发,移动支付系统最重要的功能是可以为消费活动提供简便快捷的操作界面、安全的保护机制和丰富多彩的应用程序。

从整体上看,移动支付产业链包括两部分:应用层和规则制定层。应用层直接参与移动支付的交易过程,又分为供应者和需求者;规则制定层虽不直接参与现实的交易过程,但对移动支付的发展起着非常重要的作用,规则制定层又分为移动支付相关法律法规制定者及技术提供者,如图 5-6 所示。应用层中的移动运营商、金融机构、第三方移动支付服务提供商、商家和用户是移动支付产业链的主要参与者。

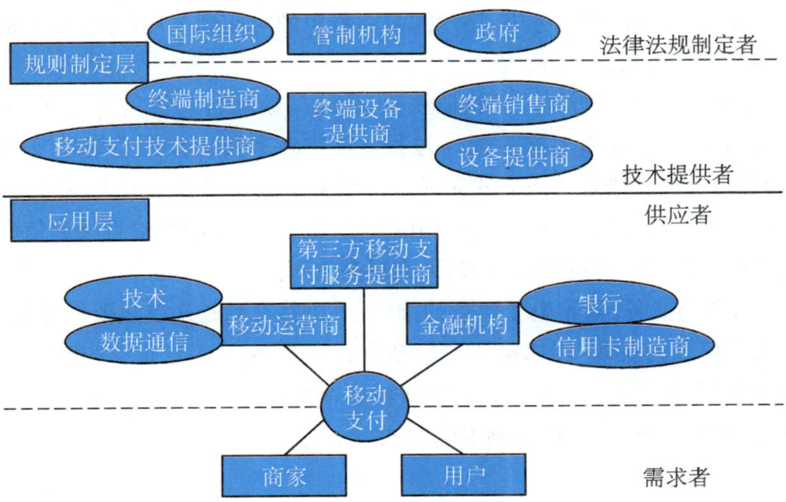

图 5-6 移动支付产业链层次图

5.3.2 移动支付业务

移动支付业务是一项跨行业的服务,是电子货币与移动通信业务相结合的产物。移动支付业务不仅丰富了银行服务内涵,使人们随时随地享受银行服务,还为移动运营商提供了一种增值业务。

移动支付业务不仅能够为移动运营商带来经济效益,还能够带来品牌效益和社会效益,是极具潜力的、革命性的巨大产业。移动支付业务可能实现跳跃式发展，并成为传统支付手段的一种有益补充。移动支付业务可以按照业务应用的类型、交易的商品类型和业务订购关系进行分类。

1. 按业务应用的类型分类

支付业务有着广泛的应用范围，可应用于娱乐、购物、教育、信息、通信、旅行和金融等多类行业及场合。

(1) 公共事业费缴纳：包括缴纳移动电话费，上网费，有线电视费和水、电、燃气费用等。这类业务虽然交易金额较小，但是用途专一，即使出现非法盗用情况，也不会造成严重的经济损失，因此对系统安全性要求较低。

(2) 彩票类业务：目前的彩票代理点极大地限制了用户支付的场所、时间，而手机投注能很好地满足彩民随时随地投注的需求，包括足彩、体彩和福彩等。彩票类业务的用户数量大，很可能成为小额支付业务中的重量级业务。这类业务虽然投注金额较少，但是奖金数额可能很大，一旦发生差错可能造成严重后果，需要确保投注处理的准确性。

(3) 购卡类业务：包括购买各种上网卡、电话卡和游戏卡等，目前已经形成一个巨大的市场，由于没有物流问题，因而非常适合采用手机支付。所购商品的载体是数字化信息，例如上网卡的卡号和密码，因为不是实物形态，所以不需要物流配送过程。

(4) 购物类业务：购买实物形态的商品，例如书籍和鲜花等，需要物流配送过程。

(5) 报刊订阅：传统业务中，用户需要在特定的时间到邮局订阅，而手机订阅可以不限时间、地点完成订阅。

(6) 付费类业务：包括停车费、地铁票、公园门票和自动售货等付费，多数是实物形态当场交易，不需要物流配送过程。这类业务可以按照普通的支付业务对待，通过短信或者语音接入方式完成。但是由于这些场合一般人流密集，为了尽量提高业务处理速度，可以安装专门的 POS 机，采用移动终端近场通信(NFC)技术，实现类似于 IC 卡刷卡的方式，大大提高效率。

(7) 票务类业务：随着电子票务的推广，手机将充当越来越重要的角色，包括购票和票务信息的获取，例如购买电影票和演出票等。这类业务的特点是分为出票和检票两个步骤。出票后电子票据需要在移动终端中保存，检票过程与付费类业务类似，也可采用 IC 卡刷卡的方式。

应用实例

手机 APP 买电影票到底有多火？根据第三方数据统计机构艺恩咨询 2013 年发布的数据显示，2013 年内地电影票销售量将达到 6.5 亿张，其中通过手机 APP 卖出的占 8%，也就是说，2013 年手机卖出超过 5000 万张电影票，贡献票房超 20 亿元。到了 2015 年，手机 APP 售电影票的比例将升至 20%左右。

APP 商城中手机 APP 的下载数据也能证明该种购票方式的火爆。目前，电影购票的手机 APP 包括时光网、豆瓣网、格瓦拉、猫眼电影、淘宝电影等几十种第三方订票平台。此外，电影院也在推出自己的电影购票 APP，最典型的是万达影城。其中，时光网的购票 APP 在安卓系统的下载量已经达到几千万次，在电影购票 APP 下载量中排名首位。

（资料来源：http://njrb.njdaily.cn/njrb/html/2013-11/22/content_90927.htm）

（3）端到端业务：这类业务的特点是支付行为发生在两个支付用户之间，资金从一个用户的账户转到另一个用户的账户。而其他业务的支付行为发生于支付用户和商户之间，业务流程有所不同。

2. 按交易的商品类型分类

通过移动支付系统进行商品交易支付，虽然移动支付系统本身并不关心商品的形态，但是不同的商品形态，在交易过程中需要相应交易流程的支持。

（1）数字产品交易：有形的数字产品是指基于数字技术的电子产品，如数码相机、数字电视机、数码摄像机、MP3 播放器。DVD、VCD 等无形数字产品，又称数字化产品，是指可经过数字化并通过数字网络传输的产品。无形数字产品具备零边际成本，其传输渠道通常基于互联网络，物流费用基本为零，因此，对于无形数字产品的交易，可以采用立即扣费和进行简单的扣费确认通知即可。

（2）实物商品交易：实物商品的交易分为实物商品远距离交易和实物商品近距离交易。对于物理存在的产品，即实物商品，远距离交易需要考虑物流等导致的交易时延；实物商品近距离交易即现场交易，买卖双方进行面对面的交易，对于商品的选择和检查均由买卖双方现场完成，移动支付系统只担负支付扣款，可以采用立即扣费，进行简单的扣费确认通知。

3. 按业务订购关系分类

根据移动支付业务开展过程中是否记录订购关系可分为按次支付和连续支付。

（1）按次支付：按次支付主要适用于 CP/SP 提供的按次收费类型的商品或服务。用户提出支付要求后，移动支付平台只扣除本次的费用，以后不再进行扣费，直到用户为购买其他商品或服务再次提出支付要求。在按次支付的过程中，典型的业务特征是整个支付过程需要用户对本次消费行为进行确认。

（2）连续支付：连续支付主要适用于 CP/SP 提供的包月（或包年等）服务，用户首先对商品进行订购，移动支付平台需要用户对订购行为进行确认。连续支付业务支持按时段进行收费，例如，以下定期收费方式：每日、每周、每月、每 3 个月、每 6 个月和每年。CP/SP 需自行记录服务时段，订购服务的使用授权由 CP/SP 自己完成。移动支付业务需要记录用户的订购关系，确保支付过程的可信任。连续支付的典型业务特征是需要先建立订购关系，订购关系的建立需要用户进行确认，支付时不需要用户再确认，只需给用户发通知。

任务四 了解移动支付的发展

5.4.1 移动支付发展现状

美国 BI Intelligence 2014 年报告显示，2013 年全球移动支付总交易额约达到 2230 亿美元，从支付服务组织来看，银行在移动支付市场占据统治地位，非金融服务商占据市场份额比较小，但是增长的速度很快。各国移动支付业务发展水平存在很大的差异。各国根据自己的实际情况选取了不同的技术实现方式。例如日本采用由本土公司索尼开发的 FeliCa 技术，韩国主要采用红外技术，非洲一些国家主要采用 SMS 技术等。各国的移动支付业务采用的商业模式也不尽相同，日韩主要采用运营商主导模式；在欧洲，第三方联合运营模式发展较好。

1. 我国移动支付发展现状

移动支付业务最早出现于上世纪 90 年代初的美国，随后在韩国和日本出现并迅速发展。中国的移动支付最早出现在 1999 年，由中国移动与中国工商银行、招商银行等金融机构合作，在广东等一些省市开始进行试点。通过该业务，用户可以在手机上实现银行账户的理财和支付功能。虽然由于种种原因，这一业务未能取得成功，但它打开了移动通信和金融业务相结合的大门，为移动支付业务的发展铺平了道路。

目前，我国移动支付产业已形成了较完备的价值链。移动支付各方面的发展条件和环境都在逐步完善，各大商业银行、移动通信运营商以及众多的第三方支付服务组织都积极参与进来，有力地促进了我国移动支付产业的发展。移动支付作为移动互联经济中的重要价值链环节，具有广阔的发展空间和独特的市场价值。其应用范围已经涉及转账汇款、网上购物、公共缴费、手机话费、公共交通、商场购物、个人理财等很多领域。

(1) 从移动支付交易规模来看，近年来我国经济保持连续快速增长，居民消费水平不断提高，网络经济发展迅速，信息化得到较广泛应用。移动支付交易规模快速增长，产品和服务不断创新，移动支付应用不断丰富，以及庞大的移动用户数量，为国内移动支付产业的快速发展提供了必要条件。移动支付逐渐成为电子支付发展新方向，整个移动支付产业呈现出强劲发展活力。

(2) 从移动支付发展的外部环境来看，在政策法律方面，我国关于电子商务的法律法规体系逐步成熟，但在电子支付相关政策法律方面还不够完善，第三方电子支付组织的合法性尚未得到认可。在信用制度方面，消费者在移动支付方面最关心的三大问题依次是交易的安全性、私密性和易用性。中国信用制度的落后成为阻碍移动电子商务发展的重要因素。在一项调查中，国内 40%的消费者对移动支付的安全性缺乏信任，只有低于 15%的手机用户完全信任移动支付，而 65%的手机用户拒绝通过移动网络发送自己的信用卡资料。超过 90%的手机用户都收到过诈骗短信，手机由于携带的随身性，其丢失和损坏造成个人信息泄露的概率较高。

(3) 从社会文化环境方面来看,我国手机用户群体不断增加,刷卡消费习惯逐渐形成,市场参与主体不断壮大,已形成了包括终端设备及相关产品提供商,移动支付服务提供商,服务需求方(包括商户和消费者)在内的多主体产业价值链。而且支付场景和业务分类也在逐步明晰,远程支付发展相对成熟,其业务量在总业务中的占比超过 90%,近场支付处于起步发展阶段,很多机构开始加快试点步伐。新经济、新应用场景不断涌现,产业合作模式在不断探索中推进。

(4) 从技术环境来看,移动通信网络已经非常成熟,中国银联的 POS 跨行网络体系也覆盖各商业银行。特别是 2012 年移动支付相关技术标准的确立,为行业内实现合作共赢、互联互通打下了坚实的基础。但是移动支付涉及众多参与机构,各机构间通过电子信息交互完成支付业务处理。因此,统一的业务和技术标准是业务畅通处理的前提,只有统一了标准才能规范产业,使其正规发展。目前移动支付业务还没有形成统一的技术标准和业务标准,各运营主体也没有一个整体的推广模式,需要一个中长期规划和长远的发展思路。

2. 日韩移动支付发展现状

日本和韩国都是移动支付普及率很高的国家,在 2010 年 12 月,日本市场有大约 9800 万用户使用移动支付业务;日本是移动支付业务发展最为成功的国家之一,三家移动运营商 NTTDoCoMo、KDDI 和软银(原 Vodafone K. K.)分别于 2004 年 7 月、2005 年 7 月和 2005 年 11 月推出了移动支付业务,采用的都是索尼公司开发的 FeliCa 技术。经过几年的发展,移动支付业务在日本已具备相当的规模。其中,NTTDoCoMo 占据了日本移动支付业务市场的主导地位,依托其巨大的客户群,通过混业经营、参股银行和信用卡公司扩展对上下游产业链的控制,获得巨大成功。

韩国的移动支付业务实现方式主要采用的是红外技术。韩国三大移动运营商 SKT、KTF、LGT 分别于 2004 年 3 月、2004 年 8 月、2003 年 9 月联合金融机构开通采用红外技术的移动支付业务。韩国移动运营商善于对移动支付业务进行整合,其移动支付业务体系非常清晰,业务规划中针对每个发展阶段制定了非常明确的发展目标。

日韩移动支付以小额支付和数字消费为主,应用的主要范围包括 POS 机支付,购买地铁公交票,ATM 取款,自动售货机、便利店购物,充当会员卡、停车卡等。

3. 欧美移动支付发展现状

近两年,美国的移动数据业务发展日新月异,但其业务发展的重点,主要是移动上网、图片铃声下载、PTT、MMS/SMS 和流媒体等,在移动支付业务领域没有太多的举措。2011 年 9 月,Google 与花旗、万事达等产业链各参与方积极合作力推手机钱包(Google Wallet)NFC 近场支付业务,但是发展相对缓慢,而以通过外接读卡器利用智能终端实现 POS 功能模式的 Square 公司发展迅速,每年支付交易金额达到了 50 亿美元。

欧洲国家的移动支付如其他产业一样,同时进军欧洲多国,主要采用多国运营商联合运营模式,即银行作为合作者但不参与运营,技术上更倾向于采用 SIM

卡作为近场支付的工具。业务模式往往是通过 WAP(无线应用协议)、SMS(短消息业务)、IVR(交互语音应答)等方式接入来验证身份等,操作较为繁琐,不适于时间性要求很高的支付行为,所以多用于 WAP 业务、电子票务等。

根据 comScore 发布的一项调查显示,2011 年 3 月,英、法、西、德、意五个国家中有 8.5%的手机用户通过手机进行移动支付。

4. 非洲移动支付发展现状

非洲一些国家,如赞比亚、南非、肯尼亚、尼日利亚、刚果等国都推出了移动支付业务。在非洲的移动支付业务主要有三种模式。第一种模式以肯尼亚的 Safaricom、赞比亚的 CelTel 为代表,是以移动运营商名义推出的支付业务模式;第二种模式以肯尼亚联合银行为代表,是以银行的名义推出的业务模式;第三种模式是第三方推出的模式,以南非的 Fundamo 为代表。除了采用短信方式提供支付业务,一些业务提供者还提供某些金融业务的短信提醒服务,例如短信提醒用户的工资到账、信用卡交易情况等。刚果移动运营商 CelTel 也曾于 2000 年 7 月将 WAP 应用于移动支付业务,但由于发展速度慢、缺乏终端支持等原因最终没有发展起来。非洲移动支付业务之所以能够发展起来,甚至比一些发达国家发展得还好,主要原因在于其移动支付业务对传统银行业务明显的补充作用。在一些没有传统银行分支机构的地方,消费者可以通过移动支付的方式购买商品。

从全球的发展现状上来看,推动移动支付市场的快速发展的主要因素有以下几个方面:一是以 APP 为代表的电子商务的快速发展,推动了运营商和金融机构纷纷拓展更为广泛的服务领域和支付渠道。二是 NFC 移动近场技术的开发和普及,推动了运营商、金融机构和支付机构开展多种商业模式和技术的探索。三是消费者对支付方式多元化、便捷化和安全性的需求日益强烈,使移动支付业务的吸引力不断增强,市场推广力度不断加大,价值链不断完善。

5.4.2 移动支付发展趋势

4G 时代的到来,为移动支付的发展增加了新的助推力。未来 3 年将是中国移动支付产业发展的重要阶段,密切行业合作,加快业务创新,拓展应用场景,搭建移动支付生态系统,积极稳健有序推进产业化进程,将是推动我国移动支付产业发展的首要任务。而未来移动电子支付也将呈现多样化的发展趋势。

1. 社交类软件与线下线上支付相结合

腾讯在微信 5.0 版本中加入了支付功能,通过腾讯旗下的财付通打通了微信端的支付通道,实现连接线上线下的支付功能。目前,微信支付的应用场景包括公众号支付和移动应用支付等。此外,微信支付还牵手了包括华夏在内的多家基金公司,推出了以风险较小的固定收益类产品为主的理财产品。

而阿里巴巴也已经推出了社交类软件来往与支付宝相结合的移动支付方式。在未来的几年中,社交类软件与移动电子支付相结合的支付模式将会成为主流的移动支付趋势,这也会加重行业的激烈竞争。新浪等互联网巨头已经开始推出自己的社交支付模式。

2. 多方合作共建移动支付系统

移动支付系统需要银行、移动运营商、第三方支付平台、终端厂商等多方共同参与，构建一个合作互利、开放共享的移动电子支付产业。其中任何一方都不可能依靠自己的力量整合移动支付产业。为了全面满足消费者各类便捷化的移动支付需求，移动电子支付产业链需要各个参与主体以开放合作的心态，共同拓展移动电子支付的应用领域，构建一个满足O2O电子商务模式的多样化远程支付系统，并且通力协作探索移动电子支付新的商业模式，创新移动电子支付的服务场所，增强消费者的黏合度，刺激用户量和交易量的增长。

3. 移动支付服务细分

随着移动电子支付的发展，客户服务也将被细分，主要分为四个方面：一是普通银行业务，例如常规的银行查询、转账汇款、缴纳各项公共事业费用等；二是移动支付业务，例如通过OTA、NFC等新兴技术实现的电子移动支付业务；三是社交软件类平台，例如微信红包、优惠券推送，通过社交软件类平台进行支付和信息共享；四是基于银行服务网点的服务，用户在银行的网点使用手机、平板电脑等终端设备完成更多移动业务。这四种服务并不是孤立存在的，而是相互融合和动态变化的。

4. 移动支付应用将越来越成熟

在未来的几年，移动支付应用也将越来越成熟，而成熟的过程主要分为五个阶段。第一阶段主要由客户发起服务请求，例如银行卡余额查询、转账等，属于完全被动化的服务阶段。第二阶段，移动支付运营商开始关注客户的具体需求，例如个人公共费用账单的支付，这一阶段属于部分主动化的服务阶段。第三阶段，移动支付运营商开始根据客户所在的地理位置和情景模式，提供精细化的服务，这一阶段属于客户位置情景感知服务阶段。第四阶段是实时行为的决策支持阶段，根据用户的实时行为提供决策支持。第五阶段是客户需求预判阶段，根据客户的个人信息和爱好，对客户的需求进行预判。

目前，大部分移动支付的应用主要处在前三个阶段，随着新技术和新理念的发展，移动支付将由简单的支付手段发展成为融合资金流与信息流管理于一体的综合性平台。未来移动支付将运用数据挖掘技术，精准预测客户需求，为客户提供个性化的产品与服务；运用先进的智能技术，及时响应客户的差异化、多元化需求。此外，随着画面识别和语音识别等功能的逐渐成熟，移动支付将支持与客户进行更多的智能交互。

5. 移动支付将逐渐成为主流支付手段

传统的互联网支付市场经历了多年的高速增长之后，交易规模的增长速度已经开始明显放缓，而移动支付市场却呈现出一片欣欣向荣的景象。2012年12月14日，中国金融移动支付系列技术标准正式统一和确立，从产品形态、业务模式、联网通用、安全保障等方面明确了移动支付相关技术要求。同时，移动电子经济规模已经高达976.2亿元，同比增长148.3%，增速远远超过传统互联网经济。中国智能手机的持有量已达3.2亿台，同比增长88.2%，渗透率达28.7%。这一系列的积极因素将有利于整个移动支付产业的发展，推动我国移动支付集约化和规模化的发展进程，并为业务拓展、产品创新和与国际市场接轨预留出广阔的空间。在未来的几年里，移动支付将持续保持高速增长，成为主流的支付手段。

6. 移动支付应用场景逐步增加

目前，移动电子支付支持的应用场景还比较有限，主要集中在移动电子商务和移动增值服务等领域。而 O2O 电子商务也将逐渐成熟，移动电子支付也将更多地应用到 O2O 电子商务中。未来，根据行业和地区的特点，移动电子支付应用场景将不断更新，以远程支付、O2O 电子商务、近场支付为基础，推动移动电子支付在商场、餐饮、旅游、交通、校园、银行、保险、房地产、医院等多种细分场景应用。

知识拓展

O2O 电子商务

O2O 通常的解释是 Online to Offline，即将线下商务的机会与互联网结合在一起，让互联网成为线下交易的前台，线下服务可以在线上揽客，消费者可以在线上挑选商品或服务，还可以线上结算，而在线下获取商品或服务。便捷的移动支付是 O2O 商业模式成熟的基础。快捷高效的移动支付方式将有效帮助商家完成 O2O 闭环；当消费者完成线下支付时，其支付行为所产生的信息流将在闭环回路中传递，有效地将用户消费行为传送至 O2O 电商，从而完成线上与线下的消费信息的核对；同时通过对大量的消费数据的分析可形成对用户习惯的有效解析，从而为商家改善消费体验提供有效支撑。

7. 移动支付将呈现共赢的商业模式

移动支付产业将消费者、支付平台、商家三者融为一体，其核心是为消费者提供便利的支付方式以及多样化的服务，为商家提供更广泛的销售渠道和推广途径。移动支付产业链中各参与主体在市场中的博弈地位、认知程度、技术的发展和应用等多种因素共同影响着移动支付商业模式的发展，因此，创新移动支付商业模式的关键在于平衡产业链中各方的利益，最终实现多方共赢。

任务五　移动支付应用实例

1. 工商银行个人手机银行介绍

个人手机银行(WAP)是指中国工商银行基于 WAP 技术，依托移动通信网络，为个人客户提供的通过手机办理账户管理、转账汇款、缴费、消费支付、理财投资等自助金融服务的电子银行业务。个人手机银行(WAP)业务具有随身使用、申请简便、功能丰富、安全可靠、登录快速等特点。其操作流程及功能如图 5－7 所示。

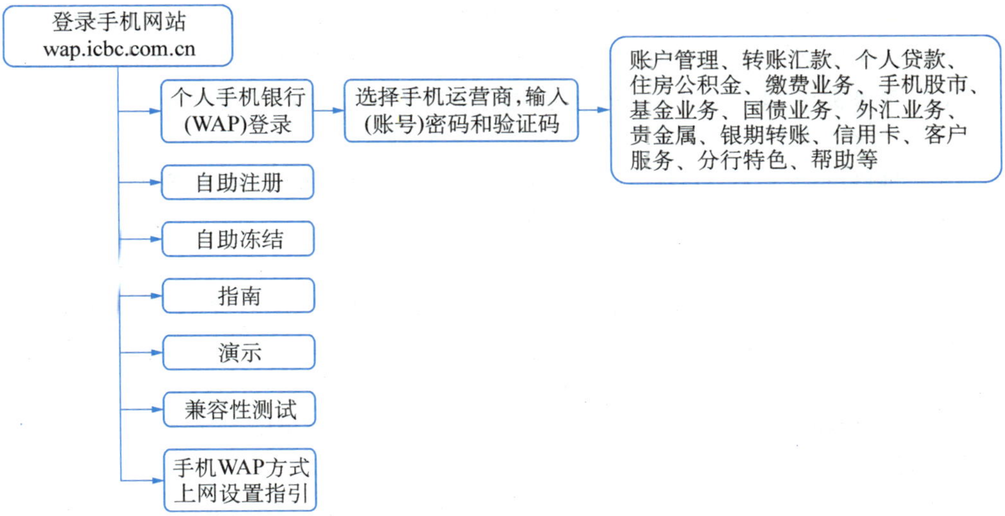

图5-7
工商银行个人手机银行操作流程及功能图

2. 工商银行个人手机银行特色优势

(1) 随身使用

工行手机银行(WAP)提供7×24小时全天候的服务,只要随身携带可以上网的手机,无论何时,无论身在何处,均可轻松管理账户、打理财务、缴纳费用,一切尽在“掌”握。

(2) 申请简便

工行手机银行(WAP)申请便捷,可以通过工行门户网站、手机网站、个人网上银行三种方式进行自助注册,也可随时到工行营业网点办理柜面注册手续,简单方便(自助注册客户无法办理对外转账支付业务)。

(3) 功能丰富

工行手机银行(WAP)提供转账汇款、缴费、手机股市、基金、外汇买卖等金融服务,使您能够随“手”掌握市场动向,时时积累财富。

(4) 安全可靠

工行手机银行(WAP)的资金转出功能有严格限制,必须要本人到柜台去办理并签订协议,才能转账、缴费、支付。同时,工行还采取静态密码、电子银行口令卡等多种手段确保资金与信息的安全。

(5) 登录快速

为方便操作,工行推出了“快速登录软件”,下载安装后,点击手机菜单中的软件图标即可实现一键登录。

3. 开通流程

(1) 自助注册

① 手机网站渠道:可通过手机登录工行手机网站(wap. icbc. com. cn),选择“自助注册”后按照提示信息自助开通。

② 网站渠道:可登录工行门户网站(www. icbc. com. cn),在门户网站首页右侧点击手机银行自助注册或在个人网上银行登录页面左侧,点击手机银行(WAP)自助注册后按照提示信息自助开通。

③ 网上银行渠道：在个人网上银行“电子银行注册”中选择注册渠道为手机银行(WAP)，进入注册开通信息录入页面，选择要开通的注册卡，输入预留验证信息、登录密码、首选注册卡号等信息，提交并验签通过后即注册成功。

(2) 柜面注册

可以持本人有效身份证件及银行卡到工行营业网点，填写《中国工商银行电子银行个人客户注册申请表》，办理注册手续。

4. 手机银行缴费流程

利用手机银行，可以为本人或者他人移动支付手机费、电话费、电费等各种日常生活费用，或购买银行代理企业的商品或服务。下面以移动支付手机费为例，介绍手机银行代缴费用的使用流程。

第一步，成功登录中国工商银行手机银行后，点击主菜单中的“缴费业务”栏目，具体如图 5-8、5-9 所示。

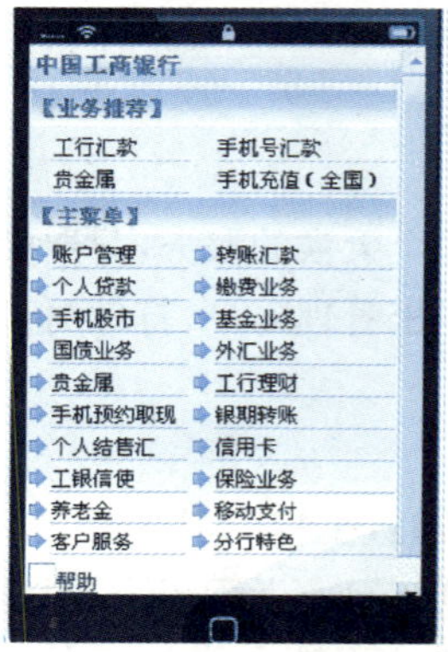

图 5-8　手机银行主菜单

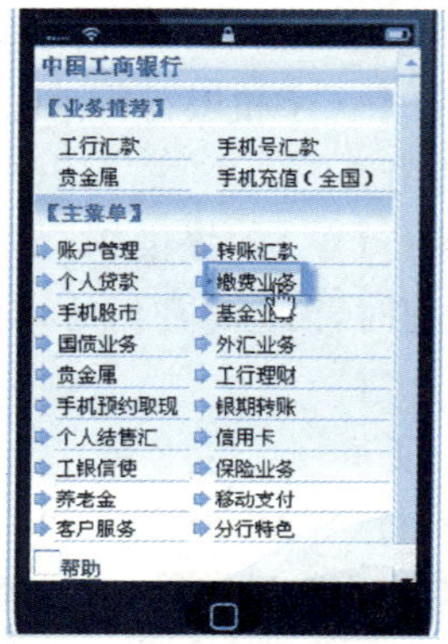

图 5-9　点击“缴费业务”

第二步，进入缴费业务子菜单页面，选择并点击“缴费”，具体如图 5-10、5-11 所示。

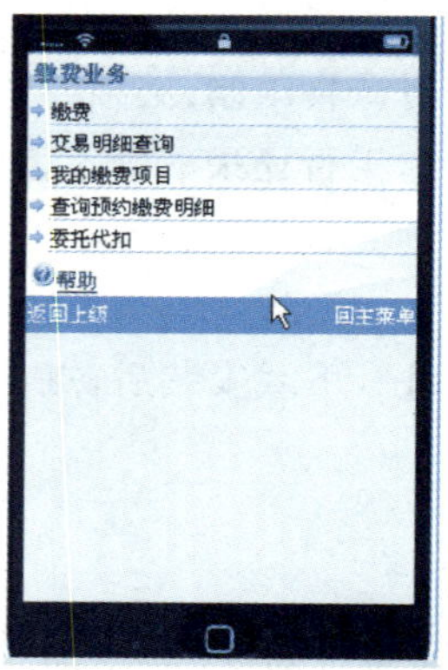

图 5-10　缴费业务子菜单

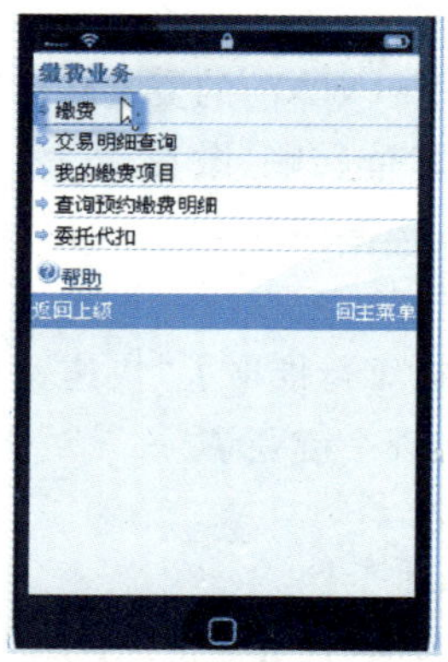

图 5-11　点击“缴费”

第三步，进入缴费类型选择页面，在此页面可以选择不同的缴费类型，本书以缴纳手机费用为例，选择“信息通讯费”，点击“手机充值(全国)”。具体如图 5-12、5-13 所示。

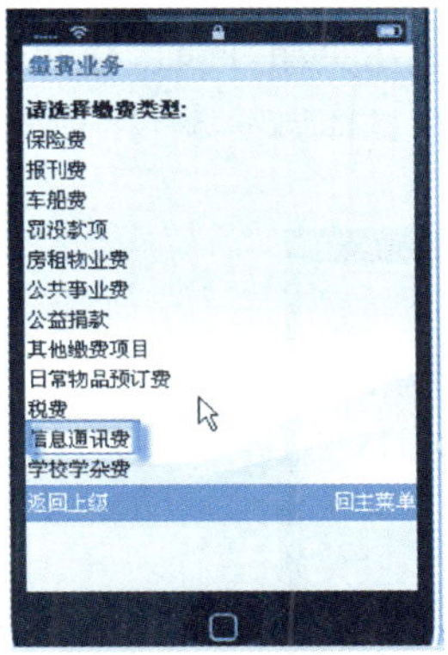

图 5-12　缴费类型选择页面

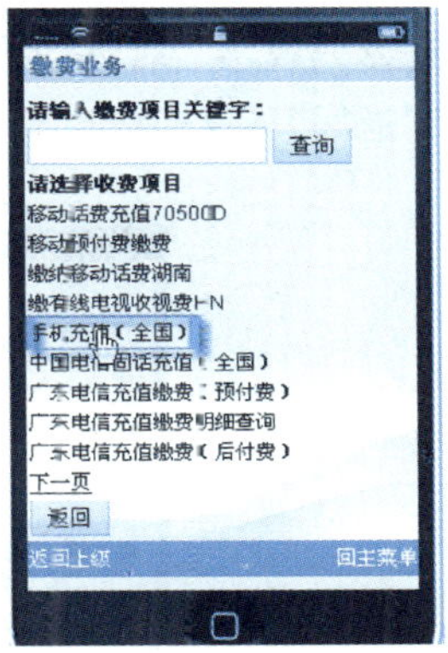

图 5-13　选择“手机充值”

第四步，进入缴费项目页面，输入用户号码，即要充值的手机号码，并且选择充值金额，信息填好后，点击“下一步”进入信息核实页面。信息核实无误后，点击“下一步”。具体如图 5-14、5-15 所示。

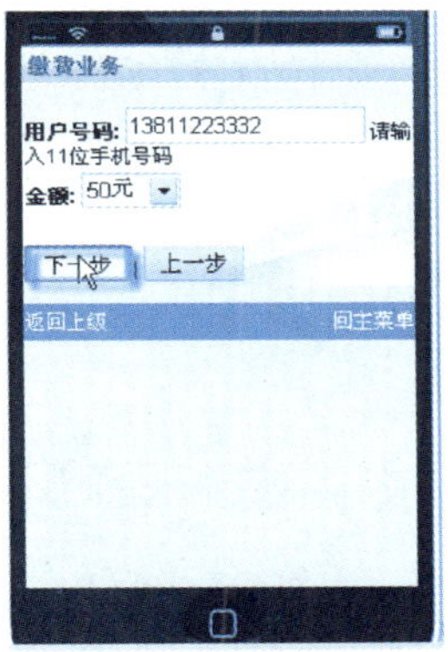

图 5-14　输入信息

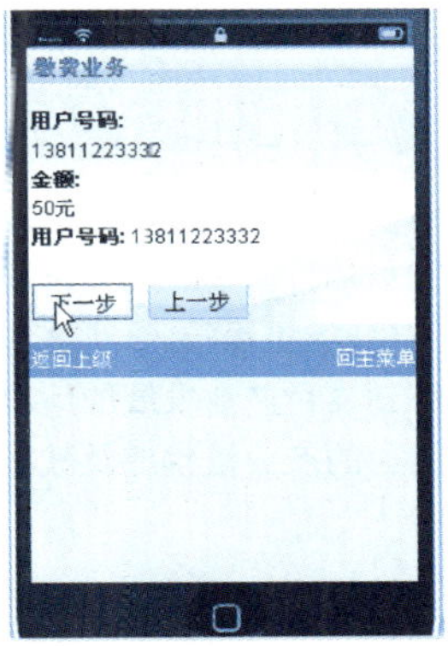

图 5-15　核实信息

第五步，进入选择缴费卡号页面，选择用于缴费的注册卡，点击“下一步”之后，进入缴费信息确认页面，在此输入动态密码、验证码，并点击“确定”。具体如图 5-16、5-17 所示。

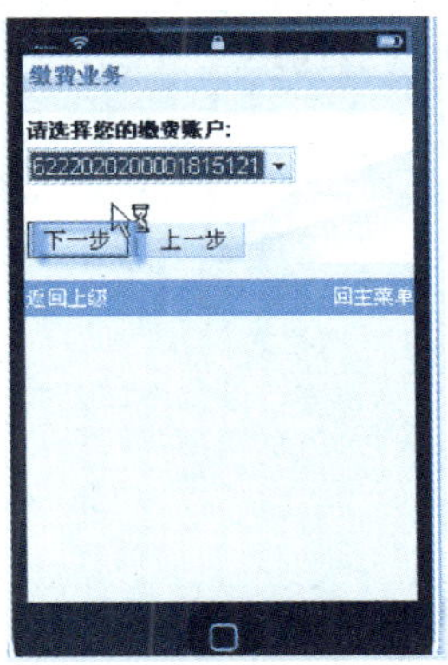

图 5-16　选择卡号

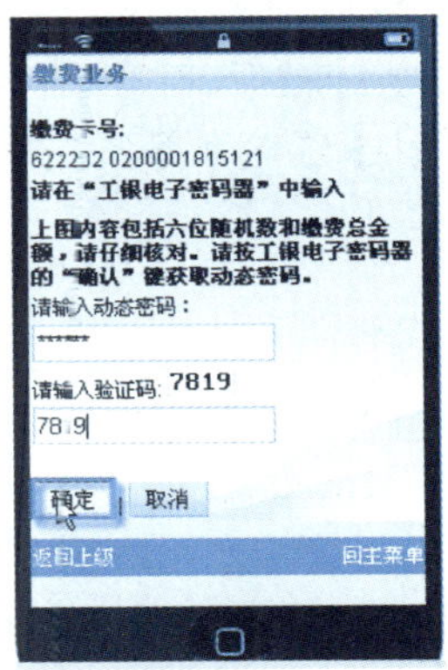

图 5-17　输入密码信息

第六步，验证密码成功之后，进入缴费成功页面，此时，移动支付手机费用的流程结束。点击“返回”可返回缴费子菜单。具体如图 5 - 18 所示。

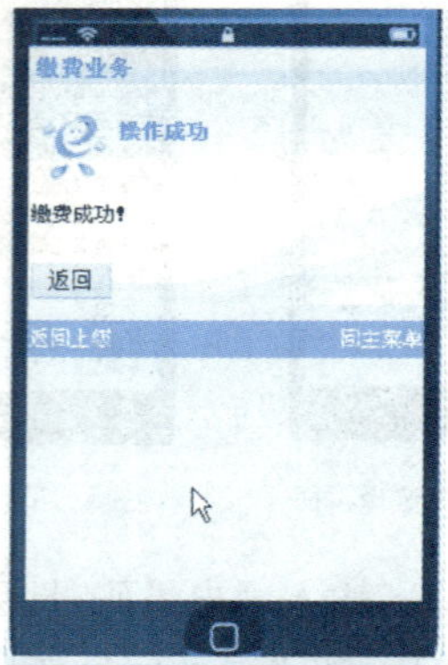

图 5 - 18　缴费成功页面

知识技能练习题

1. 总结移动电子支付与互联网支付存在哪些异同点。
2. 简述移动支付的运营模式和未来发展趋势。
3. 简述移动支付、手机银行、手机钱包的概念。
4. 简述制约移动支付产业发展的问题有哪些。
5. 简述移动支付的产业链构成及其相互关系。

应用实训题

1. 根据自己使用手机银行支付的经历，总结手机银行的支付流程以及手机银行所具备的功能。

2. 登录中国工商银行网站(http://www.icbc.com.cn)，了解其手机银行的功能、使用流程及业务范围，并进行移动缴费以及移动购物操作。

3. 总结移动支付的优缺点，尝试优化移动支付流程。

项目六

06

第三方支付应用案例

项目知识点

1. 理解第三方支付平台的概念和特点。
2. 了解国内外第三方支付平台的发展状况。
3. 理解第三方支付平台的作用。
4. 掌握第三方支付存在的问题。
5. 掌握第三方支付的分类。

项目技能点

1. 熟悉各种第三方支付工具的支付流程。
2. 掌握支付宝等主要第三方支付工具的使用方法。

项目素质点

1. 具备综合分析第三方支付平台的能力。
2. 培养第三方支付的安全意识。
3. 培养不同第三方支付工具的对比分析和综合评价能力。

知识导入

第三方支付是指一些和国内外各大银行签约、并具备一定实力和信誉保障的第三方独立机构提供的交易支持平台。它通过与银行的商业合作，以银行的支付结算功能为基础，向政府、企事业单位、个人提供中立的、公正的面向其用户的个性化支付结算与增值服务。

第三方支付平台运营商按照行业特点可以分为两类：一类是互联网型支付企业，以在线支付为主，与大型电子商务网站捆绑结合，包括支付宝、财付通、盛付通等；另一类是金融型支付企业，侧重行业需求和开拓行业应用，包括银联电子支付、快钱、汇付天下等。在这些企业的支付产品中，根据相关数据，2011 第二季度支付宝以 49.62% 的份额继续占据市场的首位；财付通以 20.97% 的市场份额排名第二；银联在线支付、快钱和汇付天下，分别以 8.07%、7.32% 和 7.20% 的市场占比分居第三、第四和第五位。

这些年，电子商务和旅行预订行业等支付相关行业的迅速发展，推动了资金流转的电子化进程，在很大程度上也带动了支付交易规模的增长。同时，网络购物对于电子支付的需求也日渐强烈。在此背景下，以非金融机构支付组织为主体的第三方支付平台应运而生，并呈现出蓬勃发展的态势。

第三方电子支付平台作为一个新生事物，其所处市场环境充满变数：与电子支付相关的国家政策法规正在不断完善；银行支付系统、银行卡等支付工具也在飞速发展；面对新兴的支付手段和服务，消费者的群体需求和偏好正在发生变化；信息安全与欺诈问题，已经成为影响电子支付发展的阻碍。种种因素使得中国第三方电子支付平台的产业链还处在形成和完善期，市场中各参与者的业务范围、商业模式、营销策略、技术体系各有不同，其中还有很多市场规律和特征需要探寻。

案例一　支付宝平台

一、支付宝平台简介

支付宝是阿里巴巴旗下支付宝公司针对网上交易而特别推出的安全付款服务平台，其运作的实质是以支付宝为信用中介，在买家确认收到商品前，由支付宝替买卖双方暂时保管货款的一种增值服务。支付宝服务自 2003 年 10 月 18 日在淘宝网推出以来，迅速成为网上交易不可缺少的支付方式，受到淘宝用户的喜爱，引起了业界的高度关注。用户覆盖了整个 C2C、B2C 以及 B2B 领域。

2011 年 9 月 5 日，支付宝收购安卡支付深度拓展跨境业务。截至 2012 年 12 月，支付宝注册账户突破 8 亿，日交易额峰值超过 200 亿元人民币，日交易笔数峰值达到 1 亿零 580 万笔。目前，除淘宝网的几百万卖家以外，与支付宝合作的外部商家网站已经覆盖了网络游戏、数码通信、珠宝、教育、旅游、机票等领域。另外支付宝已经与工商银行、农业银行、建设银行、招商银行、上海浦发银行等各大商业银行以及中国邮政、VISA 国际组织等各大金融机构建立了合作关系，成为中国电子支付行业的领头羊。

从功能上来看，支付宝为淘宝的交易者以及其他网络交易的双方乃至线下交易者提供“代收代付的中介服务”和“第三方担保服务”。支付宝的设计初衷是为了解决国内网上交易资金安全的问题，特别是为了使其关联企业淘宝网 C2C 业务中买家和卖家的货款支付流程能够顺利进行。

支付宝的基本模式是买家在网上把货款付给支付宝公司，支付宝收到货款之后通知卖家发货，买家收到货物之后，如果满意并确认收货，则可以通知支付宝，支付宝把钱转到卖家的账户上，交易到此结束。如果出现问题，买方可以选择退货，支付宝可将货款退回给买家，在整个交易过程中，如果出现欺诈行为，支付宝将进行赔付。如图 6－1 所示。

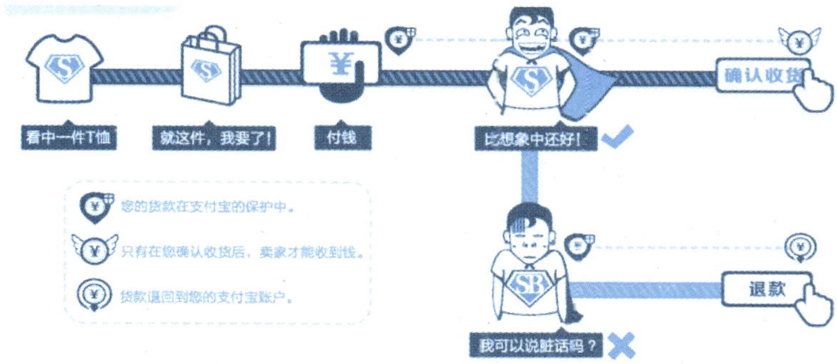

图 6－1
支付宝功能模式图

知识拓展

我国第三方支付的发展

1999 年国内产生了第一家第三方支付公司——首信易支付平台，其属于早期的互联网支付网关企业，首信易二级结算模式开创了中国的在线支付。网上银行是第三方支付发展的基础，2002 年之前，各大商业银行就在不断发展网上银行业务。2002 年 3 月，中国银联的成立使多银行接口继承问题得到解决，能够满足商家多银行卡在线支付接口需要，有效解决了异地跨行的网上支付，消费者可以通过 Web 页面输入银行卡账号与取款密码实现网上支付。2005 年我国第三方支付飞速增长，支付规模达到 196 亿元。《电子签名法》的实施有效保障了行业正常发展。计算机和宽带的普及以及电子商务基础设施的完善促进了第三方支付行业快速发展。目前，支付宝、财付通、环迅、快钱、银联、易宝、网银在线、贝宝等具有一定影响力的第三方支付企业保持稳步增长势态。艾瑞咨询发布的《2012 年 Q4 及年度第三方支付核心数据发布》显示，2012 年，中国第三方支付业务交易规模达 12.9 万亿，同比增长 54.2%。其中银行卡收单市场交易规模达 8.9 万亿，同比增速 49.3%；互联网支付市场交易规模达 3.7 万亿；移动支付市场交易规模达 1511.4 亿元。数据显示第三方支付行业依旧呈现高速发展。

思考：第三方支付发展迅速的原因是什么？

二、支付宝的经营战略

支付宝一直在执行全免费的推广策略，从新用户注册、买家付款、转账、卖家收款、提现到信用担保等，所有手续费全免。在淘宝网交易中，96%以上的淘宝商品支持支付宝。目前，淘宝网对买卖双方全免费的商业模式，促成了第三方网上支付在淘宝内的较高使用率。

虽然是全免费的推广策略，但是其重要声明也提醒了网络购物者："支付宝的重要声明：由于全免费策略会造成较大的成本开支，因此不可能承诺永久的免费服务。如遇相关策略变动，以'支付宝'官方网站提供的通知或新闻为准。"由此可见，免费毕竟只是为了争夺市场份额，一旦时机成熟，第三方支付向买方提供的融资功能一定会收取费用。2013 年 11 月 17 日，支付宝发布消息称，从 2013 年 12 月 4 日开始在电脑上进行支付宝转账将要收取手续费，每笔按 0.1%来算，最低收费 0.5 元起，最高上限 10 元。

三、支付宝公司的盈利模式

虽然支付宝在前期的交易是免费的，但是支付宝的盈利模式存在多种潜在形式：

(1) 支付宝可以通过滞留在账户内的信用资金的利息盈利。

(2) 对支付宝进行充值，即直接将现金存入支付宝，购物时可以直接利用该账户内现金交易。由于支付宝账户归属支付宝公司，因此该账户内所有金额产生的利息也归支付宝公司所有。

此外，支付宝还有三个主要盈利模式方向可以发展。第一种盈利模式是依靠银行的手续费和汇款费率。第二种盈利模式是对使用支付宝的网店实行收费。第三种盈利模式是来自物流的收入。

四、支付宝的服务模式

作为第三方支付平台，支付宝的服务可以分为商家服务和消费者服务。

商家服务是支付宝给特约商户提供的相关服务，目前主要包括实物类销售服务、虚拟类销售服务和网上募捐型服务。

消费者服务是支付宝给消费者提供的相关服务，主要为通过支付宝提供担保，降低网上购物的风险。

在商家服务中，实物类销售服务是目前支付宝提供的最常见的服务形式，适用于数码、服装、家电等需要物流配送的实物交易。面对实物类销售服务，支付宝公司提供支付宝交易收款服务和即时到账交易收款服务。虚拟类销售服务适用于点卡、游戏装备、在线下载等不需要物流配送虚拟物品交易，面对虚拟类销售服务，支付宝公司提供即时到账交易收款服务。网上募捐型服务为慈善机构网站提供赠与服务，便于慈善机构网站接受网上赠与。赠与方支付后，赠与款项立即到达慈善机构的支付宝账户。

此外，支付宝还提供了信贷、理财等多项金融服务。

知识拓展

第三方支付的作用

1. 使电子商务效率提高。第三方支付平台给消费者和销售者都带来了方便，对于消费者来说，能够运用支付工具购买很多产品，并且能够顺利实现各类支付；对于销售者来说，第三方支付平台方便了销售者收款，降低了电子商务企业收款成本，使效率得到提高，促进电子商务发展。

2. 降低交易风险。电子商务中的信息不对称,无论是对销售者还是对消费者,都存在交易风险。对销售者来说,虚假信息加大了企业运营成本;对消费者来说,存在被欺骗的潜在风险。第三方支付平台作为独立的机构,能够更好保证双方交易的公平,可以有效防止拒付以及欺诈等行为的出现,提供了良好的交易环境,加大了买卖双方相互之间的信任,降低了交易风险。

3. 满足多样化支付服务的需求。第三方支付平台设计成开放的交易系统,得到更多的银行卡在线支付的支持,用户可以选择银行卡的种类,得到范围更大的服务。涉及具体的支付终端,第三方支付平台不仅支持很多不同的银行卡,可以通过 PC 机终端和互联网支付费用,还可以支持手机、电话等不同的终端进行支付。满足多样化支付服务的需求。

思考:支付宝平台是如何提高电子商务效率,如何降低交易风险,如何满足多样化支付服务需求的?

五、支付宝的注册流程

要成为支付宝的用户,首先必须经过注册,大陆用户在支付宝网站注册个人账户通常有两种方式:用手机号码注册个人账户和用邮箱注册个人账户。非大陆用户(包括香港、澳门、台湾、海外用户)只能通过邮箱注册支付宝账户,不支持手机号码注册。本书重点介绍用邮箱注册支付宝账户的流程。

用邮箱注册支付宝账户,需要提供私人电子邮件地址(通常建议使用 sina、sohu、网易等功能强大的邮箱来注册支付宝账户,尽量不要使用企业邮箱来注册),身份证号码,银行账户或银行卡号码,最好事先开通网上银行。私人电子邮件地址,可以作为在支付宝的账户名,在接受支付宝设定的"支付宝服务协议"后,支付宝会发电子邮件至用户提供的邮件地址,用户在点击了邮件中的一个激活链接后,就激活了支付宝账户。同时,用户必须将其支付宝账户绑定一个实际的银行账户或者信用卡卡号,以便完成实际的资金支付流程。综上,支付宝的注册一般步骤如下:

第一步,登录支付宝首页 www. alipay. com,点击"免费注册"(如图 6-2);

图 6-2
登录支付宝首页,
点击"免费注册"

第二步，点击“个人账户”，国家或地区系统默认选择“中国大陆”，输入邮箱地址和验证码，点击“下一步”(如图 6－3)；

图 6－3
输入邮箱地址和验证码，点击“下一步”

第三步，点击“立即查收邮件”，如果没有收到邮件，可点击“重新发送邮件”(如图 6－4)；

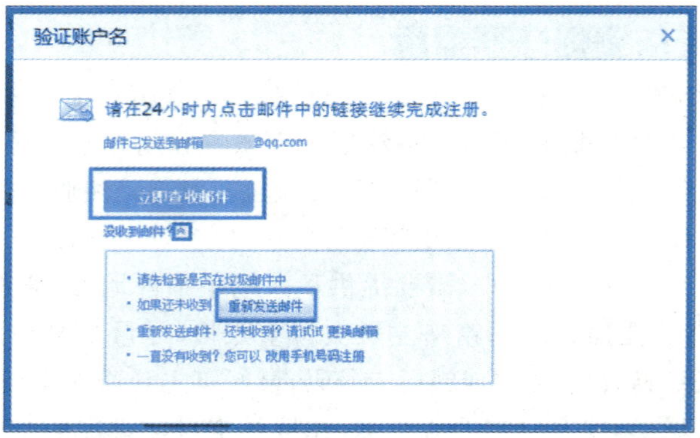

图 6－4
点击“立即查收邮件”

第四步，收到激活支付宝账户的邮件，点击“继续注册”(如图 6－5)；

图 6－5
点击“继续注册”

第五步，填写个人信息后，点击“确定”；“真实姓名”必填，且需要填写个人真实姓名。注册完成后不可修改(如图 6－6)。

图 6－6
填写个人信息

点击“确定”后，会有两种情况：

第一种情况：

（1）未通过身份信息验证，可以在网上购物，但不可以充值、查询收入明细、收款金额会被冻结（解决方法：进行“实名认证”）。

（2）原来已有支付宝账户通过了实名认证，需要进行“关联认证”操作。

第二种情况：

通过身份信息验证，可以使用支付宝所有功能（但收款额度只有 5000 元/年，解决方法：进行“实名认证”后，无收款额度限制）。

（1）姓名和身份证号码通过身份信息验证后，页面提示绑定银行卡，输入用户的银行卡卡号及在该卡开卡银行预留的手机号，点击“确定”，输入校验码，点击“确认，注册成功”，完成开通支付宝服务且绑定银行卡成功。如图 6－7，6－8 所示。

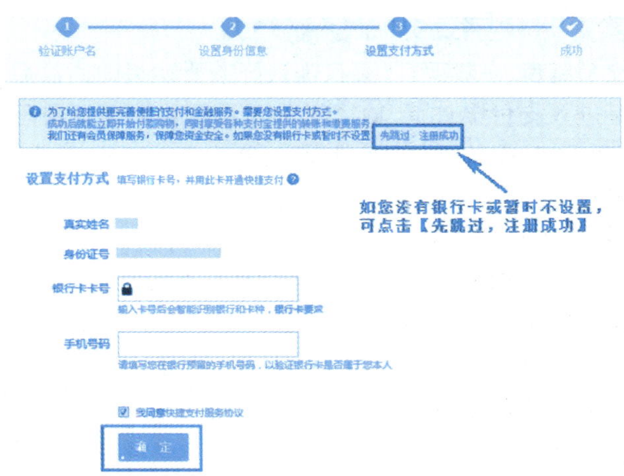

图 6－7
绑定银行卡

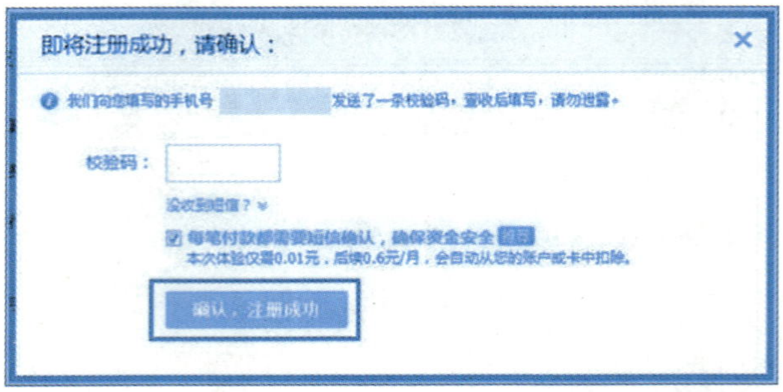

图 6-8
确认信息

（2）开通支付宝服务成功，点击“完善账户信息”，补全用户职业及身份证有效期信息。如图 6-9，6-10 所示。

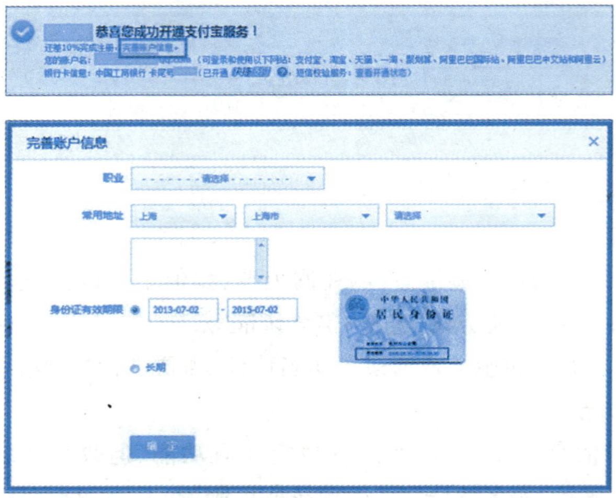

图 6-9
完善账户信息

图 6-10
注册成功

六、支付宝的交易流程和付款方式

支付宝的交易流程，一般而言，买家确认好需要购买的商品后，就会汇款到支付宝。首先是进入支付宝首页，输入支付宝会员名及登录密码，进入账户充值，输入需充值的金额，选择网上银行即进入相关银行网站，输入支付卡号和支付密码，完成充值。然后登录自己的支付宝账户，打开交易管理，会看到等待自己付款的交易，输入支付宝账户的支付密码，点击“付款到支付宝”，完成支付过程。支付宝公司在收到货款后，就会通知卖家发货，卖家会通过特定的快递公司发货到买家。买家收货并把信息通知支付宝，支付宝把款支付给卖家，完成交易。

目前，支付宝支持的付款方式有 9 种，分别为快捷支付，网上银行，余额支付，找人代付，货到付款，信用卡分期，网点支付，消费卡支付，国际信用卡。具体如图 6-11 所示。

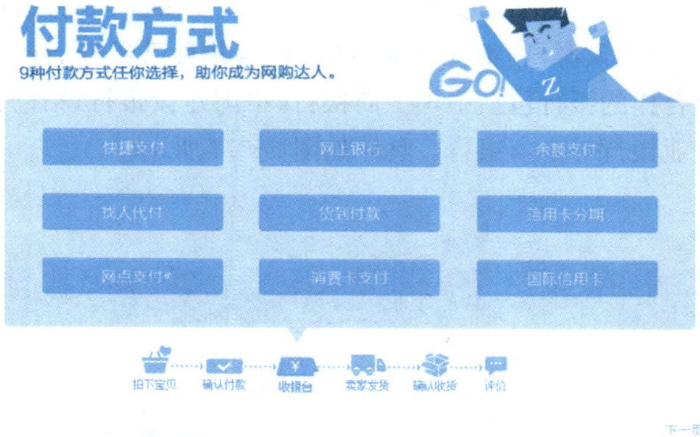

图 6-11
支付宝交易支持的付款方式

(1) 货到付款：由于电子商务存在着买卖双方信息的不对称，所以这种方式适合的人群为对商品心存疑虑的买方，这类买家希望先验货，质量满意后再付款签收，以此保障自身的权益。支付宝货到付款合作物流包括宅急送、FedEx 等。具体如图 6-12 所示。

图 6-12
支付宝货到付款

(2) 找人代付：如果身边有使用支付宝的好友，可以选择这种支付方式，首先挑选自己喜爱的宝贝，然后将支付信息发送给好友，让好友帮忙付款，支付宝会以短信、旺旺、邮件等方式提醒他人付款。此外，除了在淘宝购物时可以采用找人代付，在交付房租、送礼金等付款时也可以采用这种方式。具体如图 6-13 所示。

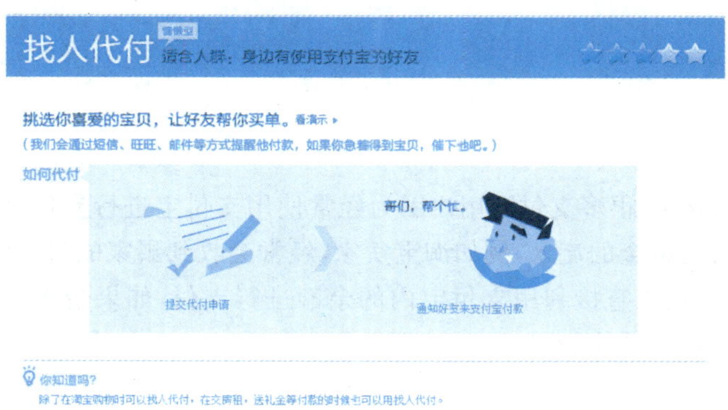

图 6-13
支付宝找人代付

(3) 网上银行：这是支付宝最传统的支付方式，主要面向的人群是习惯用银行卡进行网上支付的人群，这类人群拥有银行卡，并且已经开通网上银行业务。目前，与支付宝合作的银行包括中国工商银行，中国建设银行，招商银行，中国光大银行，中国农业银行等多家银行。具体如图 6－14 所示。

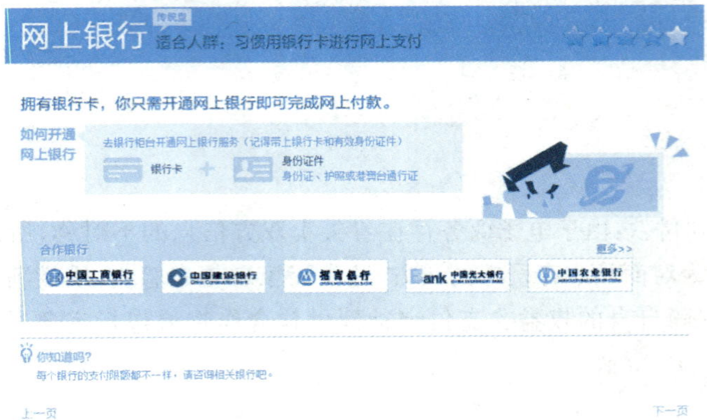

图 6－14
支付宝网上银行支付

(4) 快捷支付：快捷支付同网上银行支付一样，适合于习惯用银行卡支付的人群，与网上银行支付不同的是，快捷支付无需开通网银，只需要绑定你的银行卡就可以完成支付，支付宝的快捷支付具有强大的安全体系保护，72 小时赔付，在开通快捷支付时，要确保银行预留的手机号码与当前使用的手机号码一致。具体如图 6－15 所示。

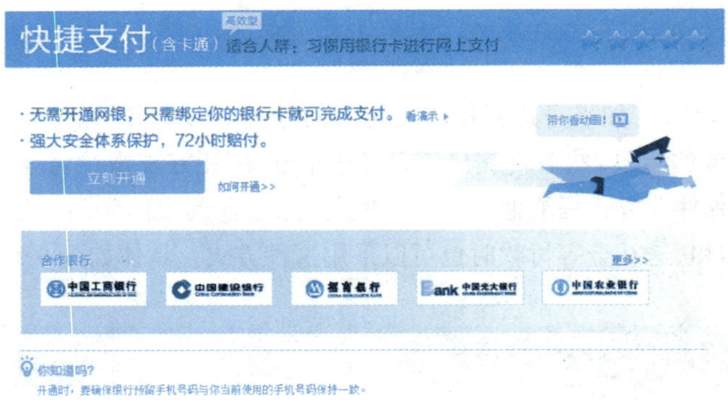

图 6－15
支付宝快捷支付方式

(5) 余额支付：很多支付宝用户因为经常使用支付宝进行支付，所以其支付宝账户中经常有资金的流入，例如淘宝卖家，经常会收到买家的付款。这类用户在进行支付时，可以直接利用支付宝内的余额进行支付，如果余额不足，可以先进行支付宝充值。具体如图 6－16 所示。

图 6 - 16
支付宝余额支付

(6) 国际信用卡:这类付款方式适合海外用户。但是国际信用卡只能帮助完成支付,不能对支付宝进行账户充值。具体如图6 - 17 所示。

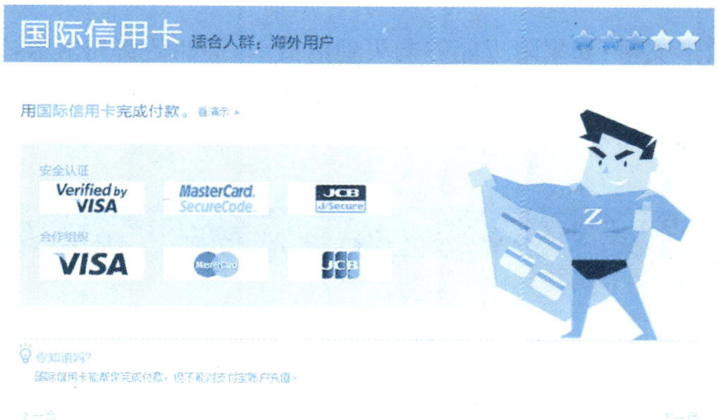

图 6 - 17
支付宝国际信用卡支付

(7) 信用卡分期:在淘宝购物时,可以用信用卡进行分期付款,但是这类服务目前只面向快捷支付用户。由于每个银行信用卡分期还款的额度不一样,所以在信用卡分期付款前,最好先向相关银行进行咨询。具体如图 6 - 18 所示。

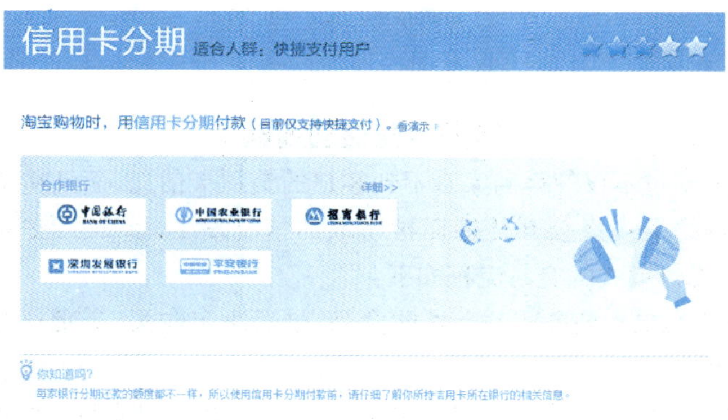

图 6 - 18
支付宝信用卡分期

(8) 网点支付：如果附近有支付宝合作的网点，例如与支付宝合作的便利店、邮局、药店等，则可以在合作网点完成支付，但是需要注意的是每个网点的收款方式不一样，所以需要提前到网点进行了解。目前，与支付宝合作的网点有拉卡拉、美宜佳、中国邮政储蓄银行等。具体如图 6-19 所示。

图 6-19
支付宝网点支付

(9) 消费卡支付：如果附近能够购买到消费卡，例如话费充值卡，则可以直接用手机话费充值卡完成付款。但是消费卡充值的金额无法退回和提现，只能用于消费。具体如图 6-20 所示。

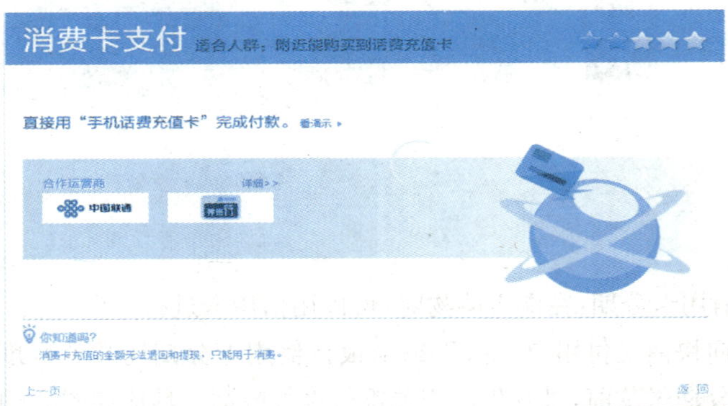

图 6-20
支付宝消费卡支付

知识拓展

第三方支付的流程

第三方支付不仅使得商家看不到客户的信用卡信息，而且避免了信用卡信息在网络上多次公开传输而被窃取的情况发生，以 B2C 交易模式为例，第三方支付模式的交易流程如下：

1. 客户在电子商务网站上选购商品，最后决定购买，买卖双方在网上达成交易意向。

2. 客户选择利用第三方作为交易中介，然后客户用信用卡将货款划到第三方账户。

3. 第三方支付平台将客户已经付款的消息通知商家，并要求商家在规定时间内发货，商家收到通知后按照订单发货。

4. 客户收到货物并验证后通知第三方。

5. 第三方将其账户上的货款划入商家账户，交易完成。

思考：参照上述流程，设计支付宝平台的支付流程。

七、支付宝的购物流程

下面以淘宝网购物为例，介绍使用支付宝进行付款的购物流程。

首先，登录淘宝网，浏览商品，并选择要购买的商品。商品选择好之后，如果还想继续购物，可以将该商品暂时放在购物车里，等商品全部选好时，在购物车统一付款；如果找到喜欢的商品后，不再购买其他商品，可以选择“立刻购买”。具体如图 6－21 所示。

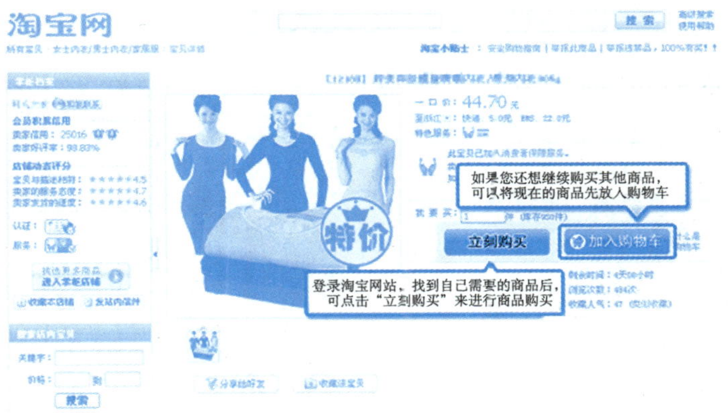

图 6－21
淘宝网选择要购买的商品

第二步，点击“立刻购买”后，填写收货地址、确认购买信息，确认支付信息，信息确认无误后，点击“确认无误，购买”。此时，交易记录便生成了。具体如图 6－22 所示。

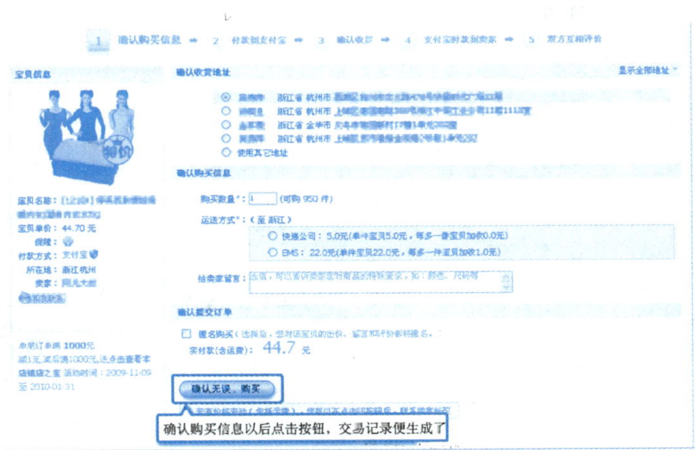

图 6－22
确认购买

第三步，进入支付宝收银台，选择支付方式，点击“确认付款”按钮，付款成功。具体如图 6-23、6-24 所示。

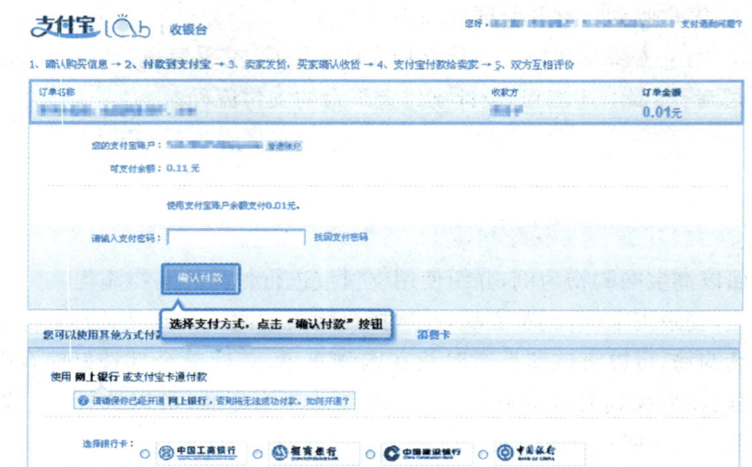

图 6-23
确认付款

图 6-24
付款成功

第四步，确认收货。当第三步完成时，款项已经打给了支付宝，但是并未打给卖家。当买家收到货物，确认没有问题的时候，需要在消费记录里找到相关交易，并确认收货。具体如图 6-25 所示。

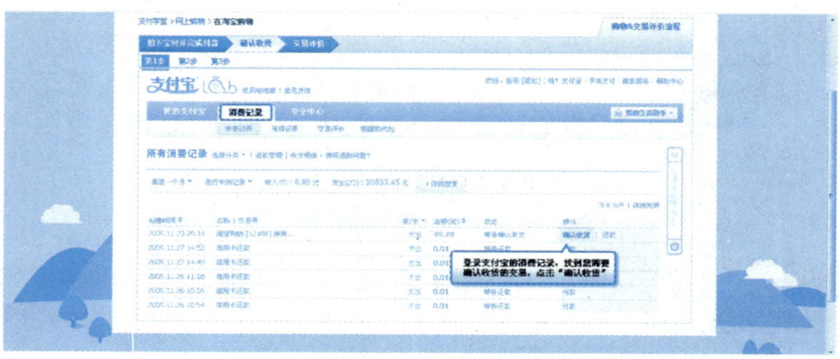

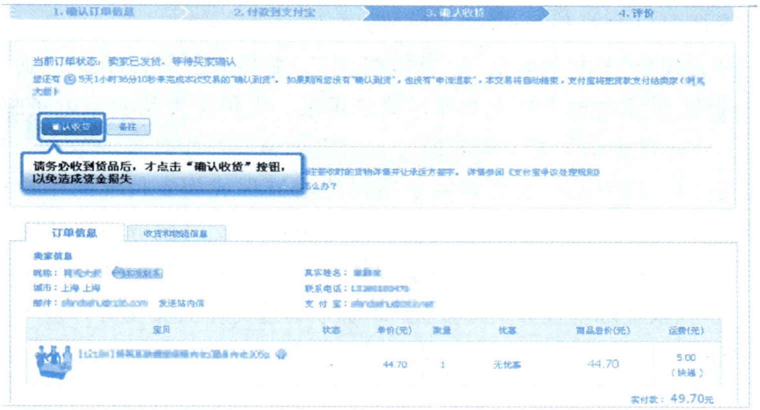

图 6 - 25
确认收货

第五步，核对商品信息，输入支付宝支付密码，完成交易。此时，款项才由支付宝打给卖家。具体如图 6 - 26、6 - 27 所示。

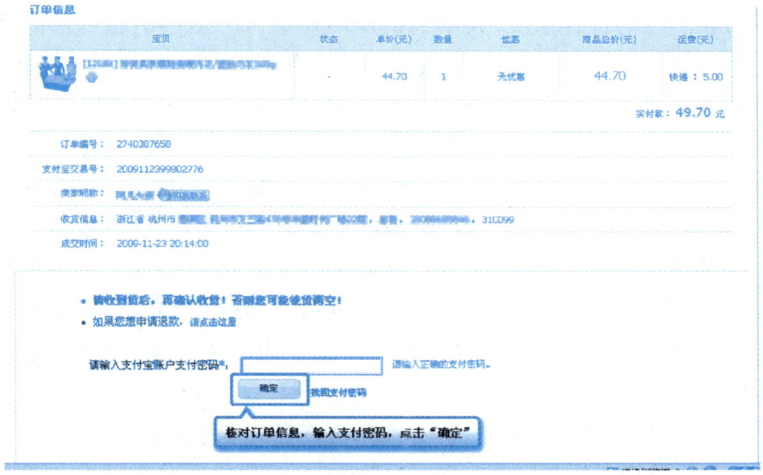

图 6 - 26
输入支付宝支付密码

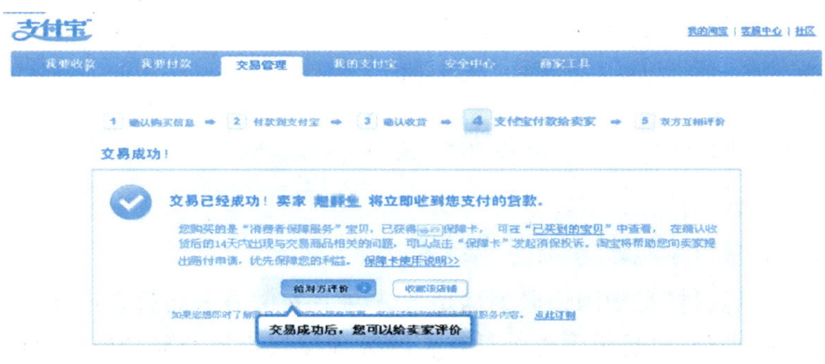

图 6 - 27
交易成功

支付宝在处理用户支付时有两种方式。

第一种方式是“支付宝担保交易”：买卖双方达成付款的意向后，由买方将款项划至其在支付宝账户（其实是支付宝在相对银行的账户），支付宝通知卖家发货，卖家发货给买家，买家收货后通知支付宝，支付宝再将买方先前划来的款项从买家的虚拟账户中划至卖家的支付宝账户。

另一种方式是“即时到账交易（直接付款）”：交易双方可以不经过确认收货和发货的流程，买家通过支付宝立即付款给卖家。支付宝发给卖家电子邮件（由买家提供），在邮件中告知卖家买家通过支付宝划给其一定数额的款项。如果卖家这时不是支付宝的用户，那么卖家要通过注册流程成为支付宝的用户后才能取得货款。有一点需要说明，支付宝提供的这种即时支付服务不仅适用于淘宝和其他的网上交易平台，而且还适用于买卖双方达成的其他的线下交易。从某种意义上说，如果实际上没有交易发生（即双方不是交易的买卖方），也可以通过支付宝向任何一个人进行支付。

知识拓展

第三方支付存在的问题1——消费者信息安全问题

第三方支付可以搜集大量的客户资料。这些资料是能够反映个体特征的、可识别性的符号系统，其中包括该用户个人的基本信息以及因从事网络活动而产生的相关信息和资料，如姓名、年龄、职业、个人文化程度、爱好、手机号码等基本信息，以及平时习惯浏览的网站和使用网络服务时所产生的相关记录等。因为从事网络活动而留下的个人信息具有一定的商业价值，所以在网络环境下的个人资料就有了财产权和隐私权的双重属性。通常对网络隐私权的侵犯表现为非法搜集、盗取、截取、传播加工个人信息，并利用这些信息进行违法犯罪的活动。而网络第三方支付平台却保留着大量客户的个人资料（如姓名、身份证号码、银行卡号、手机号等），处于信息技术的优势地位，一旦信息资料泄露并为不法分子所利用，就有可能造成十分严重的经济损失。

思考：1. 如何在第三方支付中，保障消费者的信息安全？

2. 除了消费者信息安全问题，第三方支付还存在哪些问题？

案例二　银联在线支付平台

一、银联在线支付平台简介

“银联在线支付”是中国银联为满足各方网上支付需求而打造的银行卡网上交易转接清算平台，也是中国首个具有金融级预授权担保交易功能、全面支持所有类型银联卡的集成化、综合性网上支付平台。它涵盖认证支付、快捷支付、小额支付、储值卡支付、网银支付等多种支付方式，可为用户境内外网上购物、水电燃气缴费、商旅预订、转账还款、基金申购、慈善捐款以及企业代收付等提供支付服务。

银联在线支付具有方便快捷、安全可靠、全球通用、金融级担保交易、综合性商户服务、无门槛网上支付等六大特点。简单灵活的快捷支付模式，无需开通网银，加快了交易进程，提升了用户体验，有助于银行、商户吸引更多客户，促进网上交易。多重安全技术保障，实时风险监控，充分保证支付安全。与其他担保交易提前划款给第三方账户不同，银联在线支付的金融级预授权担保交易，是在持卡人自有银行账户内冻结交易资金，免除利息损失和资金挪用风险，最大限度地保证了银行、商户和持卡人的权益。延伸全球的银联网络，越来越多的银联境外网上商户让持卡人“轻点鼠标，网购全球”。

银联在线支付是中国银联重点创新业务，对于中国电子支付和电子商务产业的发展具有深远的意义，也将中国银行卡网上支付推进到一个崭新的时代。图 6－28 所示即为银联在线页面。

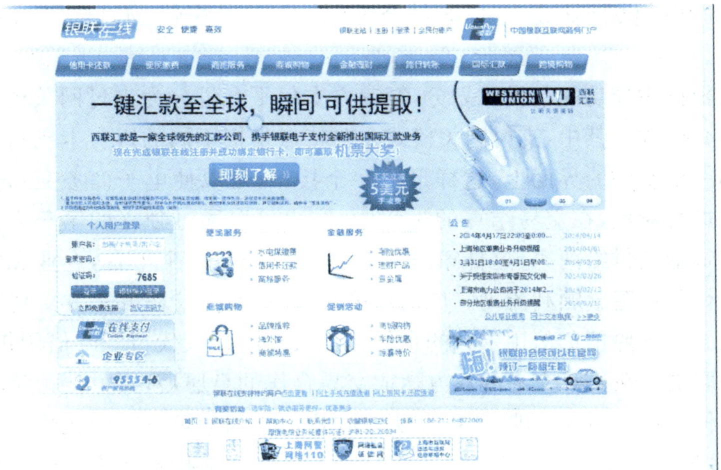

图 6－28
银联在线页面

二、银联在线支付平台发展现状

银联在线支付上线仅两年时间，就已接入 180 多家银行及近万家境内商户。

百货商城方面，包括京东商城、苏宁易购、国美在线、1 号店、当当网、新蛋网、东方购物等知名电商都已接入银联在线支付。

交通出行方面，银联在线支付已接入航空、铁路、公路以及海洋客运等四大领域的网上订票服务，铁路客户服务中心、国航、东航、南航、亚洲航空、海航、四川航空、山东航空、春秋航空、吉祥航空、天津航空、成都航空、西藏航空、祥鹏航空、大连港客运总公司，以及多地公路客运在线售票平台，均可使用银联在线支付作为支付手段。

生活服务方面，银联在线支付陆续开通了水电燃气缴费、手机充值、信用卡还款、影视订票、网络挂号、签证缴费、有线电视缴费、缴纳交通罚款等多项便民服务。

旅游酒店方面，银联在线支付接入了携程网、芒果网、同程网、途牛网、去哪儿、驴妈妈、遨游网、国旅在线、雄狮旅游等多家知名旅游网站。

跨境网购方面，中国台湾、香港、澳门，日本，韩国，新加坡，澳大利亚，新西兰，越南等国家和地区的众多网上商户都已接入银联在线支付。

知识拓展

第三方支付的分类

根据不同分类方法，对第三方支付平台可以进行不同分类：

根据支付的工具分为线上支付与线下支付，线上支付主要是通过互联网进行支付，线下支付主要是通过 POS 机等工具进行支付。

根据服务对象与功能分为两种类型，一类是依托大型电子商务网站，为其提供互联网、移动互联网等在线支付工具的企业，其代表企业有支付宝、财付通等；另一种类型是聚焦行业需求，将金融支付与行业应用相结合，为其提供行业定制的支付企业，其代表有快钱、汇付天下、银联支付等。

根据主导功能与模式划分，第三方支付平台可分为支付网关模式和信用中介模式。其中，支付网关模式主要特点是把不同的银行卡支付功能连接到一个统一的界面上，这样形成一个接口，可以使电子商务交易企业和银行进行对接，在交易结算的过程中，客户可以通过独立的第三方支付平台把货款支付给商家，这样第三方支付提供的是一个平台，企业和客户可以进行账户资金顺利流动。信用中介模式主要特点是第三方支付平台在相关服务中要担负信用中介的责任，负责保证“代收代付”和“信用担保”等相关职责。在买卖交易的双方达成交易合作的意愿后，买方要把货款先存入支付平台上指定的账户内，在买家收货后要通知第三方的支付平台进行付款，第三方支付平台要把买方以前存入的货款从指定账户中转移到卖家的账户。

思考：按照不同的分类标准，支付宝和银联在线分别属于哪一种类型的第三方支付平台？

三、银联在线支付模式

银联在线支付有认证支付、快捷支付、网银支付和银联卡支付等多种支付模式。

1. 认证支付

该支付方式是一种增加辅助验证的支付服务。目前仅支持手机辅助验证，即持卡人无需开通网银，在银联在线支付的支付页面输入银行卡信息（即卡号、密码、CVN2 等）和手机号码，由发卡银行验证信息并完成支付的支付方式。

银联通过收集用户银行卡信息，将短信验证码发送至持卡人输入的手机号，待银联短信验证码验证成功后，通过现有跨行交换网络发送个人银行卡信息与手机号码至发卡银行进行验证和授权处理。

2. 快捷支付

快捷支付指持卡人在银联在线支付的网站完成用户注册并关联银行卡后，用注册用户信息替代银行卡信息进行支付。快捷支付通过预先收集持卡人的注册账户信息和银行卡关联关系，规避了网上泄露持卡人银行卡敏感信息的风险。在支付时，持卡人输入账户信息和手机号码，待银联验证短信验证码和账户信息成功后，通过现有跨行交换网络发送银行卡信息和手机号码至发卡银行进行验证和授权处理。它提供给注册用户更为便利的支付流程体验。

3. 网银支付

网银支付是用户通过银联跳转，最终在银行网银页面完成支付的一种支付方式。网银支付的支付流程如下：

(1) 用户在商户网站选择“银联在线支付”。如图 6－29 所示。

图 6－29
选择“银联在线支付”

(2) 点击“网银支付”，并选择付款银行，这里以工商银行为例，在选择“中国工商银行”之后，点击“到网上银行支付”。如图 6－30 所示。

图 6－30
选择“网银支付”

(3) 在网银页面上，按照银行网银支付的要求输入相关的支付信息。如图 6－31 所示。

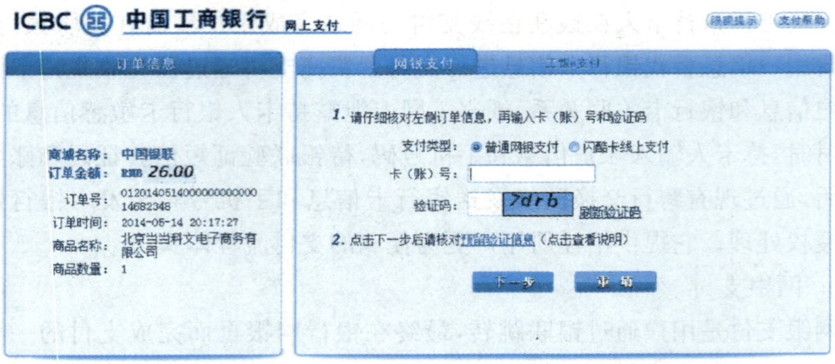

图 6-31
在网银页面输入信息

(4) 支付信息输入完整后，按银行提示点击“下一步”，完成全部操作后，支付成功。

4. 银联卡支付

银联卡支付是指持卡人使用银联卡进行互联网支付的一种支付方式。银联卡支付有两种方式。

第一种方式面向“银联在线支付”的非注册用户，支付时无需注册和登录“银联在线支付”。其支付流程如下：

(1) 用户在商户网站选择“银联在线支付”。如图 6-29 所示。

(2) 选择“银联卡支付”方式，输入银行卡卡号，点击“下一步”。如图 6-32 所示。

图 6-32
选择“银联卡支付”

(3) 输入身份证号码，核对银行预留手机号，输入短信验证码后，点击“确认付款”，支付成功。如图 6-33 所示。

第二种方式面向“银联在线支付”的注册用户，支付时需要登录“银联在线支付”。其支付流程如下：

(1) 用户在商户网站选择“银联在线支付”。如图 6-29 所示。

(2) 选择“银联卡支付”方式，输入用户名、密码及校验码，点击“登录付款”。如图 6-34 所示。

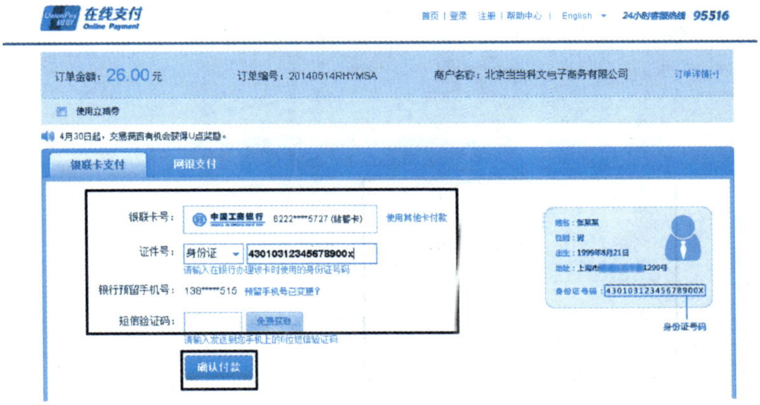

图 6-33
输入银联卡信息

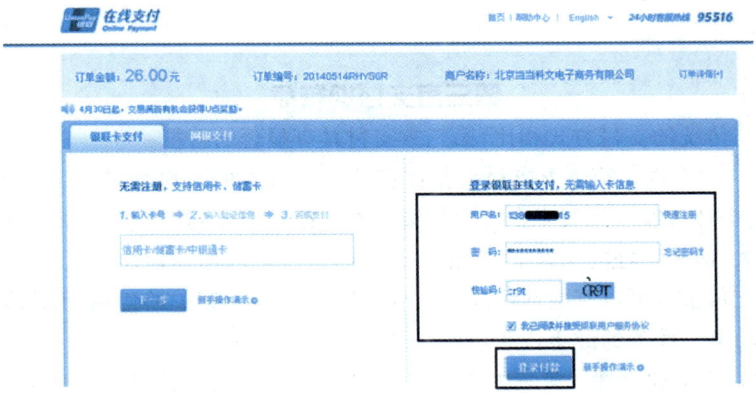

图 6-34
输入用户名和密码

(3) 登录成功后，输入银行卡卡号，点击“下一步”，如图 6-35 所示。

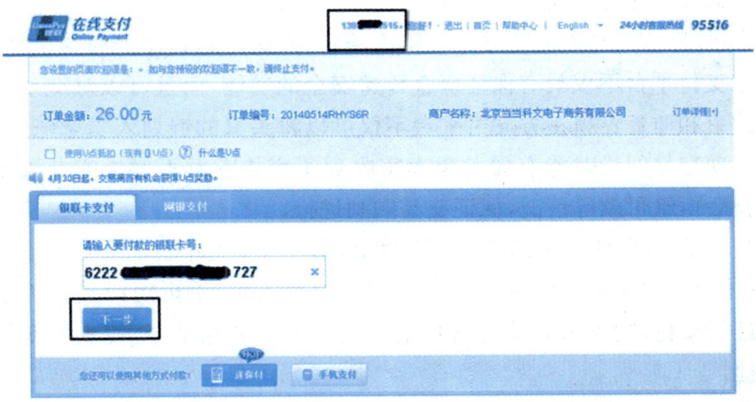

图 6-35
输入卡号

(4) 输入身份证号码，核对银行预留手机号，输入短信验证码后，点击“确认付款”，支付成功。如图 6-36 所示。

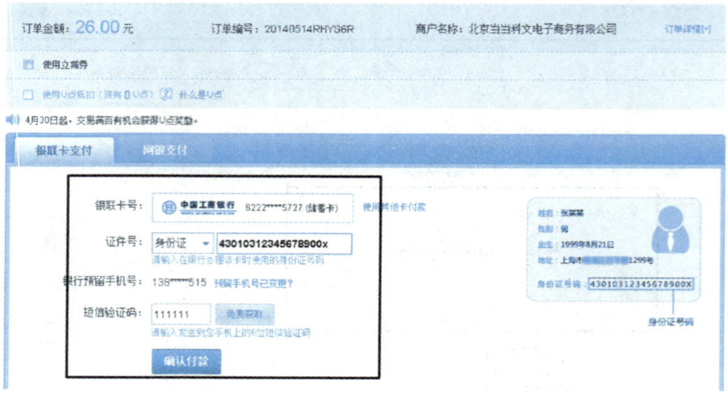

图 6-36
输入银行卡信息

知识拓展

第三方支付的特点

与传统的支付方式相比，第三方支付具有显著的特征：

1. 中介性。第三方支付平台比传统买卖双方的直接交易多了一个环节，这个环节即取代买家直接付款给卖家。第三方支付平台主要依附在规模较大、信誉较好的网站下，有相关合作的银行可以当作信用依托，所以第三方支付平台可以有效地解决买卖双方网上交易中有关的信用问题，更好地推动电子商务的健康快速发展。

2. 安全独立性。第三方支付平台主要是为网上交易提供安全保障的独立机构。例如当买家利用支付宝在网上购物时，钱不是直接打到卖家的账户上而是先打入第三方支付平台银行账户，当买家确认收货并且无质量问题后通知第三方支付平台把钱打入卖家的账户。

3. 监督性。与传统支付方式相比，第三方支付起到监督和约束作用。第三方支付平台不仅具有保证资金传递安全的功能，而且可以对交易双方进行约束和监督。第三方支付平台不仅可以将买家的钱划入卖家账户，而且在出现交易纠纷时能有效避免卖家收到买家货款后不发货或者买家收到货物后拒绝付款等情况，保证交易顺利进行。

4. 手段多样性。在具体支付手段上，第三方支付平台的支付手段是多样的，用户可以使用网络支付、电话支付、电视支付、手机短信支付等多种方式进行支付，把支付方式与现代信息技术的发展相结合，使支付变得方便快捷。

5. 平台整合性。在与银行关系上，第三方支付平台负责提供很多应用方面的接口程序，这样就把不同种类的银行卡和不同的支付方式连接到一个统一的平台上，这个平台可以负责在交易结算的过程中与银行的对接，避免了当前不同银行账户间转账不畅的情况。

6. 新风险产生。与传统支付方式相比，第三方支付带来新的风险。第三方支付平台进行资金吸存,并且导致大量资金沉淀,当沉淀资金管理不善时就存在着资金安全隐患,甚至出现支付风险。

思考:支付宝和银联在线是如何体现上述特点的?

案例三 PayPal 平台

一、PayPal 模式简介

PayPal(在中国大陆的品牌为贝宝)于 1998 年 12 月由 Peter Thiel 及 Max Levchin 等人建立。它是一个总部在美国加利福尼亚州圣何塞市的互联网服务商,允许在使用电子邮件来标识身份的用户之间转移资金,避免了传统的邮寄支票或者汇款的方法。PayPal 也和一些电子商务网站合作,成为它们的货款支付方式之一。2002 年 eBay 以 15 亿美元的价格并购 PayPal,PayPal 成为 eBay 公司的全资子公司。PayPal 利用现有的银行系统和信用卡系统,通过先进的网络技术和网络安全防范技术,在全球 56 个国家,为超过 860 万的个人以及网上商户提供安全便利的网上支付服务。2005 年 7 月,eBay 易趣引入了中国版 PayPal,中文注册名称为“贝宝”。

二、PayPal 的商业模式

2002 年 10 月,当电子商务网站 eBay 收购了在线支付服务商 PayPal 后,PayPal 提供的网络支付方式就借着 eBay 网上拍卖交易,特别是 C2C 交易在美国和欧洲等国家和地区不断发展起来。如今,PayPal 已经占据了美国整个网络支付市场 90%的份额,成为美国首屈一指的第三方支付平台。

2005 年 PayPal 进入了中国市场,对中国第三方支付平台的发展起到了巨大的推动作用。目前,由 eBay 易趣引进的“PayPal”在中国国内注册为“贝宝”,由上海网付易信息技术有限公司与美国 PayPal 公司合作,这是为了避开国内有关外资进入中国互联网的门槛而实施的相应对策,是为中国市场度身定做的网络支付服务。

由于新进入中国市场,再加之支付宝的免交易费的竞争战略,以及中国支付市场与支付手段的不成熟,PayPal 贝宝主要采用的商业模式是免费在国内提供可以向任何地方的任何人快捷、安全地付款和收款的服务。这也是为了培育中国市场,为将来的盈利做准备。

知识拓展

国外第三方支付发展状况

国外第三方支付产业的起源略早于我国，也保持了高速发展。由于各国政策以及市场条件不同，不同国家与地区第三方支付产业发展呈现不同状况。

1996 年美国诞生全球首家第三方支付公司。成立于 1998 年的 PayPal 公司开始是为弥补在电子商务领域商业银行不能覆盖个人收单业务领域的不足而创立的。2002 年 PayPal 被全球最大的 C2C 网上交易平台 eBay 全资收购，从此 PayPal 进入快速发展期。集聚各种二手商品的 eBay 当时是全球最大的个人电子商务交易平台，由于商品的所有者和购买方都是个人，而商业银行不向个人客户提供银行卡收单服务，因此，只能采取传统支付方式的 eBay 平台运行效率较为低下。收购 PayPal 使 eBay 成功解决了交易支付问题。PayPal 凭借 eBay 平台强大的市场优势，实现了自身快速发展。

除 PayPal 之外，其他第三方支付企业成长也非常快。国外第三方支付业务在市场中的占有率虽然不高，但渗透力很强，其中主要的非现金支付工具是签名借记卡和卡组织的信用卡。国外的卡组织模式由于其整体信用环境较好并且采取无磁无密的交易方式，因此能够顺利把银行卡支付迁移到互联网交易渠道中。第三方支付企业与卡组织合作，不断开拓新的业务领域。金融危机之后，人们信用消费习惯有所改变，借记卡成为重要支付工具，率先实施全球化战略的第三方支付企业凭借其优势占据整个市场的主导地位。

另外在业务类型方面，第三方支付也已经延伸到了学费、公共事业费、房租等各类账单支付，且它们占整个业务量的比例不断提升。总的来说，第三方支付市场在国外的发展可分为两个阶段，一是随着个人电商市场(C2C)起源、壮大、成熟的阶段；二是不断向垂直化、外部专业化电商网站深入拓展的阶段。

思考：国外第三方支付发展现状及发展趋势如何?

三、PayPal 的运营政策

与国内的众多第三方支付供应商相同，PayPal 一贯把自己定位为网上交易用户与银行之间的中介方。PayPal 在用户协议中声称自己是帮助用户从第三方接受支付以及向第三方发出支付的代理机构。并在用户协议中反复声明：PayPal 自身不是银行，其向用户提供的服务是支付处理服务，而不是银行业务；对于用户的资金，PayPal 不是财产的受托人，而是用户的代理人和资金的管理者。

PayPal 在用户协议中所声明的 PayPal 和用户之间的代理关系是非常宽泛

的。在 PayPal 作为用户的代理人处理网络支付相关事宜的时候，PayPal 的责任仅基于其在用户协议中的陈述和允诺，即以邮件形式履行经用户合法授权的付款通知和收款通知的义务。PayPal 并不保证买家和卖家之间是否真的全面履行完交易。当然作为代理人和资金的管理人，PayPal 对用户的个人信息、账户的信息都具有一定的保密义务，并具有保证网络支付资金安全和顺畅的责任。

同时，为了避免我们在上文提到的大量的滞留资金给第三方支付服务商带来的信用问题，PayPal 声明会严格区分用户的资金和自身的资金，不会将此资金用于公司运营或者其他目的，也不会在破产的情况下或者由于其他的目的自主地将资金归于债权人。并且 PayPal 不会利用用户资金赚取利息收入，在用户的资金没有加入 PayPal 提供的另外一个服务“货币市场基金”方案的情况下，将被存入联邦储蓄保险公司所保险的银行里开设的无息账户中。从以上描述可以看出为了充分保障网上交易双方以及 PayPal 自身的利益，提高 PayPal 的信用度，PayPal 建立了一整套成熟的安全机制和运营政策，这也是 PayPal 能够迅速发展壮大的一个关键因素。其中的很多方面都值得国内的第三方支付机构学习和借鉴。

四、PayPal 的盈利模式

PayPal 在成立之初就以便捷、安全、高效的优势吸引了众多客户。在美国多数用户选择将信用卡作为主要支付工具，但信用卡的手续费为 0.18 美元再加上 1.9%的交易款项，而最初 PayPal 每笔交易收取 0.03 美元的费用，相比之下，PayPal 的收费要低很多。此外，在美国申请 PayPal 账户的要求相当严格，需要卖家提供营业执照、个人信用等级等多种证明文件才能注册，这就确保了卖家的信用度。

基于上述优势，很多消费者都会选择 PayPal 作为支付方式，为 PayPal 的发展积累了客户资源。随着 PayPal 不断发展，平台的价格结构也在不断地调整，逐渐形成最优的收费模式，以便于平台更好更快地发展。为了鼓励用户将款项留在 PayPal 账户内，平台提供了计息账户，该模式使得 PayPal 可以赚取账户内款项的浮动利息。

此外，PayPal 对账户类型进行了细分，分为个人账户、高级个人账户、企业账户，针对不同的账户类型收取不同的费用。在接受 PayPal 余额、PayPal 即时转账或 PayPal 电子支票付款的业务中，对于个人账户 PayPal 采取免费的模式；对于高级个人账户与企业账户的收费为 1.9%～2.9%+0.3 美元。

知识拓展

第三方支付存在的问题 2——资金安全问题

从第三方网上支付的定义中我们知道，第三方网上支付整个过程的完成是离不开互联网的。包括支付平台的建设，银行网关的连接等，这一切都要在网络上完成。伴随着网络技术的快速发展，硬件系统、软件系统的飞速更新，银行、第三方网上支付平台以及用户终端设备的网络安全受到了极大挑战。互联网的安全曾多次受到黑客、计算机病毒等多重冲击，使得人们不得不质疑互联网的安全性。用户一旦选择了第三方网上支付，首当其冲，就要面临着网络不安全的风险。由于巨大利益的存在，网上支付行为比一般网上操作面临着更大的风险。同时，用户在使用时，很有可能因为网络平台技术漏洞而泄露资料，或者无法正常完成第三方网上支付行为，甚至会出现资金被盗走的事情。

思考：1. 如何在第三方支付中，解决上述问题？

2. 除了消费者资金安全问题，第三方支付还存在哪些问题？

五、PayPal 的交易流程

从形式上看，PayPal 目前提供的基本模式是一种“基于电子邮件支付”的方式，但从本质上来看，PayPal 依然是一种基于其平台的虚拟银行账户的记账和转账系统。资金的转移是在付款人的银行账户、PayPal 账户以及收款人的账户之间进行的，电子邮件只起到传递信息和通知作用。一般用户可利用 PayPal 通过以下步骤付款给商家。

（1）付款人使用自己的电子邮件地址就可以注册为 PayPal 账户，同时提供信用卡或者相关银行资料，并将一定数额的款项从其开户时登记的信用卡账户转移至 PayPal 账户下。

（2）当付款人启动向商家付款的程序时，必须先进入 PayPal 账户，指定汇出金额，并提供收款人的电子邮件账号给 PayPal。具体如图 6－37、6－38、6－39 所示。注意：图 6－38 所示，给接收人的消息，全部留空，不要留任何提示，以免 PayPal 公司要求提供解释和凭证。直接点“付款”按钮即可。

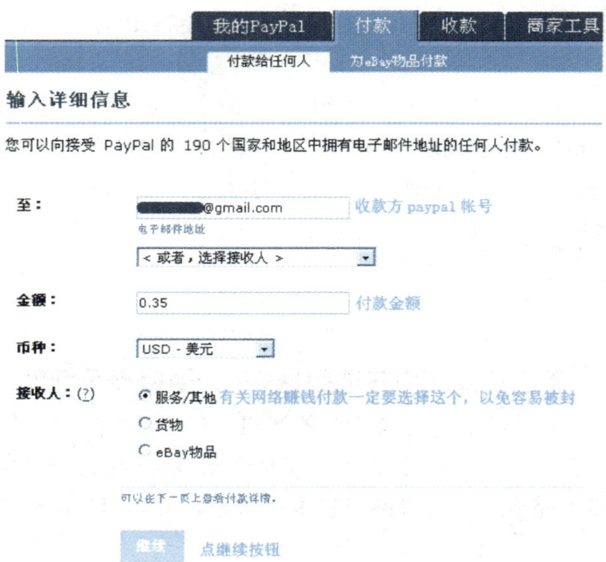

图 6－37
填写付款信息

图 6-38
确认付款信息

图 6-39
付款成功

(3) PayPal 向商家或者收款人发出电子邮件，通知其有等待领取或转账的款项。

(4) 已经注册为 PayPal 用户的商家或者收款人对待收款项进行确认后，付款人所指定之款项即由 PayPal 转移至商家或收款人。

(5) 若商家或者收款人没有 PayPal 账户，收款人需要依照 PayPal 电子邮件内容的指示，点击链接进入相关网页，注册取得一个 PayPal 账户。收款人可以选择将取得的款项转换成支票寄到指定的处所、转入其个人的信用卡账户或者转入另一个银行账户。

PayPal 模式的特点在于，网络交易的收款人只需要将自己的电子邮件地址，即在 PayPal 上的用户名，告诉付款人，付款人就可以通过 PayPal 完成付款。PayPal 的用户提交的支付或收款指令首先都是对其 PayPal 账户的操作。付款人和收款人可以在两个不同的银行开户，也可以在两个相距甚远的国家或者地区的银行开户，但是只要他们都是 PayPal 的用户，就可以减少跨行之间、跨地区甚至跨国之间的繁琐的转账操作。与传统金融系统的交易和转账模式相比，这种一站式的支付模式极大地方便了商家和用户的交易。

六、PayPal 的支付安全措施

为了保证安全支付，PayPal 建立了一整套的身份确认和交易保护机制。

首先，在用户注册 PayPal 账户时，需要绑定一个银行账户或者一张信用卡，此时，PayPal 会对信用卡账户和银行账户的有效性以及用户的身份进行验证。

对美国用户，PayPal 采取“随机存款”的验证方式。即当用户登记时，PayPal 向该账户随机存入两笔小额存款，在 2 到 3 个工作日之后，用户可以查阅这两笔存款的数额并作为激活的代码，在 PayPal 页面上完成验证流程。

而美国以外的用户在开设账户前，需要向 PayPal 预先支付一笔小额款项，随后用户将会通过信用卡月结单、银行账户的对账单或在线访问任何一种方式获得一个 4 位验证码，如果客户在 PayPal 页面正确输入这 4 位验证码，则该客户的账户就被激活。在客户进行下一次付款时，客户提前支付的款项将被 PayPal 返还。同时，用户通过 PayPal 进行转账或者付款给商家，只需要输入 PayPal 账号和密码，而且支付页面由 PayPal 提供，最终也是在 PayPal 网站上完成加密的支付过程，第三方（包括网上商店）无法接触到用户的银行账户或者信用卡持卡人的个人资料，这大大降低了网上用户信用卡资料泄露的风险。

另外，PayPal 还专门设置了一系列针对网上交易的安全支付政策，如买方申诉政策、卖方保护政策、买方保护政策和退款担保政策等。其中，在买方申诉政策和买方保护政策中，都提到 PayPal 对卖方未交货、收到的货品和描述明显不符合等情况提供一定的退款保障。这充分体现了 PayPal 在网上交易过程中的信用担保功能。

知识拓展

美国关于第三方支付平台的地位界定

在美国，监管的重点是支付业务本身，而不是第三方支付机构这一主体，因此在对第三方支付机构的身份界定上存在着明显的分歧。

以美国最大的网络第三方支付平台 PayPal 为例，目前对其的定位有两种：一种定位是货币转账或货币服务的企业，而不是传统的商业银行或其他的存款机构。FDIC 的理由是 PayPal 未曾从事联邦银行法中所规定的接受公众存款的业务，网络第三方网支付机构中的沉淀资金应该定义为负债，而不是联邦银行法中所定义的公众存款，因此网络第三方支付机构开展业务经营不需取得银行业务的许可证。FDIC 认为，虽然网络第三方支付企业不需取得银行业务的许可证，但却需要取得从事货币转账支付业务的营业许可证才能够正常营业。但 FDIC 同时指出，以上结论并不影响各州依据本州的法律规定，对 PayPal 从事的业务做出自己的判断，因此就会出现另一种定位，即加利福尼亚、路易斯安那等州的监管机构认为 PayPal 从事的是“非法的银行业务”，要求停止其在该州内的服务。因此，在美国网络第三方支付机构的具体性质是什么，法律地位又如何，都需要根据各州立法的规定情况作具体分析。

思考：我国对第三方支付平台地位界定的观点有哪些？

案例四　财付通

一、财付通介绍

财付通(Tenpay)是腾讯公司于 2005 年正式推出的专业在线支付平台，其核心业务是帮助在互联网上进行交易的双方完成支付和收款，致力于为互联网用户和企业提供安全、便捷、专业的在线支付服务，业务覆盖 B2B、B2C 和 C2C 等各领域。个人用户注册财付通后，即可在拍拍网及 20 多万家购物网站轻松进行购物。财付通支持全国各大银行的网银支付，用户也可以充值到财付通，享受更加便捷的财付通余额支付体验。

专业的在线支付服务使财付通获得了业界和用户的一致首肯，并先后荣膺 2006 年电子支付平台十佳奖、2006 年最佳便捷支付奖、2006 年中国电子支付最具增长潜力平台奖和 2007 年最具竞争力电子支付企业奖等奖项，并于 2007 年首获“国家电子商务专项基金”资金支持。

二、财付通商业模式

1. 战略目标：财付通的目标市场是针对 QQ 用户群体的 C2C、B2C 的电子商务交易。网上金融业务将是财付通未来关注的目标。财付通将从基金支付、保险代销等微小业态进入，在打造良好用户体验的基础上，慢慢发展新的业务模式。财付通的目标是打造一个集资讯、理财、交易为一体的平台，让即使从未接触过网上理财的人，也能轻松、快捷地在网上进行理财。

2. 目标用户：腾讯的典型用户群体是年轻且追求时尚的用户，他们有展示自我以及自我娱乐的需求。财付通的用户可分为个人用户和商务用户两类。个人用户主要使用财付通进行网上支付、充值、票务预订、网上缴费等业务。商务用户主要使用财付通产品满足交易需要或购买财付通解决方案。

三、财付通的产品与服务

财付通是一个专业的在线支付平台，其核心业务是帮助在互联网上进行交易的双方完成支付和收款。财付通的主要产品分为两类：支付产品和服务产品。

其中，支付产品主要包括快捷支付、财付通余额支付、分期支付、委托代扣、epos支付、微支付等多种产品；服务产品主要包括中介保护交易、即时到账交易、交易自动分账等8类服务。

1. 财付通提供多种手机支付方式，量身打造支付方案。

随着手机支付市场的迅速发展，银行以及运营商纷纷加快拓展手机业务的步伐。目前，国内领先的在线支付平台财付通已经完成在手机客户端、WAP网站、SMS短信和语音支付等方面的全面布局，提供丰富手机业务产品的同时，支持账户余额支付、快捷支付和信用卡支付等多元手机支付方式。财付通拥有庞大的用户群和商户资源，为其进入手机支付市场提供了坚实的后盾。随着商户陆续开通手机支付渠道，创新的应用将刺激用户关注更有价格优势、更加便捷的网络购物环境。

2. 财付通携腾讯独特营销资源优势，全力开拓无线互联网应用支付。

无线互联网是一个蓬勃发展的行业，腾讯公司从2000年运营短信业务开始，在无线领域已经覆盖短信、彩信、IVR语音、WAP、手机IM、手机游戏等无线业务。在移动互联网领域，腾讯是最早进入，也是产品线最丰富、用户量最多的企业。财付通凭借腾讯在互联网终端应用方面的先驱优势，依托其领先的市场地位和庞大的用户群体，通过多层次安全措施和多样化支付方式建立了安全的移动支付体系，有效地推动了手机支付应用的普及，为用户提供了丰富、便捷的应用场景。

3. 财付通开创全新的商业模式，满足第三方厂商的无线支付需求。

随着移动互联网应用的普及，传统互联网的业务正在迅速向手机平台上转移，搜索、资讯、邮箱、聊天、购物、支付等应用都已在手机上实现。财付通与移动、电信、联通三大运营商协商参与手机运营商合作运营模式，同时也与苹果等第三方厂商合作，满足了无线互联网应用、电子商务应用的支付需求，有助于解决手机内容服务缺少收费渠道等问题。

四、财付通盈利模式

针对个人用户，财付通提供包括在线充值、提现、支付、交易管理等丰富功能；针对企业用户，财付通提供安全可靠的支付清算服务和极富特色的QQ营销资源支持。此外，财付通与拍拍网、腾讯QQ的深度融合，为财付通提供了多元化的盈利渠道。目前，腾讯互联网增值服务中的腾讯游戏是财付通的重要盈利来源。

财付通现阶段的收费标准为：该费率不高于用户支付金额的1%，具体以用户在商户管理系统确认的费率为准。财付通又推出好友间口碑营销渠道“零花钱计划”，该计划是建立在Web 2.0新模式营销深刻理解基础之上的一种新型商业模式。

知识拓展

财付通的优势

1. 使用财付通的客户主要是腾讯 QQ 的用户，也就是说，大部分用户需要先成为 QQ 的用户才能拥有财付通的账号。而 QQ 本身是一个网络聊天的交流工具，它可以为买卖双方的信息交流提供一个更方便的平台。

2. 从安全性来看，“财付通账户”有两个密码，一个是用于登录账户的 QQ 登录密码，可执行账户查询等一般性操作；第二个是资金流转过程中需要使用的支付密码。缺少任何一个密码，都不能使资金发生流转。另外，一天内系统只允许支付密码输入错误五次，若第六次支付密码输入错误，系统将自动锁定该账户，三个小时后才会自动解除锁定。

思考：分析财付通、支付宝、银联在线等第三方支付平台的异同点。

五、财付通交易流程

财付通的交易流程与支付宝几乎是一样的，它也是买卖双方在财付通注册后，买家选好所需货物，付款到财付通，财付通确认买家收到商品满意后再付款给卖家。另外，财付通也支持即时到账付款和财付通担保付款两种，为买卖双方提供了安全高效的服务。

用户使用财付通完成在线交易的流程如下：

1. 网上买家开通自己的网上银行，拥有自己的网上银行账户。

2. 买家和卖家点击 QQ 钱包，激活自己的财付通账户。

3. 买家向自己的财付通账户充值。资金从自己网上银行账户划拨到自己的财付通账户。

4. 卖家通过中介保护收款功能，选择实体或虚拟物品，如实填写商品名、金额、数量、类型并提交。提交后系统将通知买家付款，买家付款以后，系统通知卖家发货。

5. 等待卖家发货。若购买的是实体物品，买家此时可以点击“交易管理”查看交易状态；若购买的是虚拟物品，买家需查收电子邮件，交易状态以邮件为准。

6. 财付通向卖家发出发货通知。

7. 卖家收到通知后根据买家地址发送货物。

8. 买家收到货物后，登录财付通确认收货，同意财付通拨款给卖家。

9. 财付通将买家财付通账户冻结的应付账款转到卖家财付通账户。

10. 卖家提现。卖家只需要在平台上设置上自己姓名的银行卡就可以完成提现，没开通网银的卡也可以进行提现。

应用实例

网上银行给财付通账户充值流程

第一步：登录财付通网站，点击“充值”，如图 6－40 所示。

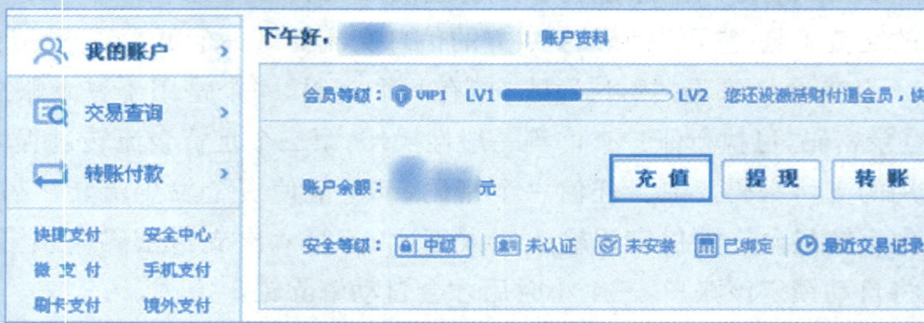

图 6－40　登录财付通网站

第二步：选择银行（以下以招商银行为例）→选择充值方式（网上银行）→输入充值金额→登录网银充值。具体如图 6－41 所示。

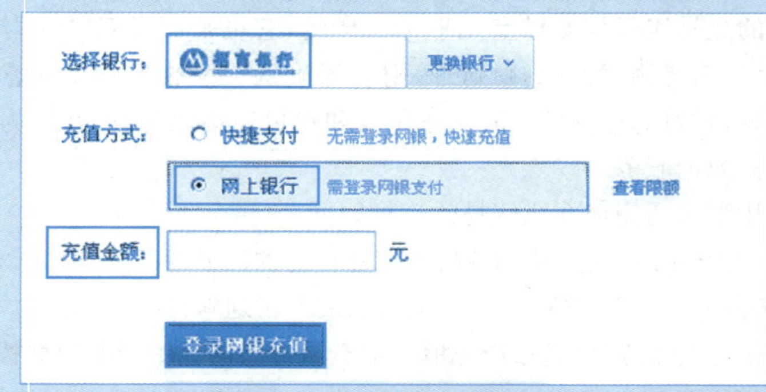

图 6－41　选择银行

第三步：页面跳转到银行网页，按页面提示（也可参考项目四网上支付所学的内容）进行付款操作即可为财付通账户充值。

知识拓展

第三方支付存在的问题 3——沉淀资金的风险问题

在电子商务中，存在延时交付和延期清算的问题，大量在线交易前后暂存在平台里的资金和在线买卖双方的货款滞留于支付平台形成了沉淀资金。第三方支付沉淀资金的存在必定会带来诸多潜在的和现实的风险，具体包括以下几个方面：

第一，大量沉淀资金的集聚会使第三方支付平台自己的信用风险放大。

第三方支付平台为电子商务提供信用担保，来弥补“信用缺位”，但支付平台的信用却无人保证。沉淀资金量的增大，增加了其自身违法的可能性，如果得不到有效的监管，沉淀资金则有可能被侵占。然而在现行法律中，并没有明确规定网上第三方支付平台自己的信用担保和评估问题。

第二，沉淀资金带来的利息归属问题的探讨。沉淀资金储存在网上第三方支付机构在银行开立的账户中，自然会产生存款利息。伴随沉淀资金量的激增，利息数值也随着扩大，这部分利息是归属于网上第三方支付平台、用户，还是归属于银行？现行法律中并没有明确规定这部分利息的归属权。

第三，沉淀资金的管理风险。第三方支付平台如若私自挪用沉淀资金，又或者将沉淀资金与其自有资金混在一起，将会对用户资金的安全造成威胁。第三方支付平台能否拥有沉淀资金的使用权，又该怎样管理自有资金与沉淀资金，是现行法律亟待明确规范的问题。

思考：如何解决第三方支付平台的资金监管问题？

案例五　快钱支付

一、快钱介绍

上海快钱信息服务有限公司(以下简称快钱)是国内第一家提供基于电子邮件和手机号码的网上收付费平台的互联网企业，是一个由互联网行业资深创业者、资深金融界人士和核心技术人员组成的国际化团队，在产品开发、技术创新、市场开拓、企业管理和资本运作等方面都具有资深的经验。出众的执行力和快速的发展使得快钱获得了硅谷大型风险投资基金的风险投资，并于2006年喜获第三届中国国际金融论坛“2006十佳中国成长金融机构”殊荣。快钱致力于为电子商务服务提供商、互联网内容提供商、中小商户以及个人用户等提供安全、便捷的第三方交易平台，以“快钱”为品牌的产品和服务内容广泛，涵盖了账户管理、网上充值、网上结算、网上付款、网上催款等基本功能和支付网关、快钱钮、捐赠钮、快钱保等多种工具。

快钱已同中国建设银行、中国银联、中国农业银行、中国银行、中国交通银行等结成战略合作伙伴关系并推出网上交易的收付费服务，服务覆盖国内外27亿张银行卡，同时支持邮政汇款、银行汇款和跨国结算。美国的Oracle公司、VeriSign数字安全公司和ScanAlert网络安全公司为快钱提供了全面的安全服务，以确保系统的稳定和安全。目前，快钱正在同国内外企业合作，不断拓展国内外市场，并不断推出新业务和新服务。图6-42是快钱公司网站的主页。

图 6-42
快钱网站主页

二、快钱的功能

1. 我的快钱

通过"我的快钱"页面提供的各项功能，客户可以方便地管理快钱账户的账户信息和金融信息，并对账户进行充值、结算、查询等操作。

(1) 账户基本信息。显示本账户的基本信息和最近 10 条简明交易记录，并提供部分操作的入口。

(2) 账户管理。在账户管理中，客户可以对自己的账户信息和金融信息进行设定和修改，包括进行账户姓名、账户密码、登录问候语、电子邮件、地址簿、联系方式、手机通知、银行卡和银行账号设定，以及进行账户升级、账户推荐、积分查询和兑换礼品等操作。

(3) 账户充值。通过银行卡在线充值和线下汇款充值的方法为本账户注入资金。

(4) 账户结算。通过账户结算，可以把快钱账户内的资金转入到指定的银行卡、银行账号或通过邮局汇款到指定地址。

(5) 账户查询。查询指定时段内的账户余额、收入支出情况以及交易情况。

(6) 历史交易查询。查询详细的交易记录，并可以通过指定的关键字模糊查询到任何时期的交易信息。

2. 我要付钱

通过输入收款人的电子邮件或手机号码，即可完成对单个用户或多个用户的网上支付。

(1) 我要给单个用户付账。输入收款人的电子邮件或手机号码进行支付操作，如果该电子邮件或手机号码已经注册为快钱账户，则收款人快钱账户立即得到转入的资金；如果还不是快钱账户，则收款人会收到快钱发送的含有支付信息的电子邮件或者短信，按步骤激活相应电子邮件或手机号码的快钱账户后，收款人即得到转入的资金。

(2) 我要给多个用户付账。可在批量网上付账页面完成对多个用户的支付交易功能。

(3) 适用交易。“我要付钱”可以用于网上交易后的货款支付、个人间的资金汇款、企业间的转账付账、企业工资发放、消费折扣、付费点击广告款发放、付费调查款发放、彩票中奖款发放等。

3. 我要收钱

只需一个电子邮件地址，即可调用快钱系统完成从通知到收款的一系列网上收账功能。该功能适用于网上商品交易后的催款、提醒欠费用户并直接完成收费交易。

4. 我要结算

在“我要结算”页面，客户可以把快钱账户内的资金转入指定的银行卡、银行账号或通过邮局汇款到指定的地址。

(1) 将资金转汇到自己的账户中。可在账户结算页面指定银行账号或者邮政地址，完成结算操作。

(2) 将资金转汇到别人的账户中。可在账户直汇页面指定银行账号或者邮政地址，完成直汇操作。

(3) 快钱对资金安全的保护。快钱通过严格的 T+3 程序追踪每一笔结算交易情况，并在任何可能的交易风险前进行账户监控操作。

三、快钱的使用流程

1. 注册快钱

快钱的注册方式有两种：邮箱注册和手机号码注册。采用邮箱注册方式的具体流程如下：

第一步，在快钱首页点击新用户注册按钮；

第二步，选择用户类型，并填写注册信息；

第三步，注册成功，去邮箱查收邮件(邮箱注册)；

第四步，登录邮箱，激活账号。

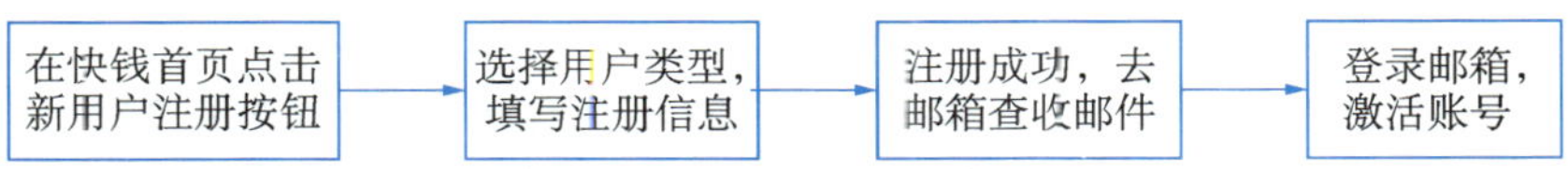

图 6-43 邮箱注册快钱的流程图

2. 账户充值

快钱账户充值包括人民币账户充值(图 6-44)、充值卡账户充值(图 6-45)和线下充值(图 6-46)。

(1) 银行卡在线充值：通过银行卡，在线为快钱账户充值，实时到账。

(2) 企业网银在线充值：通过企业网银在线为快钱账户充值，实时到账。

此外，快钱还可以线下充值，通过到银行或邮局汇款，完成快钱账户充值(没有金额限制)，非实时到账。流程如图 6-46 所示。

3. 快钱支付流程

在进入支付页面时，点击“快钱支付”图标即可进入“快钱”的支付页面。

图 6-44
人民币账户充值页面

图 6-45
充值卡账户充值页面

图 6-46
线下充值流程

(1) 进入快钱网关页面，选择银行卡支付方式，并选择相应银行，填写支付邮箱，点击“到银行页面付款”按钮。

(2) 进入网银付款。

(3) 确定您在网银的预留信息，点击确定。

(4) 确定支付信息，点击提交。

(5) 核对您的数据签名信息，点击确定。

(6) 支付成功后，点击“查看订单明细”即可看到已经进入了“汇款确认、审核”状态。

》 四、快钱提供的安全措施

快钱独有 6 重安全保障：系统安全、注册安全、登录安全、支付安全、技术安全、监控安全；快钱对全部消费者信息、账户信息、交易信息、签名、信息传输等皆进行 128 位 SSL 加密，并具有 VeriSign 签发的全球安全证书，快钱同时也是国内唯一一家已被 HACKER SAFE 认证的安全网站。领先的技术、严密的流程，给在线交易以有力的安全保障。

安全产品：快钱盾、数字证书、安全登录控件、快钱口令卡。

安全账户设置：密码、登录问候语、安全问题、邮件通知、手机通知。

网络及系统安全：用户认证安全、网络交易安全、信息存储安全、实时异动监控。

商户管理安全：严格的商户准入标准、完善的防钓鱼安全体系、实时的反洗钱监控机制、系统运营监控中心。

知识拓展

第三方支付平台的安全与监管

网络支付市场规模在快速发展的同时，相应的网络安全问题也日益突出。

相关数据显示，目前在网民面临的各类安全问题中，“账户密码被盗”和“遭遇木马钓鱼”造成资金损失的占比分别达到 33.9%和 24%。相关数据显示，2011 年第二季度中国支付行业网上支付业务交易规模达到 4566 亿元。巨大的资金流让不法分子垂涎三尺，他们千方百计设计钓鱼和木马网站骗取网民财产。美国调研公司 MarkMonitor 的数据显示，2011 年 9 月，针对中国内地和香港的钓鱼网站数量达到 5734 个，而 2011 年年初这一数字仅为 18 个。根据国家互联网应急中心的统计，2011 年 5 月至 8 月，针对大型电子商务、金融机构、第三方在线支付网站的网页仿冒事件的报告数量在 381 件到 738 件之间，有增长势头。

为加强监管，保证支付安全以及规范第三方支付行业发展秩序，2010 年 6 月，央行正式对外公布《非金融机构支付服务管理办法》，对国内第三方支付行业实施正式的监管。根据相关规定，非金融机构提供支付服务需要按规定取得《支付业务许可证》，成为支付机构。2011 年，中国人民银行为 101 家单位颁发了《支付业务许可证》，其中包括支付宝、银联商务、财付通、快钱等。

知识技能练习题

1. 通过网络搜集第三方支付平台发展现状的相关资料与数据。
2. 简述第三方支付的概念、特点和作用。
3. 分析支付宝与财付通所提供的网上支付服务功能的异同。
4. 支付宝和财付通的账户注册方式有哪些？充值方式有哪些？
5. 分析我国目前第三方支付发展中存在的问题。
6. 对支付宝、银联在线、贝宝、财付通和快钱进行综合对比分析和评价。你认为哪几家第三方支付平台最有生命力，会长期生存下去？为什么？

应用实训题

1. 收集目前主要的第三方支付平台，并对各大网上商城(淘宝、易趣、当当、卓越、拍拍)进行调研，列表说明它们所采用的第三方支付平台有哪些。
2. 掌握支付宝、银联在线、贝宝、财付通和快钱的使用流程。作为买家，举例说明如何利用这些第三方支付平台来实现网络购物的在线支付。
3. 根据切身经历，总结第三方支付平台使用中应该注意的问题。
4. 通过实践了解目前各个第三方支付平台的优劣，并登录相关网站了解情况。
5. 登录 www. alipay. com，了解支付宝相关知识，申请成为支付宝用户，进行安全控件安装并完成一次支付，熟练使用第三方支付工具。

项目七

07

电子支付安全技术

项目知识点

1. 了解网上支付的安全问题、安全需求。
2. 理解加密技术的原理，掌握几种常见的加密技术。
3. 理解数字证书的原理。
4. 理解认证技术的原理。
5. 理解安全协议的原理，掌握常见的安全协议。

项目技能点

1. 掌握加密的流程。
2. 掌握安全支付的流程。

项目素质点

1. 树立电子支付安全理念。
2. 培养安全技术方案设计理念。
3. 培养成为电子支付安全技术人员的职业素养。
4. 具备诚信守法的职业道德规范。

案例导入

国家计算机病毒应急处理中心发布的2012年度全国信息网络安全状况暨计算机和移动终端病毒疫情调查结果显示，34.41%的使用过网络支付的用户在支付过程中发生过安全问题，其中71.14%遭受到不同程度的经济损失。

调查显示，在网络支付出现安全问题后，五成(50.3%)用户遭受的经济损失在100

元到 1000 元之间，所占比重最大，其次是损失在 100 元以下的用户，占 21.91%，另外，18.86%用户的损失在 1000 元至 5000 元之间，8.92%的用户损失超过 5000 元。将近七成用户损失金额相对较小，其中很多用户只是损失十几元甚至几元钱。

在造成经济损失后，77.28%的用户选择向公安机关报案，其中 41.52%的案件被受理，这些案件中有 20.43%追回了经济损失，77.42%的用户未能挽回经济损失。未能挽回损失的主要原因，一是超过半数的用户损失金额较小，不能构成刑事案件，有些甚至达不到治安案件立案条件，导致此类案件受理率比较低；二是由于网络支付有跨国家、跨地区的特性，公安机关在调查取证、案件串并和案值确定方面都存在较大的困难，会直接影响案件的侦破工作和侦破效果；另外，此类案件具有智能化、复杂化、涉及面广、形式多样、隐蔽性强等特点，因此案件侦破难度大，公安机关只能采用跨地域侦查取证的办案方式，成本高、效率低。

任务一　树立网上支付安全观念

7.1.1　网上支付的安全问题

由于互联网爆炸式的迅速流行，电子商务被公认为是未来 IT 业最具潜力的增长点。但是开展电子商务的环境是互联网，而互联网本身是一个高度开放的网络，且没有完整和完善的网络安全机制。所以，基于互联网运行的电子商务在安全问题上就会受到非常严重的威胁。随着电子商务的迅猛发展，支付的安全问题就成为了制约电子商务发展的瓶颈。调查结果显示，不愿意进行网上在线支付的用户中，有 76%是因为对网上支付安全的不信任。由此可见，网上在线支付的安全性确实影响到了用户在线支付的积极性，这样就限制了电子商务的普及，严重阻碍了电子商务的发展。目前网上支付所面临的安全问题有如下几个方面：

1. 信息的截获和窃取

在商务活动中，交易各方之间传输的信息往往涉及个人、企业、政府的商业机密。商业机密泄露，小则导致资金被盗，如不法分子窃取别人的信用卡密码来进行网上支付，大则有可能给企业带来灭顶之灾，如企业的核心商业机密被窃取或情报人员通过截获的信息片断分析出企业的重大经营机密，都有可能导致企业被竞争对手击垮。在传统的商务中，企业间都是通过专用的通信渠道传输商业文件来保守机密，如挂号信或者企业间的专线。而在电子商务中，更多的信息通过开放的互联网来传输，这使得信息泄露的可能性增加。

如果整个电子商务系统没有采取强有力的加密等安全措施的话，那么非法的攻击者就非常有可能窃取诸如用户的个人隐私信息、银行账号和密码以及企业的商业机密数据等信息，严重威胁网上支付的安全性。

应用实例

习惯网上支付要注意杀毒，及时修改密码

快捷支付可绕过银行卡密码，所以收到开通支付业务的验证短信应格外警惕。

民警说，要捂紧钱袋，除了管好银行卡和密码，还要仔细核实各种手机验证短信，不要把验证码告诉别人。尤其是收到显示开通支付宝业务的验证码，要格外提高警惕，如果有疑问可以与支付宝的客服沟通。习惯网上支付业务的市民，平时要注意防毒杀毒，如果发现支付宝有被入侵的迹象，要及时修改密码。

2014 年 2 月底，同安警方破获了一起利用支付宝快捷支付漏洞进行诈骗的案件，这是全市破获的首起同类案件。骗子掌握了何女士的身份信息后，以"购车退税"为由打电话给她，让她提供银行卡号，随后用何女士的名义申请了支付宝账号，又套取了她手机收到的验证码，随即将她的银行卡绑定，通过快捷支付转走了卡内的 4 万多元。

警方在调查中发现，其中的漏洞就在于骗子可以绕过银行卡密码，将受害人的银行卡绑定在支付宝上。"只要有受害者的身份证号码和银行卡号，骗子就能够开通支付宝，再进行诈骗。"民警说。

（资料来源：http://roll.sohu.com/20140331/n397508330.shtml）

2. 信息的篡改

电子商务简化了交易过程，同时也使维护交易各方之间的商业信息变得困难。电子支付过程中传输的信息如支付金额、收款账号等信息可能被有意或无意地篡改，从而导致支付信息的完整性遭到破坏。

破坏网上支付信息完整性的方式主要有三种：一是删除数据信息的某一部分的内容；二是改变数据信息传输的顺序；三是在传输的数据信息中插入一些其他的消息或者错误的信息，使接收方无法正确地读取信息内容。在一个完整的电子商务系统中，必须提供一定的技术手段来防止这样的事情发生。如果信息的完整性被破坏，应该提供相关的证据来为交易的各方追回损失。

3. 交易者身份的欺诈行为

在电子商务交易中，交易方通常以一个虚拟的账号或网页的形式呈现，买卖双方一般都互不见面，这样各种交易主体就不能像在传统商务活动中那样进行面对面的谈判和交易。因此，对交易者的身份认定成了一大难题，这也是人们对网络交易存有戒心的关键原因。网络交易中可能出现买方付了钱，却拿不到卖方的货；或者是卖方发了货，却收不到买方的钱的欺诈行为。

4. 交易抵赖

在交易中，有时会存在交易方抵赖的风险，特别是当参与方发现某次交易对自己很不利的时候，往往会产生一种抵赖心理，企图否认自己曾经做过这次交易，或者对交易的部分内容进行抵赖。例如，卖方已经收到买方的货款，却否认

自己收到过货款。

在传统交易中，交易双方通过在交易合同、契约或支付凭据等书面文件上的手写签名或印章来鉴别贸易伙伴，确定合同、契约、单据的可靠性并预防抵赖行为的发生。这也就是人们常说的白纸黑字。而在电子支付的过程中，所有的过程都是电子化的，给防止交易抵赖带来了难度。

应用实例

网民小香想在淘宝网上购买一张价值50元的手机充值卡，拍下之后付款到卖家的支付宝账户，卖家叫小香登录某网站，用网银汇款0.1元到他的账户里，说是用来提取单号，通过单号来提取充值卡密码。小香心想：既然都付了40多元钱到支付宝上了，也不在乎那0.1元了，于是按提示支付，可多次出现超时问题。当初小香以为是电脑浏览器问题，于是和淘宝上那位卖充值卡的卖家说了，卖家说让他的“技术人员”加小香QQ，加了QQ经过一番交谈，小香进入了“技术人员”所提供的支付网站。登录网站后，在付款的前一刻，小香看到支付金额清清楚楚写着“0.10元”，按了付款后，一分钟内，手机收到银行的短信，内容说“银行支出20581元”！

（资料来源：http://tech.qq.com/a/20090308/000042.htm）

7.1.2 网上支付的安全需求

安全需求是指采用某种方法描述的用户对信息系统安全的要求。定义方法有形式化和非形式化两种。传统的做法是把安全需求作为非功能需求之一附加在系统需求分析之后进行。目前安全需求大多采用非形式化定义方法。为了保障支付信息保密性、完整性、可靠性和可用性等安全性能，满足网上支付系统的各种安全需求，需要建立一个完整的安全支付体系和保证体系。目前网上支付的安全需求如下：

1. 保密性

保密性主要指保证信息不受到未经授权的非法访问而导致信息被截取的特性，主要分为信息在网络传输过程中的保密性和信息存储的保密性。支付系统需要及时对传输的核心信息进行加密处理，以防信息在传输的过程中被非法截获或者读取，即防止通过非法拦截会话数据获得账户、密码等有效信息。保密性意味着在各参与者之间传输的通道具有保密性，仅允许目标支付方看到支付数据。常见的保密技术包括防侦收、防辐射、信息加密、物理保密、信息隐藏等。

2. 完整性

完整性是指信息不受到未经授权的修改，整个交易过程中保持信息未受损害的完整状态的特性，主要分为信息在网络中传输的完整性和信息存储完整性。支付系统需要防止任何对支付信息未经授权的改动，防止信息传输过程中的丢失或者重复，并且保证信息传递次序的统一。完整性意味着在网上支付系统中的支付数据，不能被未经授权的参与者修改或者破坏，保证一旦支付交易提交，支付数据不能被非法修改，同时也确定了支付数据的一致性。保护网上支付完整性的方法主要有协议、纠错编码方法、密码校验、数字签名、公证等。

3. 可靠性

可靠性是指网上支付系统能够提供对用户身份的鉴别方法，确保用户身份信息的可靠与合法，实现系统对用户身份的有效确认，对私有密钥和口令有效保护，对非法攻击能够防范，防止假冒身份进行交易和诈骗，确保系统的无故障和无差错的特性。

4. 可用性

可用性是指信息可被授权实体访问并按需求使用的特性。网上支付活动中由于计算机病毒或者其他人为的原因可能造成对合法使用人的拒绝服务，也可能存在被他人滥用机器或者信息的情况，在这些方面就体现出了网上支付的可用性需求。网上支付的可用性与硬件的可用性、软件的可用性、人员的可用性、环境的可用性等有关。

5. 抗否认性

抗否认性也称抗抵赖性。系统应该有效防止支付欺诈行为的发生，保证支付信用和行为的不可否认性，保证支付参与方对已做交易无法抵赖。

6. 有效性

网上支付系统需要有效防止延迟和拒绝服务情况的发生，要对网络故障、硬件故障、操作错误、应用程序错误、系统软件错误及计算机病毒所产生的潜在威胁加以控制和预防，保证交易数据在确定的时刻、确定的地点是有效的。

7. 人员管理和安全技术结合

网上支付根据其实际情况，在系统开发、网络建设等方面均有相应的规范措施，但是仍然存在一些问题。目前的安全管理大部分停留在数据应用层，对整体网络安全考虑不足，针对组织或者流程的管理方法尚未和信息系统安全技术进行有机的结合，无法体现对整个系统安全链进行统一管理的思想，同时也导致针对内部人员的管理尚存在问题。

8. 安全资源的整合和集中管理

网上支付在网络安全的特定组成部分，例如密码技术等方面有了一些应用，在网络通信、应用系统等方面，使用了高安全性的加密设备，例如防火墙设备、可信操作系统、数字签名和身份认证等。不同类型的安全产品，例如各种型号的加密机、支付密码器、VPN设备等也在网上支付中得到了应用。但是仅依赖于某些安全产品，不可能有效保护系统的整体安全，还必须认识到，安全是一个整体，需要把安全相关各方和各层次的安全产品、分支机构、运营网络、客户等纳入到一个紧密的安全链中，才能有效地保障系统安全。

9. 应用软件的安全性

在应用软件的评测过程中，由于某些原因，如软件编写缺乏严格的质量控制、程序设计人员对安全了解程度不足等，经常会导致一些严重后果，例如可以绕过程序的风险管理限制对数据进行操作等，这些都需要相应的安全措施来解决。

知识拓展

小心保护您的支付卡

小心保护您的支付卡，谨记以下几项：

1. 不要把您的支付卡数据提供给没有安全计算机服务器的互联网交易商店。

2. 不要利用电子邮件传输您的支付卡卡号。

3. 不要在上网时透露您的个人资料，例如您的地址、电话号码、身份证号或电子邮件账号，除非您已明确知道对方的身份及使用用途。

4. 在没有对相关网上交易商店进行查询之前，不要把您的支付卡卡号透露给对方。

5. 切勿向别人提供您的支付卡账户号码作为年龄的证明。

6. 不要在网吧使用这些银行账号和密码。

任务二　加密技术

随着电子商务的发展，特别是近年来网上支付的快速发展，越来越多的商业机密信息和个人隐私信息需要通过互联网来传输。如何保证这些信息在传输时不会被泄露，或者即使泄漏了也不能被非法读取，已成为消费者、企业、学者、政府等多方都非常关注的热点问题。加密技术正是解决上述安全问题的核心技术手段。通信过程使用加密技术不仅可以满足信息保密性的要求，还可以防止信息泄露带来的安全威胁。信息加密是将原来大家可以理解的信息(称为明文)与一个特殊的字符串结合，按照一定的规则进行运算，变成不可理解的加密信息(称为密文)，也就是说，信息加密实际上就是将信息的真实内容隐藏起来。其中，特殊的字符串就是密钥，运算的规则就是加密算法，这二者是信息加密技术的两个要素。当然，人们也可以将密文还原成明文，这个过程称为解密。加密与解密是两个相反的过程，分别应用于信息的发送端和接收端。

加密技术可以有效地保证信息的保密性、完整性、可用性，大大提高了信息在潜在不安全的环境中传输的安全性。此外，加密技术还可以用于数字签名、认证等方面，以防止电子欺骗，是认证技术及其他许多安全技术的基础，也是信息安全的核心技术之一。

加密技术根据加密算法、加密密钥和解密密钥的异同可以划分为两大体制，即对称密钥体制和公开密钥体制。

7.2.1 对称密钥体制

对称密钥体制(也称为单钥密码体制)是指加密密钥和解密密钥是同一个密

钥或者虽然密钥不相同，但是由其中任意一个密钥可以很容易地推导出另一个的密码算法。早期使用的加密算法大多是对称密钥体制，所以对称密钥体制通常也称作传统密码体制，或常规密码法则。在这种密钥体制下，有加密（或解密）的能力就意味着必然也有解密（或加密）的能力。因此，信息的发送者和信息的接收者在进行信息的传输或处理时，必须共同持有该密钥（称为对称密钥）。

对称密钥体制的优点是使用的加密算法简单高效，且具有很高的保密性，破解极其困难；处理速度快（加/解密速度能达到每秒数十兆或更高），计算开销小，尤其适合加密大量数据。

由于对称密钥系统的保密性主要取决于密钥的安全，进行安全通信前需要以安全可靠的方式进行密钥交换。密钥交换的过程复杂，管理十分困难。在公开的计算机网络上安全地传送和保管密钥更是一个严峻的问题。因为任何人拥有了密钥就可以解开加密信息，所以密钥管理成为影响系统安全的关键性因素，使对称密钥体制难以满足系统的开放性要求。

1. 对称密钥体制的原理

下面我们通过流程图来解释对称密钥体制的工作流程。发送方通过互联网向接收方发送支付信息，在此过程中对支付信息使用对称加密算法。具体流程如图 7－1 所示。

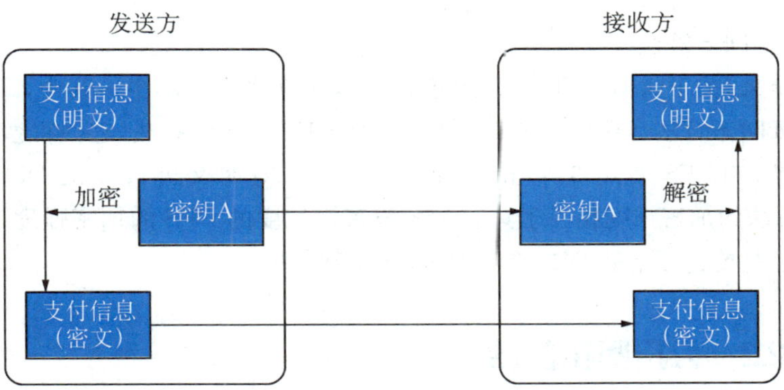

图 7－1
对称密钥流程图

（1）发送方生成私有密钥 A，并借助安全通道发送给接收方。接收方收到私有密钥 A 后妥善保存，以防泄露。

（2）发送方利用私有密钥 A 对支付信息（明文）加密，生成密文。

（3）发送方通过互联网将密文发送给接收方。即使在传输过程中密文被截获，截获者也只能看到加密之后的密文。

（4）接收方接收密文。

（5）接收方利用私有密钥 A 将信息解密，得到支付信息的明文。

2. 对称密钥体制的分类

对称密钥体制按照对明文数据的加密方式不同，可以分为序列密钥和分组密钥两类。分组密钥体制与序列密钥体制相比，在设计上的自由度比较小，但它具有容易检测出信息是否被篡改、不需要密钥同步等优点，这使其具有很强的适应性和广泛的使用性。常用的对称密钥算法有 DES(Data Encryption Standard)

算法，TDES(Triple DES)算法、IDEA(International Data Encryption Algorithm)算法等。

(1) DES算法

DES加密算法由著名的IBM公司研制，且经过了美国政府的加密标准筛选之后，于1977年被美国正式定为联邦信息标准。DES在国际上受到了极大的重视，ISO曾将DES作为非机密数据的加密标准。它是商业领域，尤其是保护金融数据的安全领域中应用最广泛的密码系统。例如，自动取款机(Automatic Teller Machine，ATM)就使用DES加密算法。

DES一度是世界上最知名的、使用最广泛的加密密钥算法。从其诞生之日起，一直不断地被研究和攻击。随着密码学家们对针对DES的攻击的深入研究和计算机计算能力的快速发展，DES的安全性越来越堪忧。目前最为突出的问题是DES的密钥长度，56位长的密钥一共只有 2^{56} 种密钥。近年来，已经研制出搜索DES密钥的专用芯片。如使用流水线技术的芯片，每秒可搜索5000万个密钥，包含5760个密钥搜索芯片的计算机，预期的搜索时间仅为35小时。

由于密钥长度太短，传统的DES标准已不再适用于加密强度要求高的应用场合。但是因为确定一种新的加密算法是否真的安全是极为困难的，而且DES的主要缺点是密钥长度相对比较短，所以人们并没有放弃使用DES算法，而是提出了一些解决其密钥长度问题的方法。

(2) TDES算法

近年来，关于如何改进DES的建议和新的算法已有不少。其中，Tuchman提出的TDES算法运用较为普遍。TDES是DES的替代算法，它使得蛮力攻击更加困难。TDES使用3个密钥(每个56位)，对明文进行3次DES算法。TDES方法的加密强度相当于具有168位密钥长度的DES的加密强度。不过，它的缺点是要比原来的DES多花费3倍时间加密。

7.2.2 公开密钥体制

公开密钥加密体制就是通信双方通过互联网传输信息时，发送方通过密钥A对信息加密，将生成的密文发送给接收方，接收方通过另一个密钥B对密文解密，得到信息明文。

其中，密钥A和密钥B是不相同的。密钥A由使用者私人保管，叫做私有密钥；密钥B对网上的部分或者所有用户都是公开的，叫做公开密钥，公开密钥加密法的名称也由此而来。因为双方使用的密钥不同，加密和解密过程不对称，所以该加密法又叫做非对称密钥加密法。

1. 公开密钥加密法的原理

公开密钥加密法中最核心的是私有密钥和公开密钥，它们组成一个密钥对。密钥对需要具备以下特性：

(1) 一个密钥对中的私有密钥和公开密钥是一一对应的。

(2) 对信息用其中一个密钥加密后，只能用密钥对中的另一个才能解密。

密钥对要经过复杂的数学运算来生成，一般由专门的应用软件生成，然后发送给用户。当用户得到密钥对后，自己保管私有密钥，也就是说，私有密钥和用户的身份是关联的，私有密钥就可以代表用户的身份；而公开密钥则通过数字证书等方式被散发给网络上的其他接收信息的用户。

公开密钥加密法有以下两种应用方法：

(1) 发送方用自己的私有密钥对支付信息(明文)加密，将生成的支付信息密文发送给接收方；接收方用发送方的公开密钥对支付信息密文解密，得到支付信息的明文。此过程如图 7-2 所示。

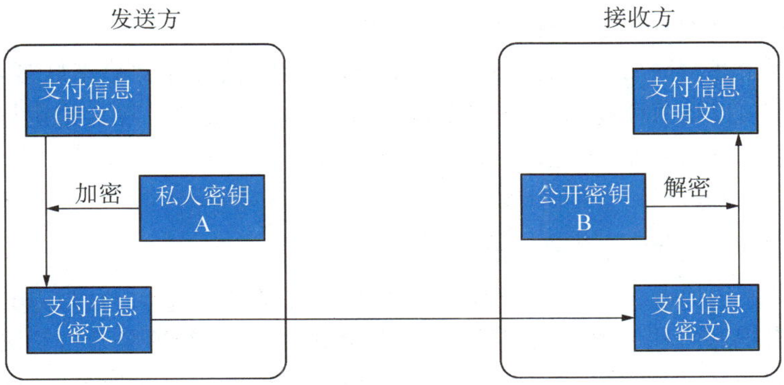

图 7-2
公开密钥加密应用 1

接收方接收到支付信息密文后，只能利用发送方的公开密钥进行解密，说明支付信息密文是用发送方的私有密钥加密的，也就是说可以确定信息发送方的身份就是发送方。接收方可将支付信息密文作为一种凭证，证明发送方确实给自己发送过支付信息密文，从而确保了信息的不可抵赖性。

(2) 发送方用接收方的公开密钥对支付信息(明文)加密，将生成的支付信息密文发送给接收方；接收方用自己的私有密钥对支付信息密文解密，得到支付信息明文。接收方接收到支付信息密文后，只能通过自己的私有密钥解密，得到支付信息明文。此时，接收方就可以确定支付信息密文确实是发送给自己的，因为只有自己有解密的密钥——私有密钥。此过程如图 7-3 所示。

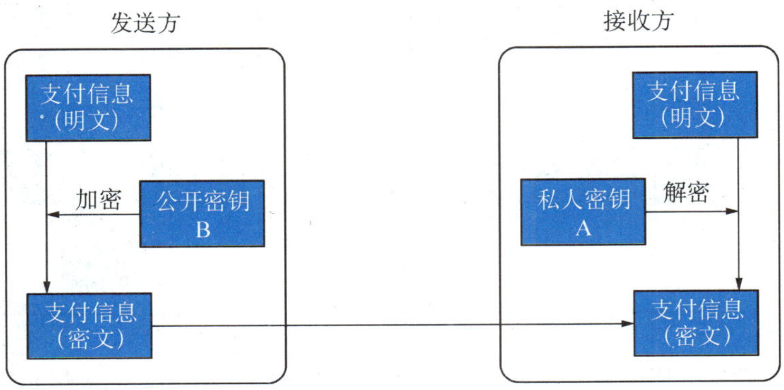

图 7-3
公开密钥加密应用 2

2. 公开密钥加密体制的特点

公开密钥加密体制在应用中主要有以下两大特点：

(1) 密钥管理简单。信息加密和解密使用不同的密钥,公开密钥可以像电话号码一样被告知网上其他用户,不用担心公开密钥在传输过程中被截获,信息发送方只需要保管好自己的私有密钥即可。

(2) 可以确认发送方身份。上面提到过,密钥对是分配给发送方用户个人的,私有密钥可以代表用户的身份。因此,信息的接收方可以对发送方的身份进行确认。

公开密钥加密体制的最大缺点就是它的加密、解密速度慢。处理相同的信息,公开密钥加密法花费的时间可能是对称密钥加密法的 100 倍。因此它通常适合用在数据量较小的信息加密、解密过程中。

比较上述两种加密法的特点不难发现,二者的优势和劣势正好是互补的。因此我们可以将两种技术结合使用,同时发挥二者的优势。混合密钥加密技术就是二者结合的一种产物。

7.2.3 混合密钥加密技术

公开密钥加密法比对称密钥加密法处理速度慢很多,且运行时占用资源多,因此通常把这两种加密法结合起来使用以实现最佳性能,即公开密钥法在通信双方之间传送对称密钥,而用对称密钥来对实际传输的数据加密、解密。把这两种加密法相结合的技术称为混合密钥加密技术,也称为数字信封技术。

1. 混合密钥加密技术的原理

混合密钥加密技术主要采用了对称密钥加密法和公开密钥加密法。信息的发送方需要首先随机生成一个对称密钥,并且获得私人/公开密钥对。具体原理如图 7-4 所示。

(1) 发送方利用随机生成的对称密钥,对需要传输的支付信息(明文)进行加密,生成支付信息密文。支付信息内容较多,用对称密钥进行加密,计算起来速度比较快。

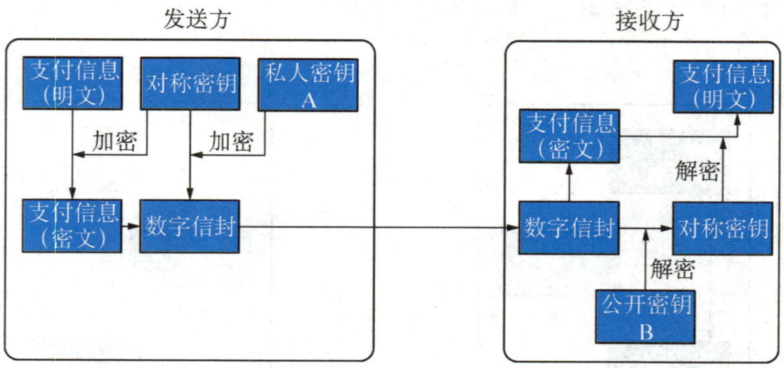

图 7-4 混合密钥加密技术的原理图

(2) 发送方用密钥对中的私有密钥对刚才随机生成的对称密钥加密,生成一个特殊的密文,这个密文就是数字信封,就像是把私有密钥装到了信封里一样。因为对称密钥相对来说较短,所以用私有密钥加密起来速度也很快。

(3) 发送方将步骤(1)中生成的支付信息密文和步骤(2)中生成的数字信封

合并，通过互联网发送给接收方。

（4）接收方接收完信息，将支付信息密文和数字信封分开处理。

（5）接收方使用发送方的公开密钥对数字信封解密，得到发送方的对称密钥，支付信息密文可通过这个对称密钥进行解密。因为此时通过发送方的公开密钥可以打开数字信封，由此可以确认发送方肯定是发送方。

（6）接收方用步骤（5）中从数字信封中获取的对称密钥对支付信息密文解密，还原得到信息明文。

在此过程中，对原信息的加密、解密使用的是对称密钥加密法，这发挥了它运算速度快的特点；而对私有密钥的加密、解密则使用的是公开密钥加密法，这样使密钥管理更安全，且可确认发送者的身份。由此可见，数字信封技术是对称密钥加密法和公开密钥加密法二者结合的产物，同时也充分发挥了二者的优势。

任务三　数字证书技术

7.3.1　信息摘要

1. 信息摘要的概念

信息摘要就是信息发送方利用某种数学算法对信息进行处理后，生成的一个有固定长度的特殊字符串。在传输信息时，将信息摘要一起发送给接收方，接收方可以根据信息摘要判断信息在传输过程中是否被篡改过。

当数学算法确定后，生成的信息摘要和信息原文就是一一对应的，就像每个人都有独特的指纹一样。因此，如果原文被篡改的话，它与信息摘要就无法匹配了。

目前，在生成信息摘要的数学算法中，Hash 算法是最为常用的一种。Hash 算法利用 Hash 函数对信息进行运算，它是一个不可逆的数学算法，也就是说，用 Hash 算法生成的信息摘要用任何办法都无法还原成原信息。Hash 算法是公开的，任何人都可以使用。在本书以后的章节中，都利用 Hash 算法来生成信息摘要。

2. 信息摘要的原理

信息摘要的原理如图 7-5 所示：

（1）发送方利用 Hash 函数对支付信息进行处理，生成信息摘要 A，并将原信息和信息摘要 A 都发送给接收方。

（2）接收方接收完毕后，也利用 Hash 函数处理支付信息，生成一个新的信息摘要 B。

（3）将信息摘要 A 和 B 进行比较，若二者相同，说明收到的信息与发送方的信息一致，信息在传输过程中未被篡改；如果二者不同，说明信息在传输过程中可能被篡改了。

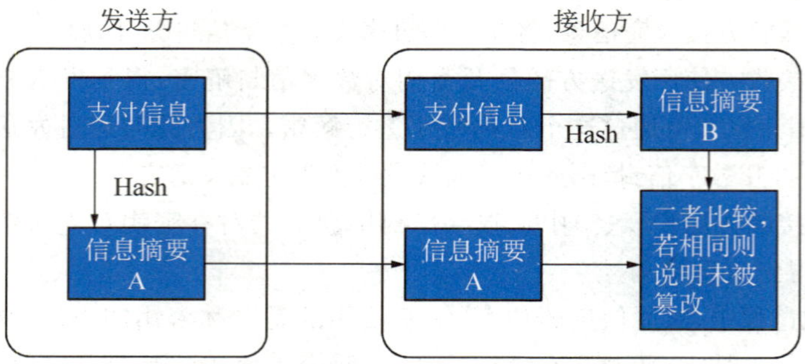

图 7-5
数字摘要的原理图

将此过程与加密技术的过程相比，可以发现：使用加密技术时，信息的接收方一般通过密钥解密，还原得到信息原文；而在信息摘要技术中，因为 Hash 算法是不可逆的，对信息摘要 A 无法还原，因此只能对收到的原信息也用 Hash 算法处理生成新的信息摘要 B，通过比较 A 和 B 来断定接收到的信息是否与发送方的一致。

3. 信息摘要的特点

信息摘要可以在一定程度上保证信息的真实性，有效防止信息在传输过程中被篡改。它是一种重要的信息安全技术，在电子商务交易和支付过程中应用很广泛。但是，仅仅依靠信息摘要技术并不能保证信息的完整性，这是因为生成信息摘要的 Hash 算法是公开的，攻击者可以截获信息原文并对其内容做出修改之后，自己使用 Hash 算法重新生成一个信息摘要。然后将修改过的信息原文和新的信息摘要再一起发送给接收方，因此，接收方仅靠信息摘要无法确认信息是否被篡改，它必须和信息加密等其他安全技术结合起来使用才能真正保证信息的完整性。

7.3.2 数字签名

在现实的社会生活和支付活动中，会有很多文件和表单，如合同、收据等。由于这些文件和表单涉及参与交易各方的利益，因此需要保证它们的真实性和不可抵赖性。然而在电子商务活动中，产生的文件和表单都是以电子数据信息的形式存在。电子数据信息很容易就能被修改、删除、拷贝甚至伪造，而且不能使用传统的手段进行签名，因此需要使用新的技术来保证它们的真实性和不可抵赖性。

1. 数字签名的概念

数字签名是指利用前文中提到的加密技术，在需要传输的数据信息上添加一个可以代表发送者个人身份的标记，从而达到传统的签名、手印或印章的作用，保证发送方的真实身份和数据信息的真实性，而非由他人伪造。这就要求所附加的标记只能由信息的发送者产生，别人无法伪造，就像人的指纹一样，每个发送者的标记在全世界都是唯一的。

2. 数字签名的原理

与传统的手工签名、印章在传统商务中所起的作用一样，数字签名解决的主要问题是在电子商务活动中确保信息、单据的真实性和不可抵赖性。为了达到这个目的，数字签名过程中主要通过信息摘要技术来保证信息的真实性，保证其在传输过程中不被篡改，并利用公开密钥加密法防止抵赖。数字签名的原理如图 7-6 所示。

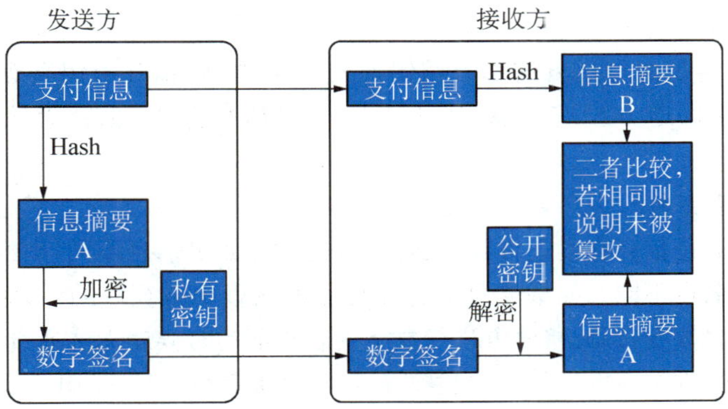

图 7-6
数字签名原理图

数字签名原理如下所述：

(1) 发送方利用信息摘要算法，例如 Hash 函数，对将要发送的支付信息进行处理，生成信息摘要 A。

(2) 发送方利用公开密钥加密法，通过自己的私有密钥对信息摘要 A 进行加密处理，生成密文。因为公开密钥加密法中的私有/公开密钥对是一一对应的，并且任何两个密钥对都不可能一样，其中的私有密钥只有发送方自己知道，可以说，私有密钥只有发送方有权使用，它是发送方的身份象征，就像每个人的指纹一样。因此，利用私有密钥加密，就等于打上了发送方的身份"印记"，这串特殊的加密数据就是数字签名。

(3) 发送方把步骤(2)中生成的数字签名附在信息上面，通过网络发送给接收方。此时，发送方的处理过程基本完成。

(4) 接收方接收完所有的信息，读取其中的信息原文和数字签名，并分开处理它们。

(5) 接收方利用与步骤(1)中相同的信息摘要算法，对信息原文进行处理，生成一个新的信息摘要 B。

(6) 数字签名过程中使用的是公开密钥加密法，即发送方用自己的私有密钥加密，接收方用发送方的公开密钥解密。因为私有/公开密钥对是一一对应的，所以如果用公开密钥解密成功，就说明密文肯定是用私有密钥加密的，也就是说可以肯定发送方的身份。

在此，接收方用发送方的公开密钥对数字签名进行解密，得到信息摘要 A 的原文。

(7) 比较信息摘要 A 和 B，如果二者相同，说明发送方的信息在传输过程中没有被篡改，即保证了该信息的完整性，说明数字签名是有效的；如果二者不同，则说明接收到的信息与发送方的信息不完全相同，有可能在传输时被篡改，此时签名无效，收到的信息不可信，需要通知发送方重新发送。在此所讲的是数字签名原理的简单过程。在实际应用当中，发送信息和数字签名时还需要对其进行加密，以确保传输过程中的安全。

3. 数字签名的功能

目前，数字签名技术已经在电子商务中被广泛使用，是一种非常安全的技术，它在应用中有以下一些特点：

(1) 不可伪造性

数字签名是由发送方的私有密钥加密产生的，而私有密钥只有发送方自己知道，如果发送方没有泄露，别人无法知道私有密钥，也就无法伪造数字签名。

(2) 数字签名的信息无法篡改

数字签名是信息在发送方经过加密而得到的，如果信息不同，则经过加密产生的数字签名也不同。如果支付信息在传输的过程中被篡改的话，对应的数字签名也将随之改变，因此接收方进行数字签名验证的时候就无法通过验证，接收方会要求发送方重新发送信息，被篡改的信息将被丢弃，成为无用的密文。

(3) 不可抵赖性

数字签名在发送方用私有密钥加密而成，在接收方用发送方的公开密钥可以解密。因为私有/公开密钥对是一一对应的，因此只要接收方对数字签名验证通过，就可以确认信息是发送方发送的，这样发送方对自己的行为就无法抵赖了。

因为数字签名具有以上这些特点，所以在电子商务交易和支付中可以解决以下安全方面的问题：

(1) 防止发送方否认自己的行为

因为数字签名的不可抵赖性，所以当发送方发送完信息后，如果想抵赖自己对某次交易的操作，那么接收方可以以收到的数字签名作为证据，追究发送方的责任。

(2) 防止接收方伪造支付信息

当双方就一条信息的真伪发生争执时，数字签名提供了最好的解决方法，只需简单地用发送方的公开密钥验证即可得知真伪。这样，接收方就无法伪造信息。

(3) 防止假冒身份

数字签名一方面可以防止他人假冒发送方发送虚假信息，另一方面可以防止他人假冒接收方接收不属于自己的信息。因为，用来签名的私有密钥只有发送方自己知道，而用来验证签名的公开密钥只发送给了接收方，而且发送时都采用了先进的加密手段。

(4) 防止信息被篡改

电子商务中传输的交易和支付信息对各参与方来说都至关重要，若信息被篡改，有可能给各方带来重大损失，如交易货物数量或交易金额被非法篡改，有可能直接导致交易失败。而接收方通过对数字签名的验证，可以判断出信息是否完整，接收方只信任完整的信息，而将被篡改的信息丢弃。

7.3.3 数字时间戳

在传统的商务活动中，与交易相关的日期和时间是十分重要的信息。几乎所有的书面文件中，都标有相应的日期和时间。在电子支付中，日期和时间对交易来说同样重要，通过数字时间戳技术可以有效地防止交易信息中的日期和时间被篡改或伪造。

1. 数字时间戳的概念

数字时间戳是指对电子文件签署的日期和时间进行安全性保护和有效证明的技术，它必须通过专门的数字时间戳服务中心来添加。数字时间戳实际上是一个经过加密后形成的凭证文档，一般包括三个部分：信息的数字摘要、数字时间戳服务中心收到数字摘要的日期和时间、数字时间戳服务中心的数字签名。

2. 数字时间戳的原理

(1) 发送方利用 Hash 函数处理信息，生成信息摘要 A，并发送给数字时间戳服务中心。

(2) 数字时间戳服务中心将自己收到信息摘要 A 时的日期和时间添加到信息摘要 A 上。因此，数字时间戳是以服务中心收到摘要的时间和日期为准，而不是以用户发送时间为准。

(3) 数字时间戳服务中心再添加上自己的数字签名，就生成了数字时间戳，然后将它返回给信息的发送方。发送方将数字时间戳和其他信息结合，然后再发送出去。

7.3.4 数字证书

1. 数字证书的概念

数字证书是由独立的第三方机构——CA 认证中心颁发，证明在互联网上参与信息交换的个人、组织以及网络设备的身份是否合法的一种电子文档，其中包含了可证明证书使用者身份的相关信息，是参与电子商务活动各方证明其身份的依据。数字证书的作用类似于我们日常生活中身份证、驾驶证、企业的营业执照等。

2. 数字证书的组成

数字证书的内容和格式遵循 X.509 数字证书标准，该标准是由国际电信联盟(ITU-T)制定的，发展到现在有 4 个版本。数字证书的内容可分为证书使用者的信息和颁发证书的 CA 认证中心的信息两部分。证书的详细信息如图 7-7 所示。

(1) 证书使用者的信息。

① 版本：用来指定 X.509 标准的版本号。图中所示的值为“V3”，说明是第 3 个版本。

② 序列号：由 CA 认证中心给颁发的每个证书分配的唯一的数字编号，用以识别该证书，因此每一个数字证书都只属于唯一的使用者。当证书被吊销时，实际上是将该序列号放入 CA 中心的证书黑名单中。

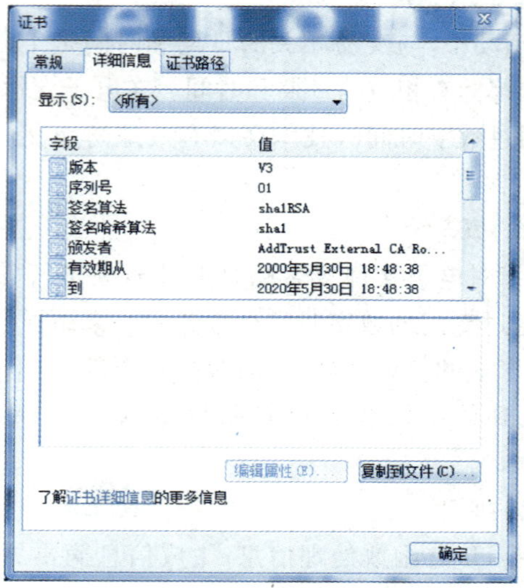

图 7-7
数字证书图

③ 有效起始日期和有效终止日期：表示证书只在这个时间段内有效，过期将被自动取消，证书的序列号会被放入黑名单中。如申请人想继续使用则需向颁发者申请延期。

④ 主题：制定证书用户的唯一名称。

⑤ 公钥：分配给证书使用者的公开密钥，以字符串形式表示。只有签名算法为 RSA 加密体制时该项才适用。

⑥ 缩略图：根据该数字证书生成的数字摘要，它的主要作用是防止数字证书被篡改。

⑦ 缩略图算法：生成数字摘要时所采用的算法。

⑧ 其他特别扩展信息：CRL 分发点、私钥使用周期、增强型密钥用法等。

(2) 颁发证书的 CA 认证中心的信息。

① 签名算法：CA 认证中心对数字证书进行签名时所用的数字签名算法的标识符。该证书的标识符为“sha1RSA”，由此可知其使用的是 RSA 加密算法。

② 颁发者：颁发证书的 CA 认证中心。

③ 颁发者的其他信息：颁发机构密钥标识符等。

3. 数字证书的工作原理

在电子商务交易和网上支付过程中，参与方 A 向参与方 B 发送交易相关信息的同时，将自己的数字证书一同发送给参与方 B。因为每个数字证书只有一个使用者，所以只要验证该数字证书是有效的，便可以确认它的使用者——参与方 A 的身份的有效性。

验证一个数字证书的有效性，必须满足以下 3 个条件：

(1) 证书在有效的使用期内，可以根据数字证书内容中的有效起始日期和有效终止日期两项来判定。

(2) 证书的内容，特别是密钥没有被篡改。参与方 B 接收到参与方 A 发送的数字证书后，会根据算法生成一个信息摘要，和数字证书的信息摘要进行对比，如果二者完全一致，说明数字证书没有被篡改。

(3) 证书没有被 CA 认证中心吊销。CA 认证中心的服务器上有一个证书黑名单，里面列出了所有无效证书的序列号。如果证书的序列号不在黑名单中，说明该证书还未被吊销。

只有这 3 个条件同时满足时，数字证书才是有效的。其中第(1)、(2)条可以通过证书本身的内容验证，而第(3)条则必须由发行证书的 CA 认证中心验证。

4. 数字证书的功能

数字证书主要用于确认电子商务交易中各参与方的身份和相应的权限，解决交易和支付中的安全问题。随着电子商务的广泛应用和电子支付的兴起，数字证书的重要性日益显露。数字证书可以提供以下几个功能：

(1) 核实电子商务参与方的身份。正常交易的前提是方便可靠地确认对方的身份，数字证书就可提供确认对方身份的功能。

(2) 保证操作的不可抵赖性。在传统商务中，签名和图章都有法律效力，人们通过签名或者盖章的文件来防止对方抵赖。而在网络交易中，每个数字证书都对应唯一的使用者，当使用者进行操作时，数字证书会对其发送的信息进行数字签名，从而使交易各方难以否认自己的操作。

(3) 保证交易和支付数据不被篡改。当交易双方在线进行支付时，数字证书会针对相关数据生成一个信息摘要。如果交易的原始数据被篡改，信息摘要就无法与原来的信息摘要吻合。

(4) 数据加密。数字证书采用公钥体制，即每个数字证书包含一对相互匹配的私有密钥和公开密钥。私有密钥只有自己知道，而将公开密钥公布给支付过程中的其他参与方。当发送机密信息时，发送方使用接收方的公开密钥对数据加密，而接收方则使用自己的私有密钥解密，这样信息可以安全无误地进行传输。

任务四　认证技术

7.4.1 CA 认证

1. CA 认证的概念

认证中心是建立在互联网平台上的一个权威的、公正的第三方机构，主要负责数字证书的颁发和管理、网上安全电子交易的认证服务等，它是保障电子商务交易和支付安全的关键机构。认证中心的英文简称为 CA，因此通常称其为 CA 认证中心。

CA 认证中心通过其网站面向用户办理各种业务，图 7 - 8 是上海 CA 认证中心的主页。

图 7-8 上海 CA 认证中心的主页

2. CA 认证中心的功能

(1) 颁发数字证书。CA 认证中心最主要的功能是颁发数字证书。用户提出申请后，认证中心将申请的内容进行备案，并根据申请的内容确定是否受理该证书的申请。如果接受申请，则进一步确定给用户颁发哪种类型的证书。

证书的发放可以通过在线和离线两种方式：如果用户选择在线方式，认证中心验证用户身份之后，通过网络将证书颁发给用户；如果用户选择离线方式，就需要到 CA 机构领取证书，此时证书会通过软盘、硬盘、IC 卡等存储设备颁发给用户。

数字证书采用的是公钥体制，因此在颁发证书的同时，认证中心还要给用户发放一个密钥对，并对其中的私有密钥进行有效的保护，以便用户用其进行数字签名。

(2) 验证使用者身份。首先，当电子商务交易和支付的各参与方申请证书时，CA 认证中心必须验证申请者的真实身份，以防证书被其他人冒领。其次，当各参与方进行在线交易和支付时，CA 认证中心需要在线对各方的数字证书的序列号进行验证，以确定该证书是否有效。

(3) 证书查询。证书查询可分为证书申请查询和用户证书的查询：前者给用户反馈证书申请的结果，告知用户证书申请是否成功；后者给用户反馈证书的具体内容，如证书的有效起始日期、终止日期、颁发机构名称等。

(4) 证书更新。认证中心会定时对用户的数字证书进行更新，或者按照用户的请求更新，从而确保认证中心保存的用户证书是最新的、有效的。

(5) 吊销证书。通常在两种情况下，认证中心需要吊销用户的数字证书：一是当用户因为私有密钥泄露等原因，使证书不能再安全使用时，由用户提出证书作废请求；二是证书已经过了规定的有效期，认证中心则自动将该证书作废。

CA 认证中心的服务器上有证书黑名单生成与管理功能，当证书作废时，便将该证书的序列号存入黑名单，以供在线验证时使用。

(6) 制定规章制度。为了更有效地管理其发放的数字证书，CA 认证中心需要制定一整套的规章制度，并将这些规章制度及时地告知证书的申请者和使用者。

3. CA认证中心的系统框架

CA认证中心的系统框架如图7-9所示。

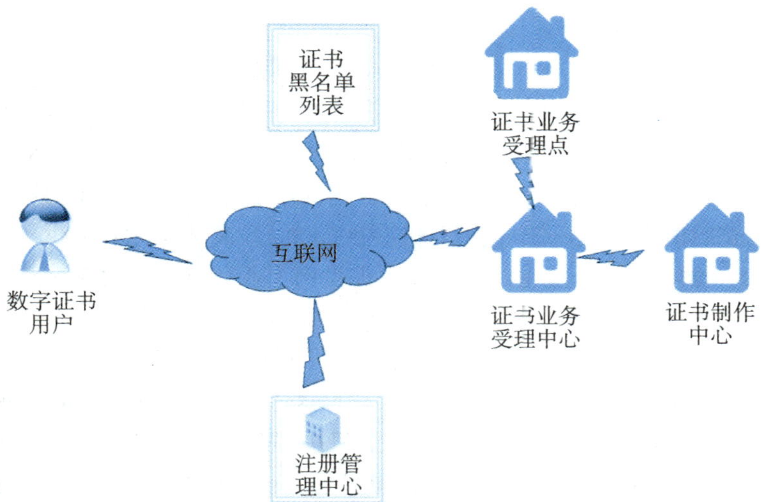

图7-9
CA认证中心的系统框架图

(1) 数字证书用户。数字证书用户分为个人用户、商家和企业用户、服务器用户等,他们一般通过互联网与CA认证中心连接,向CA认证中心发送申请。CA认证中心也需要持有数字证书,它要向更高层的CA认证中心或其主管部门申请证书。

(2) 证书业务受理中心。证书业务受理中心接受用户的申请,并将申请转发给证书制作中心和注册管理中心进行相应的处理。当用户为申请证书登录某CA认证中心的网站时,实际上进入的就是证书业务受理中心的页面。

(3) 证书业务受理点。当证书用户很多时,一个受理中心将难以处理,因此必须下设许多业务受理点,受理用户的申请。各个受理点通过专线和受理中心连接并进行信息交换。

(4) 注册管理中心。注册管理中心是证书发放审核部门,负责证书申请者的身份认定工作,并决定是否给该申请者发放证书。注册管理中心一般由可信度较高并能完成身份认定工作的机构来担任,例如个人的申请一般由发卡银行审核,商家的申请一般由其收单银行审核。

(5) 证书制作中心。证书制作中心负责为通过申请审核的用户制作证书,并将证书交给证书业务受理中心,由受理中心发放给用户。

(6) 证书黑名单列表。当证书已过有效期、用户申请证书作废或证书被违章使用等任意一种情况发生时,CA认证中心都会将该证书作废,并将作废证书的相关信息记录在证书黑名单列表中备查。

4. 数字证书的申请流程

(1) 用户持证件到证书业务受理中心或受理点申请证书,并填写相关的表单。

(2) 业务受理中心将用户填写的申请信息发送给注册管理中心,进行用户身份认定。用户身份认定通过后,注册管理中心给业务受理中心返回注册成功的信息。

(3) 业务受理中心通知证书制作中心开始制作证书。

(4) 证书制作中心将制作好的证书交给证书业务受理中心，由证书业务受理中心将证书交给用户。

5. CA认证机构简介

(1) 国外CA认证机构。美国的VeriSign公司是世界上较为典型的CA认证机构之一，它成立于1995年4月，总部设在美国的加州。VeriSign公司是全球软件行业第一家具有商业性质的证书授权机构，提供高水平的数字验证产品和认证服务，也是微软等世界著名软件公司首选的数字凭证(数字标识、数字证书)提供商。到目前为止，VeriSign公司已经为约3000万家Web站点提供了认证服务，特别是世界500强企业中的绝大多数提供网上业务时都采用VeriSign的认证服务。2010年，VeriSign将其认证业务出售给Symantec公司。

(2) 国内CA认证机构。近年来随着我国电子商务和在线支付的迅速发展，国内也建立起了大大小小的CA认证中心。但这些CA认证中心在规模、服务水平、受信赖程度等各方面与世界领先的认证机构都存在着巨大的差距，大多数都是由各个地区、各个行业自行建立的，不是服务全社会的认证机构。下面介绍两个较为典型的认证中心。

① 上海CA中心。上海CA中心的全称是上海市数字证书认证中心有限公司，英文缩写为SHECA，创建于1998年12月31日，是我国的第一个数字证书认证中心。上海CA中心负责数字证书的申请、审查、制作、签发、吊销和管理，提供数字证书、数字签名、电子公证、安全电子邮件以及其他计算机网络安全服务。

2002年，上海CA中心联合北京、山东等地的CA认证机构创立了全国性的CA认证体系——协卡认证体系，为个人、企业、政府、服务器等用户提供跨地区、跨行业的认证服务。到目前为止，上海CA中心已经在全国设立了约400家证书受理机构，它的服务网址为http://www.sheca.com/。

② 中国金融认证中心。中国金融认证中心简称为CFCA，成立于2000年6月，是由中国人民银行牵头，联合中国银行、中国建设银行、中国工商银行、中国农业银行、交通银行、招商银行等十多家商业银行共同建立的国家级权威金融认证机构。

中国金融认证中心具有完善的证书管理功能，提供证书申请、审核、生成、颁发、存储、查询、废止等各种服务。目前CFCA具有覆盖全国的认证体系，可为网上购物、网络银行、网上证券、网上保险、网上报税、在线娱乐等多种业务提供安全认证服务。

中国金融认证中心的突出特点是其具有金融特色，CFCA证书发放前必须经过金融机构审批，避免了支付过程中可能出现的风险。CFCA数字证书已经实现了网络银行业务的跨行身份认证，用户只需持有一张CFCA数字证书就可以在多家银行的网络银行系统中进行身份认证。

7.4.2 PKI安全协议

1. PKI的概念

PKI(Public Key Infrastructure)是一个用公开密钥加密(即非对称加密)算法

原理和技术来实现并提供安全服务的具有通用性的安全基础设施，是一种遵循标准的利用公钥加密的技术为网上电子商务、电子政务的开展提供安全基础平台的技术和规范。PKI是20世纪80年代由美国学者提出来的概念，为授权管理基础设施、安全保密管理系统、可信时间戳服务系统、统一的安全电子政务平台的构筑提供了支持。PKI作为提供信息安全服务的公共基础设施，是目前公认的保障网络社会安全的最佳体系。

PKI公钥基础设施，是指利用加密理论和技术建立的，可以提供网络信息安全服务的基础设施。PKI管理平台可以为网络中有需求的用户提供密钥和证书管理，从而进行加密和数字签名等密码服务，用户可以利用PKI平台提供的安全服务进行安全通信。一个机构通过采用PKI框架管理密钥和证书就可以建立一个安全的网络环境。利用PKI可以构建一套完整的初步解决方案，形成一个基于公开密钥理论和技术建立起来的安全体系。该体系在统一的规范和安全认证标准基础上，提供在线的身份认证，集合了CA认证、数字证书、数字签名以及相关安全应用组件模块。PKI作为一种技术体系，可以为信息的完整性、保密性和不可否认性提供技术支持，并且可以从技术层面解决网上身份认证、信息完整性和不可抵赖等安全问题，为网络应用提供可靠的安全保障。PKI不仅仅涉及技术层面的问题，还涉及电子政务、电子商务以及国家信息化的整体发展战略等多层面问题。PKI作为国家信息化的基础设施，是相关技术、应用、组织、规范和法律法规的总和，是一个宏观体系，其本身就体现了强大的国家实力。PKI的核心是要解决信息网络空间中的信任问题，确定信息网络空间中各种经济、军事和管理行为主体(包括组织和个人)身份的唯一性、真实性和合法性，保护信息网络空间中各种主体的安全利益。

PKI技术不仅是信息安全技术的核心，也是电子支付中的非常关键的技术。由于通过网络进行的电子商务、电子政务、电子事务等活动缺少物理的接触，使得通过电子方式验证信任关系变得至关重要。PKI能够有效地解决电子商务应用中的保密性、完整性、真实性、不可否认性和存取控制等安全问题，是一种与电子商务、电子政务、电子事务相匹配的密码技术。

在我国，PKI建设在2002年就已开始启动，截至2012年，金融、政府、电信等部门已经建立了30多家CA认证中心。如何推广PKI应用，加强系统之间、部门之间、国家之间PKI体系的互通互联，已经成为目前PKI建设亟待解决的重要问题。

2. PKI提供的服务

公钥基础设施可以为应用实体提供各种安全服务。

(1) 简单识别与强鉴别。为了启动一个应用系统，比较简单的做法是本地安全登录(已注册)。其典型操作过程是用户通过输入身份标识符(用户ID)及认证口令(password)信息来登录，这种身份鉴别称为简单识别。它的假设前提是除了合法用户之外，其他人无法获取该用户的认证信息。采用这种方法实现用户安全地进入特定的应用系统，是比较常见的方式，但带来的问题也很明显。

当应用系统要求用户远程登录时(如从另外一台计算机登录)，口令在未受保护的网络中传送，很容易被他人截取或监听，即使口令被加密也无法防范。将口令编得足够长且没有规律是一种较好的选择，但要记牢并经常修改，这对用户来说并非易事。公钥基础设施可以做到这一点，这就是强鉴别。强鉴别使用公钥基础设施登录到远程环境。因为它应用公钥技术，采用高级的通信协议和数字签名方式进行强鉴别，既不需要事先建立共享密钥，也不必在网上传递口令等敏感信息。这样就可以在远程登录时，引入认证机制，而无须将口令在网络上传递。

在实际操作中，用户可能经常需要运行多个应用程序，如果所有的应用程序都使用一个相同的口令，肯定会大大降低全局的安全性，因为它提供了多个被攻击点。安全基础设施可以极大地改善这种状况。用户在本地环境初始登录，在需要时，可以将成功登录的结果，安全地扩散到远程的应用系统，或安全地通知其他需要登录的设备，减少远程登录的次数。这一操作可以进行扩展，一次成功的登录可以根据需要通知远程设备，而无须多次登录。这个特征就是安全基础设施完整性的概念。

(2) 全面的安全性。公钥基础设施可以在整个应用环境中只使用单一可信的安全技术——公钥技术。它能保证数目不受限制的应用程序、设备和服务器协调无缝地工作，安全地传输、存储和检索数据，安全地访问服务器，安全地进行事务处理等。电子邮件应用、Web 访问、防火墙、远程访问设备、应用服务器、文件服务器、数据库或更多的其他设备，能够用一种统一的方式理解和使用安全服务基础设施。在这种环境中，不仅极大地简化了终端用户使用各种设备和应用程序的方式，而且简化了设备和应用系统的管理工作，保证执行相同等级的安全策略。安全基础设施是使系统达到全面安全性的一个重要机制，就是要保证大范围的应用系统中的实体和设备采用统一的使用方式相互理解和处理密钥。没有安全基础设施，几乎不可能提供在同一水平上的操作一致性。

(3) 终端用户的透明性。一般基础设施具有一个重要的特点，就是对终端用户的操作来说几乎完全是透明的。例如使用通信基础设施的大部分用户无须知道 IP 报头或以太网通信包的结构，电力基础设施的大部分用户也无须知道电压和电流的频率。基础设施提供的应该是一个"黑盒子"级的服务。因此，必须具有相同的特征：所有的安全操作应当隐藏在用户的后面，无须用户注意密钥和算法，也无须额外干预，这样就不会因为用户的错误操作对信息安全造成危害。对于终端用户的透明性操作，还应包括以下几点：安全操作无须用户具有特别的知识，也无须用户进行特殊的处理，不会严重增加用户的负担；安全问题也不会成为用户完成任务的障碍；除了初始的登录操作之外，基础设施应当用一种对用户安全透明的方式完成所有与安全有关的工作。

3. PKI 的优势

PKI 将公钥理念与技术相结合，提供一套安全服务，是具有一般通用性的安全基础设施。它的优势如下：

(1) 一致的解决方案。安全基础设施为所有的应用程序和设备提供了可靠的、一致的解决方案。相对于一系列互不兼容的解决方案，这种一致的解决方案在一个企业内部更易于安装、管理和维护。一致的解决方案使管理变得简单、开销更小，这是基础设施的重要优势。

(2) 可选择性。这里所说的可选择性是指基础设施提供者是可供选择的。基础设施的提供者既可以是一个企业内部的特设机构,也可以从社会上选择。它取决于提供者的专业技术水平、服务价格、服务功能、名望、公正性、长远稳定性及其他因素。

(3) 可验证性。在独立的点对点解决方案之间,安全性是很差的,因为即使每一个解决方案都经过严格测试,但方案之间的交互很难进行大规模的、全面的测试。安全基础设施为各种应用系统和设备之间的安全交互提供了可能,因为所有的交互采用统一的处理方式。也就是说,基础设施的操作和交互可以被验证是否正确,这个独立的、可信任的验证机构就是认证机构 CA。

(4) 节省费用。在一个大型组织中,实施统一的安全解决方案,比实施多个有限的解决方案,费用要节省得多。因为在前一个方案中,增加一个用户或应用程序的开销是较低的。而多重解决方案,增加用户或应用系统很难或不可能协调,而且将一个新的解决方案和已经存在的一系列解决方案集成在一起,十分困难和复杂,要付出很高的代价。

(5) 互操作性。在一个企业内部,实施多个点对点的解决方案,无法实现互操作性。因为这些方案是独立开发的,具有互不兼容的操作流程和工具平台。相反,安全基础设施具有很好的互操作性,因为每个应用程序和设备都是以相同的方式访问和使用基础设施。

(6) 开放性。PKI 系统的设计具有开放性的特点。任何先进技术的早期设计,都希望在将来能和其他企业间实现互操作。一个基于开放的、国际标准公认的基础设施技术比一个专有的点对点的技术方案更可信和方便。

4. PKI 安全技术原理

PKI 是建立在公钥密码体制上的信息安全基础设施,为保障信息安全提供了最关键的技术手段和最基本的理论基础。它通过为使用者提供身份认证、加密、数字签名、时间戳等安全服务来保障网络信息的安全。其原理是通过数学加解密的公式制成两种数字钥匙,即公开发行的公钥(Public Key)和由使用者自己保管的私钥(Private Key)来解决数据传输的安全问题。

5. PKI 技术的意义

(1) 通过 PKI 可以构建一个可控、可管、安全的网络环境。

传统的互联网是一个不可控的、无中心的、没有安全保证的网络。在传统的互联网中,为了解决安全接入的问题,人们采取了“口令字”等措施,但很容易被猜破,难以对抗有组织的集团性攻击。近年来,伴随宽带互联网技术和大规模集成电路技术的飞速发展,公钥密码技术有了用武之地,加密、解密的开销已不再是阻碍其应用发展的障碍。因此,国际电信联盟(ITU)、国际标准化组织(ISO)、国际电工委员会(IEC)、互联网工程任务组(IETF)等密切合作,制定了一系列的有关 PKI 的技术标准,通过认证机制,建立证书服务系统,通过证书绑定到每个网络实体的公钥,使网络的每个实体均可识别,从而有效地解决了网络上“你是谁”的问题,把宽带互联网在一定的安全域内变成了一个可控、可管、安全的网络。

(2) 通过 PKI 可以建设一个普遍性好、安全性高的统一平台。

PKI遵循了一套完整的国际技术标准，可以对物理层、网络层和应用层进行系统的安全结构设计，构建统一的安全域。同时，它采用了基于扩展XML标准的元素级细粒度安全机制，简单而言，就是可以在元素级实现签名和加密等功能，而不像传统的“门卫式”安全系统，只要进了门，就可以一览无余。而且，底层的安全中间件在保证为上层用户提供丰富的安全操作接口功能的同时，又能屏蔽掉安全机制中的一些具体的实现细节，因此，对防止非法用户的恶意攻击十分有利。此外，PKI通过Java技术提供了可跨平台移植的应用系统代码，通过XML技术提供了可跨平台交换和移植的业务数据。在这样的一个PKI平台上，可以方便地建立一站式服务的软件中间平台，十分有利于多种应用系统的整合，从而大大地提高平台的普适性、安全性和可移植性。

(3) 通过PKI可以在互联网中构建一个完整的授权服务体系。

在公钥证书的基础上，PKI通过对数字证书进行扩展，给特定的网络实体签发属性证书，用以表征实体的角色和属性的权利，从而解决了在大规模的网络应用中“你能干什么”的授权问题。以电子政务为例，因为电子政务从一定意义上讲，就是把现实的政务模拟到网上来实现，所以这一特点对实施电子政务十分有利。在传统的局域网中，虽然也可以按照不同的级别设置访问权限，但权限最高的往往不是这个部门的主要领导，而是网络的系统管理员，系统管理员能看到网络信息并可以进行更改，这和政务现实是相违背的，也造成了过去一些领导不敢用办公自动化系统。而利用PKI可以方便地构建授权服务系统，在需要保密时，可以利用私钥的唯一性，保证有某种权限的人才能做某件事，其他人包括网络系统管理员也不能做未经授权的事；在需要公开时，相关的人都能用公钥去验证某项批示是否确实出自某位领导之手，从而保证其真实可靠，确切无误。

6. PKI的应用

PKI在国外已经开始实际应用。在美国，随着电子商务的日益兴旺，电子签名、数字证书已经在实际中得到了一定程度的应用，就连某些法院都已经开始接受电子签名的档案。国外开发PKI产品的公司有很多，比较有影响力的有Baltimore和Entrust，它们都推出了可以应用的产品。Entrust公司的Entrust/PKI5.0可提供多种功能，能较好地满足商业企业的实际需求。VeriSign公司也提供PKI服务，互联网上很多软件的签名认证都来自VeriSign公司。目前PKI已广泛应用于虚拟专用网、电子邮件、电子商务等领域。

任务五 SSL与SET协议

7.5.1 SSL安全协议

1. SSL的概念

SSL协议即安全套接层协议，是一种在客户端Web浏览器和互联网上的服务器之间提供数据传输安全通道的协议。Web浏览器包括微软公司的IE浏览器、网景公司的Navigator浏览器等，服务器包括网上商家的业务服务器、银行受理在线支付的服务器等。

SSL 协议最初是网景公司在 1994 年底开发的，后来微软、IBM 等公司也将其引入自己开发的浏览器和服务器当中。应用 SSL 协议的目的是解决在公共互联网上传递数据的安全性和可靠性。SSL 协议目前已经有 2.0 和 3.0 两个版本。

SSL 协议广泛应用于电子商务的很多领域，它被内置到各种 Web 浏览器和服务器中。打开 IE 浏览器，选择“工具/Internet 选项”，在打开的“Internet 选项”对话框中，单击“高级”选项卡，可以看到 SSL 协议已经被默认安装。

SSL 协议中采用了数据加密、信息摘要、数字证书等多种安全技术，主要提供了以下 3 种基本的安全服务。

(1) 信息机密性。SSL 协议利用私有密钥加密技术和密钥管理技术，在 Web 浏览器和服务器之间建立了一个安全通道。在通道中传输的信息都经过加密处理，即使被中途截获，这些信息也是毫无意义的密文，无法被破译。

(2) 信息完整性。SSL 协议利用公开密钥加密算法和 Hash 函数，对所传输的信息生成信息摘要，防止信息在传输过程中被非法篡改，从而保证信息的完整性。

(3) 参与方身份认证。SSL 协议利用数字证书技术和 CA 认证中心，要求参与方之间在建立连接时相互交换数字证书，在对其他各方身份的合法性验证通过之后才允许发送信息，这样就防止了其他参与方冒名顶替。

2. SSL 协议的系统框架

SSL 协议的系统框架较为简单。当其应用于电子商务交易和支付中时，一般只涉及消费者的客户端、网上商家的服务器、相关银行的服务器以及 CA 认证中心四个参与方。在支付时，消费者的客户端不是直接同银行服务器建立连接的，而是将信息发送给商家服务器，再由商家转发给银行服务器，在此过程中商家服务器不仅可以读取交易订单信息，还可以阅读消费者的支付信息，如信用卡账号和密码。消费者客户端和商家服务器之间、商家服务器和银行服务器之间在传输机密信息时，都会通过 SSL 协议建立安全通道。SSL 协议的系统框架如图 7－10 所示。

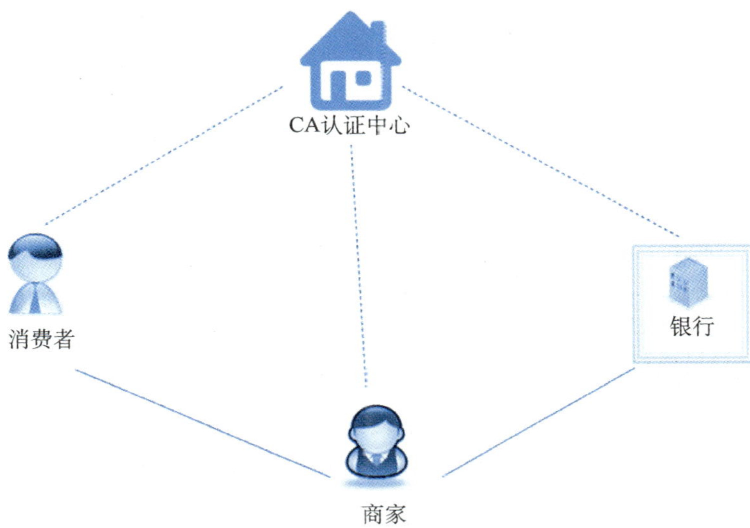

图 7－10
SSL 协议的系统框架图

3. SSL 协议的工作原理

SSL 协议由两个子协议组成:SSL 记录协议和 SSL 握手协议。

(1) SSL 记录协议定义了信息传输的格式。例如,假设客户端要给服务器传输的信息是"aabbcc",SSL 记录协议会对该信息进行处理,在信息前面再加上一个信息头。该信息头是用 Hash 函数对"aabbcc"以及密钥、信息的序号等进行计算得到的一个信息摘要,假设计算结果为"abc",那么客户端传输给服务器的信息实际上是"abc aabbcc"。此外,SSL 协议还会对信息头、信息正文等各自的长度、编码方式等做出规定。

(2) SSL 握手协议用来交换双方的 SSL 版本号、数字证书、密钥及其他双方会话所需信息,并验证对方的数字证书以确定对方的身份,最后在双方之间建立一条安全的信息传输通道。SSL 握手协议是 SSL 协议的主要部分,SSL 协议的大多数功能都由它来完成。

SSL 协议的系统框架图中涉及了 4 个参与方,它们两两之间都有可能建立 SSL 安全连接。任何两方建立安全连接时,都可以将一方看成客户端,另一方看成服务器端,因此 SSL 协议建立安全连接的工作原理可以简单地用"客户端—服务器"模型来表示,如图 7-11 所示。

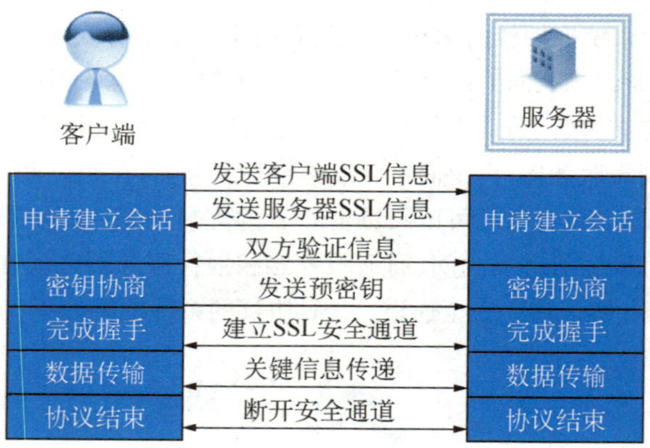

图 7-11
SSL 协议的工作原理图

其大体上可分为 5 个阶段。

(1) 申请建立会话。

① 客户端将自己的 SSL 版本号、数字证书及其他双方会话所需信息发送给服务器,向服务器申请 SSL 会话。

② 服务器将自己的 SSL 版本号、数字证书及其他双方会话所需信息发送给客户端,向客户端申请 SSL 会话。

③ 客户端利用服务器发送的数字证书等信息,对服务器的身份进行验证。如验证不能通过,客户端被告知有问题发生,SSL 会话无法建立;如验证通过,则客户端进行下一步操作。与此类似,服务器也执行相同的操作。

(2) 密钥协商。

① 客户端随机创建一个字符串(我们称它为预密钥),用服务器数字证书中

提供的公钥对其加密并发送给服务器。

② 服务器用自己的私钥解密得到预密钥。然后，客户端和服务器分别对预密钥进行一系列相同的处理，得到相同的会话密钥。

在 SSL 协议接下来进行的信息传输过程中，就是利用这个会话密钥来进行信息加密和数据完整性验证的。会话密钥是私有密钥(对称密钥)，所以其加密、解密的速度很快，效率很高。

(3) 完成握手。

生成会话密钥后，客户端和服务器会通知对方自己接下来发送的信息将用会话密钥进行加密。此时，双方的握手完成，SSL 安全通道成功建立。

(4) 数据传输。

双方可通过该安全通道相互传输信息，如支付过程中的信用卡号、密码、电子单据、电子现金等。

(5) 协议结束。

数据传输完成后，安全通道将会断开，会话密钥也会被丢弃。到此为止，SSL 协议的工作基本结束，如果再有信息传输需要建立 SSL 连接时，需要从“申请建立会话”重新开始。

4. SSL 协议的应用

在电子商务发展的初期阶段，支付与发货可能同步进行甚至消费者要求采用收到货后再支付的方式，此时商家担心消费者拿到货后不付款，或者使用过期的信用卡，因此希望通过银行对消费者进行认证。SSL 协议正是在这种背景下产生的。

SSL 协议是国际上最早应用于电子商务的一种安全协议。它使用起来非常简便，几乎所有的 Web 浏览器和流行的 Web 服务器都支持该协议，不需要安装专门的客户端软件。而且 SSL 协议开发成本低，安全性能也不错，因此得到了广泛的应用。国内外很多信用卡在线支付、网络银行服务都采用了 SSL 协议，不少世界知名企业也都在其开发的网络产品中支持 SSL 协议，例如网景、微软、IBM 等公司。

然而，SSL 协议也存在一定的安全隐患。在交易的过程中，商家可以获取消费者的卡号等关键信息，造成消费者信息泄露。从前面介绍的 SSL 协议的系统框架中，可以发现 SSL 协议是利于商家但不利于消费者的。消费者的信息首先传给商家，商家阅读后再发送给银行，这样会使消费者信息的安全受到威胁，因为在整个过程中，缺少了消费者对商家的认证。在电子商务的初期，进行网络交易的都是一些大公司，信誉可以得到保证。但随着电子商务的发展，数量庞大的中小公司都加入到网上交易中，这使得对商家的认证显得更为必要。此时，SSL 协议的缺陷暴露无遗，它将逐渐被新兴的电子商务安全交易协议所取代，例如下面将要讲到的 SET 协议。

7.5.2 SET 安全协议

安全电子交易 SET(Secure Electronic Transaction)协议是由美国 Visa 和

MasterCard两大信用卡组织会同一些计算机供应商在1997年5月联合推出的，并得到了网上支付产业中许多大公司如IBM、HP、GTE、Microsoft、Netscape、VeriSign等支持。SET协议主要是为了解决用户、商家和银行之间通过信用卡支付的交易而设计的，以保证支付信息的机密、支付过程的完整、商户及持卡人的合法身份以及可操作性。SET协议规定了交易各方进行安全交易的具体流程，协议本身比较复杂，设计比较严格，安全性高，它能保证信息传输的机密性、真实性、完整性和不可否认性。目前，SET协议已获得IETF标准认可，已成为事实上的工业标准。SET标准的出现解决了上述安全问题，成为了基于信用卡支付的国际标准。

1. SET协议的相关方

SET协议主要有持卡人(Cardholder)、商家(Merchant)、发卡行(Issuer)、收单行(Acquirer)、支付网关(Payment gateway)、品牌(Brand)、认证中心(Certificate Authority)7个相关方。

(1) 持卡人(Cardholder)：在电子商务环境中，持卡人通过计算机访问电子商城，购买商品。为了在电子商务环境中安全地进行支付操作，持卡人需要安装一套基于SET标准的软件(通常嵌入在浏览器中)，并使用由发卡行发行的支付卡，而且需要从认证中心获取自己的数字签名证书。

(2) 商家(Merchant)：在电子商务环境中，商家通过自己的网站向客户提供商品和服务。同时，商家必须与相关的收单行达成协议，保证可以接受信用卡的支付。而且商家也需要从认证中心获取相应的数字证书(包括签名证书和交换密钥证书)。

(3) 发卡行(Issuer)：发卡行为每一个持卡人建立一个账户，并发放支付卡。一个发卡行必须保证对经过授权的交易进行付款。

(4) 收单行(Acquirer)：收单行为每一个网上商家建立一个账户，且处理付款授权和付款结算等。收单行不属于安全电子商务的直接组成部分，但它是授权交易与付款结算操作的主要参与者。

(5) 支付网关(Payment gateway)：支付网关是收单行或指定的第三方运行的一套设备。它负责处理支付卡的授权和支付。同时，它要能够同收单行的交易处理主机通信，还需要从认证中心获取相应的数字证书(包括签名证书和交换密钥证书)。

(6) 品牌(Brand)：通常金融机构需要建立不同的支付卡品牌，每种支付卡品牌都有不同的规则，支付卡品牌将确定发卡行、收单行与持卡人和商家之间的关系。

(7) 认证中心(Certificate Authority)：它负责颁发和撤销持卡人、商家和支付网关的数字证书；同时，它还要向商家和支付网关颁发交换密钥证书，以便在支付过程中交换会话密钥。在实际的系统中，发卡行和收单行可以由同一家银行担当，支付网关也可由该银行来运行，这些需要根据具体的情况来决定。

2. SET协议的流程

(1) 申请证书。

在交易开始之前，必须先申请相应的证书。申请过程如下：

① 用户发送初始化请求。

② CA 发送初始化响应，并发送自己的证书。

③ 用户收到应答，验证证书合格后，填写自己的信用卡信息并请求相应的注册登记表。

④ CA 通过发卡行验证信用卡合格后，处理登记表信息并发回登记表。

⑤ 用户接收登记表，填写个人相关信息同时产生密钥对，将公钥和登记表发送给 CA 并请求颁发电子证书。

⑥ CA 处理证书请求，创建证书并生成 CA 对该证书的数字签名，将其发回给用户。

(2) 购买过程。

如图 7－12 所示，购买过程主要由购物阶段和支付阶段两部分构成。购物阶段主要有购买请求和购买响应两个过程。支付阶段主要有支付请求和支付响应两个过程。具体的处理过程如下：

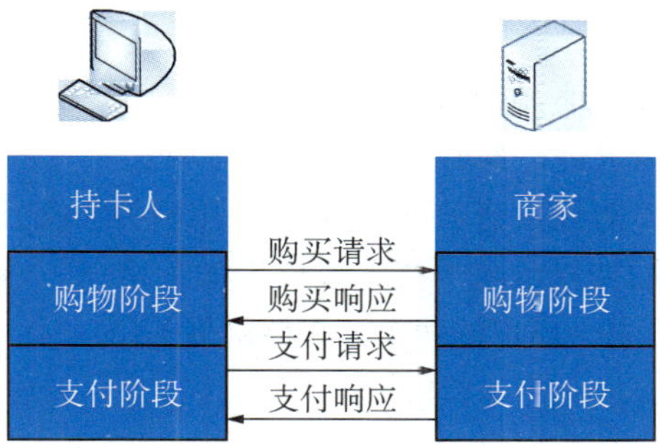

图 7－12
SET 协议购买流程

持卡人向商户发出初始化请求：

① 商户产生初始化响应，并将其与商家和支付网关的证书一起传给持卡人。

② 持卡人收到初始化响应后，验证商户和网关证书（通过信任链追溯到根证书）。

③ 验证商户的签名（用商户证书的公钥解密信息摘要，与计算的信息摘要比较）。

④ 生成订单信息（OI），生成支付指令（PI）。生成 OI 和 PI 的双重签名：将 OI 的信息摘要与 PI 的信息摘要生成新的信息摘要 OPI，再对其用持卡人签名私钥进行加密。

⑤ 用产生的随机对称密钥 A 加密 PI＋双重签名＋OI 的信息摘要，生成加密的支付信息，然后用网关的加密公钥加密对称密钥 A 和持卡人的卡号信息，生成支付信封。

⑥ 将 OI、双重签名、支付信封、加密的支付信息、PI 的信息摘要＋持卡人签名证书一起发送给商户。

商户收到持卡人的购物请求后：

① 验证持卡人证书。

② 验证双重签名:用持卡人公钥解密双重签名,计算 OI 的信息摘要,计算(OI 的信息摘要+PI 的信息摘要)的信息摘要,与解密后的比较。

③ 商户将加密的支付信息和支付信封传送给网关。

④ 生成购物响应并签名。

⑤ 将购物响应和商户签名证书传给持卡人。

(只有当网关返回支付授权成功的响应时,商家才会为持卡人提供商品。)

持卡人收到商户的购物响应后:

① 验证商户证书。

② 验证购物响应中的商户签名。

③ 持卡人保存购物响应。

(3) 支付授权与支付获取流程。

如图 7-13 所示,商家与支付网关之间的主要流程是支付授权阶段和支付获取阶段。在通过支付授权之后,商家才会向客户提供商品。交易完成之后,商家可以向支付网关发出支付获取请求来请求获得支付款项,支付网关验证支付获取请求之后,将结果以支付获取响应的形式返还给商家。具体过程如下:

① 商户生成授权请求:包含交易 ID 和金额。

② 商户对授权请求进行签名。

③ 用对称密钥 B 对授权请求进行加密,并用网关加密公钥将 B 加密。

④ 商户将加密的授权请求+持卡人传来的加密(PI+双重签名)和支付信封+持卡人的签名证书+商户的两个证书传给网关。

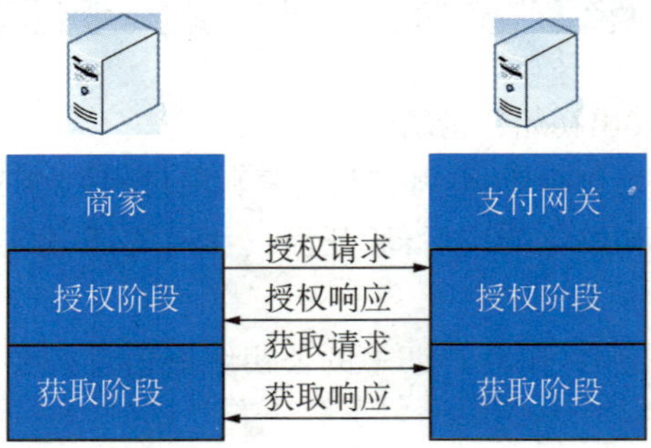

图 7-13 SET 协议支付授权获取流程

支付网关收到授权请求后:

① 验证商户证书。

② 用网关加密私钥解密 B,再用 B 解密授权请求。

③ 验证商户签名。

④ 验证持卡人证书。

⑤ 用网关加密私钥解密 A,再用 A 解密 PI。

⑥ 验证持卡人发送过来的双重签名:用持卡人签名公钥解密双重签名,计算 PI 的信息摘要,与包含在 PI 中的 OI 摘要一起进行 Hash 运算,与解密的双重签名比较。

⑦ 检查商户授权请求中的交易 ID 与 PI 中的信息是否一致。

⑧ 将授权请求通过金融专网发送到发卡行。

⑨ 生成授权响应信息并且签名。

⑩ 用对称密钥 C 加密授权响应，用商户的加密公钥加密 C。

⑪ 产生 CaptureToken 并签名。

⑫ 用对称密钥 D 加密 CaptureToken，用网关的加密公钥加密 D 生成网关信封。

⑬ 将加密的授权响应和商户信封＋加密的 CaptureToken 和网关信封＋网关的签名证书一起传给商户。

商户收到授权响应后：

① 验证网关证书。

② 用商户加密私钥解密 C，用 C 解密授权响应。

③ 验证网关对授权响应的签名。

④ 保存加密 CaptureToken 和网关信封，用于以后获取支付。

⑤ 商户完成购物请求处理。

(4) 支付获取。

商户产生支付获取请求。

① 对支付获取请求进行签名。

② 用对称密钥 E 加密支付获取请求，用网关加密公钥加密 E。

③ 将加密的支付获取请求＋加密的 CaptureToken 和网关信封＋两个商户证书一起发送给网关。

网关收到支付获取请求后：

① 验证商户证书。

② 用网关加密私钥解密 E，再用 E 解密支付获取请求。

③ 验证支付获取请求的商户签名。

④ 用网关加密私钥解密 D，再用 D 解密请款令牌。

⑤ 比较支付获取请求和 CaptureToken。

⑥ 将支付获取请求通过金融专网发送到发卡行。

⑦ 生成支付获取响应信息并且签名。

⑧ 用对称密钥 F 加密请款响应，再用商户的加密公钥加密 F。

⑨ 将加密的支付获取响应和商户信封＋网关的签名证书一起传给商户。

商户收到网关传来的支付获取响应后：

① 验证网关证书。

② 用商户加密私钥解密 F，用 F 解密请款响应。

③ 验证网关签名。

3. 安全性分析

SET 是保护互联网上的支付卡付款的产业标准。它提供信息完整性、所有参与者的认证以及机密信息的加密。SET 使用对称密码、公钥密码、数字签名和单向散列函数等密码技术来向电子商务提供安全保障。SET 协议的安全性体现在以下方面：

(1) 认证。

由于通信网络的匿名性，电子交易与面对面交易有所不同。一方面商家需要确认持卡人是支付卡账号的合法使用者；另一方面持卡人也需要对商家进行认证，如持卡人需要认证商家与收单行具有联系且可以接受付款卡付款。SET通过数字签名和数字证书来实现认证的目的。持卡人和商家均有自己的用于数字签名的公钥/私钥对(Signature Key Pair)和用于密钥交换的公钥/私钥对(Key-exchange Key Pair)及相应的证书。证书由认证中心颁发，且以此进行数字签名。证书分别包含使用者的签名公钥或交换公钥。传送消息时，发送方先对消息进行数字签名，然后将消息随同签名及证书一起发送给接收方。接收方收到消息后，先验证发送方证书的有效性，然后从发送方证书中取得签名公钥，验证发送方的数字签名，以证实消息来自发送方。

(2) 数据完整性。

SET 使用了多种方式来保证数据完整性。一种是利用数字签名来确保数据的完整性；另一种是通信双方共享一个密钥，发送者可以用它对消息摘要加密或者计算带密钥的消息散列值(HMAC)，并把该散列值跟消息一起发送。接收者接到消息后，重新计算带密钥的散列值并与接收到的散列值比较，如果两者相同，则完整性得到证实。

(3) 消息的秘密性。

SET 使用对称密码算法来确保信息的安全，同时利用公钥密码算法来交换会话密钥(对称密钥)，这种方法就是数字信封。

SET 是一种基于消息流在互联网上实现安全电子交易的协议，消息首先以56 位 DES 密钥加密，然后装入使用 1024 位 RSA 公钥加密的数字信封在通信双方传输。56 位 DES 密钥是使用消息接收者的公钥加密后附在加密的消息中的。消息接收者很容易用自己的私钥解密消息并提取出加密的 DES 密钥，然后使用 DES 密钥完成消息块的解密过程。这种不同加密技术的结合应用在 SET 中被形象地称为数字信封，RSA 加密相当于用信封密封，此信封只有拥有 RSA 密钥对中的私有密钥的接收者才知道打开的方法，而 DES 密钥则相当于装在信封里的钥匙。

SET 使用数字签名来保证消息的完整性和进行消息源的认证，数字签名采用了与消息加密相同的加密原则。数字签名是通过 RSA 加密算法结合信息摘要的密码技术来进行的。信息摘要是消息经过 Hash 函数处理后得出的唯一对应于该消息的数值。消息中每改变一个数据位都会引起信息摘要中大约一半数据位的改变。Hash 函数的单向性也使得从信息摘要得出消息原文是在计算上不可行的。信息摘要的这些特性事实上可以消除修改了消息而不被发现的可能性，从而保证了消息的完整性。此外，把 RSA 公钥密码体制结合到 SET 协议中后，信息摘要也能用来对支付信息进行数字签名。消息发送者产生的信息摘要经发送者独有的私钥加密，信息接收者因而可以先计算接收到的信息摘要，然后用发送者的公钥解密得到原始信息摘要，再对两者进行比较以验证签名。如果两个信息摘要(一个是由发送者生成的,一个是由接收者计算出来的)是一致的,则消息接收者既认证了消息的发送者,又验证了消息本身的完整性。

4. SSL 协议与 SET 协议的比较

SSL 协议是一种简单的协议,它只是在通信双方之间建立一条安全通道,以供信用卡账号、密码等机密信息的传输;而 SET 协议是一个非常复杂的协议,它不仅详细地理清了参与各方之间的各种关系,而且还定义了信息加密的格式和支付过程中各方传输信息的规则。下面从几个方面对二者做一个简单的比较。

(1) 认证机制。SET 协议要求包括消费者、网上商家、支付网关及其他服务器在内的所有参与方都必须首先申请数字证书,以供交易中识别身份;而 SSL 协议中只有网上商家需要认证,消费者客户端的认证是有选择进行的。

(2) 隐私保护。SET 协议规定商家只能阅读交易信息,银行只能阅读支付信息。这样既保证了商家的商业机密不会被泄露,也避免了消费者的信用卡号、密码等支付信息被商家泄露;而 SSL 协议无法保证商家对消费者支付信息保密。

(3) 作用范围。SET 协议作用于整个支付过程,包括消费者到商家、商家到支付网关再到银行系统,信息的传输都受到保护;而 SSL 协议的作用范围只是在消费者和网上商家之间。

(4) 运行效率和成本。与 SSL 协议相比,SET 协议中应用了大量的安全技术和加密技术,处理流程较为复杂,这必然导致 SET 协议的系统运行速度较慢,处理效率低。而且搭建 SET 协议系统需要数量更多、性能更高的服务器,这使得它的成本比较高。

(5) 使用方法。SSL 协议是直接内置于各种操作系统的浏览器之中的,可直接使用;而 SET 协议要求消费者客户端、商家服务器、支付网关等参与方必须安装特定的软件。

(6) 应用情况。虽然 SET 协议在技术上有众多的优点,但是它实现复杂,成本较高,再加上进入我国市场的时间较短,因此其应用没有 SSL 协议广泛,大约只占整个市场的 15%。但随着电子商务交易和支付对安全性的要求越来越高,SET 协议的发展前景会越来越好。

5. SET 应用中存在的问题

SET 协议也存在一定的缺陷。在完成一个 SET 协议交易的过程中,需验证数字证书 9 次,验证数字签名 6 次,传递证书 7 次,进行 5 次签名、4 次对称加密和 4 次非对称加密。从上面的数据中可以看出 SET 协议过于复杂,实施比较困难,而且它没有明确规定交易完成后交易数据的处理问题,交易数据的不当存储有可能成为安全隐患。另外,用户无法监督交易的全过程。

SET 协议中涉及大量的数据,并对这些数据有严格的要求,数据的处理过程非常繁琐,灵活性与可扩展性都非常差,在一定的程度上限制了 SET 协议的普及。SET 协议最主要的目的就是为电子商务提供一个安全的支付环境。目前,电子商务中最主流的数据交换格式是 XML。由于 SET 协议中并不是采用 XML 的数据格式,在实际的电子商务支付过程,数据格式需要进行一定的转换,影响了整个支付过程的效率。

SET协议中，从根CA发出的信息是用2048位的RSA算法加密的，其他的信息交换都是用1024位的RSA算法加密的。RSA的安全主要依赖于对一个大数的质因数分解，但这既不能说明分解这个大数是攻击RSA唯一的途径，也不能证明这种分解就真的那么困难。有三种技术的发展会威胁到RSA的安全性，它们是分解技术、计算机计算能力的提高和高性能计算机造价的降低。从目前来看，大数分解仍然是困难的，可是随着数论和计算能力的发展，它将会变得容易。

整个协议的安全性主要建立在密码算法的安全性基础上，但随着计算机计算能力的不断发展和各种攻击方法的出现，SET所采用的公钥算法RSA必须采用1024比特长密钥才能保证安全，但其对系统的速度和交易成本有较大的影响。而对称密码算法DES的缺陷日渐明显，在现有的技术条件下用穷举法寻找正确密钥已趋于可行。可见，DES、RSA算法已经无法完全保证SET协议的安全性。

6. SET协议的应用与案例

自从SET协议发布以来，世界上已经有100多家金融机构制定了SET协议的试行方案。我国有几家单位在进行基于SET协议的网络支付系统的试验，并且也有正式开通的系统，例如中国工商银行上海分行推出的牡丹信用卡电子钱包系统。目前，像微软、IBM、惠普等一些世界知名企业也都开发了基于SET协议的系统。但是由于SET协议的原理复杂，成本较高，投入正式运行的SET系统还很少。

目前应用SET协议的一个实际案例就是电子钱包系统。SET协议后台处理流程虽然非常复杂，但是电子钱包对消费者来说操作却很简便，而且安全性能也很好。

知识技能练习题

1. 简述电子商务中的主要安全技术。
2. 简述PKI的基本原理。
3. 简述SSL协议流程、基本原理。
4. 简述SET协议流程、基本原理。
5. 论述电子商务活动中网上安全交易的要求，并说明如何满足这些要求。
6. 比较SSL协议与SET协议的异同。
7. 作为一位电子支付安全技术人员，除了所应具备的知识和技能外，还应该具备哪些职业道德素养？

应用实训题

1. 探索比较新的电子商务安全技术，并尝试应用。
2. 掌握SET协议的应用，体验改进方法。

项目八

08

电子支付安全的法律保障

项目知识点

1. 了解法律层面上的电子支付安全保障知识。
2. 掌握《电子支付指引（第一号）》的适用范围及主要内容。
3. 掌握《非金融机构支付管理办法》的适用范围及主要内容。

项目技能点

1. 熟悉电子支付安全的法律风险。
2. 具有预防电子支付盗窃、诈骗等能力。

项目素质点

1. 具备电子支付安全的法律保障意识。
2. 培养依法进行电子支付的职业法律素养。
3. 培养诚信守法的精神。

案例导入

梁小姐在“易×网”上浏览时，发现有一家名为“免费数码”的商店。由于自己正在考虑买一台笔记本电脑，于是她就对SONY的笔记本留心了一下，市场价为1800美元的笔记本电脑，在这家网上商店的售价仅为6000多元人民币。当时梁小姐对这个低价还是心存疑虑的，于是在汇款之前，特意打电话给店主“Free”，“Free”告诉梁小姐，自己的货是海关弄来的，质量没问题，价钱也比较便宜。几次讨价还价后，梁小姐将5600元汇入了卖家的账户。汇款后的第三天，梁小姐见笔记本电脑还没有邮寄到家中，又上网看了一下，竟然发现网上已经有不少用户反映汇款后没有收到货物。此时，原先“Free”留下的电话已经打不通了。据梁小姐介绍，由于被“Free”欺骗的人数众多，大家为此特意开了一个 QQ 群，群中现在大概有 20 多人都声称自己被“Free”骗了钱，汇款的数额也从 5000 元到 10000 元不等，涉案金额大概在 10 多万元。其中还包括一些自称是在海外通过网络购买的买家，汇款时间也都集中在 6 月 30 日和 7 月 1 日两天。

由案例我们可以得知：名为“免费数码”的商店制造了假信息，骗取了购买者的钱。网络是个非常虚幻的平台，看不到实物，也感觉不到质地，从交谈到购买成功都是在一个非常虚幻的环境下完成的，网络本身就是安全隐患的起点。然而案例中被骗的人不止一个，说明我们消费者网络安全意识非常欠缺。一般来说我们现在的交易活动都借用了第三方平台，来保障我们的安全。而案例中采用的是直接汇款入账，在没有搞清楚对方的信息是否真实的情况下，直接汇款是很危险的。即使现在已有了第三方支付平台，但是电子支付更需要法律的保障。

随着电子商务的迅猛发展，电子支付成为网络交易的主要手段，然而网络自身的特点给电子支付带来诸多安全风险，既包括技术上的安全问题，也包括法律层面的安全问题。本章将从法律层面探讨如何保障电子支付的安全。

任务一　电子支付的安全问题

8.1.1　电子支付的高效性与安全性

最近几年电子商务和电子支付异军突起、高速发展，电子支付行业迎来了业务火爆、全民关注的黄金发展期。相比于传统的支付方式，电子支付具有便捷、高效、实时等优势，因此被许多企业和个人接纳并在世界范围内得到大力发展。然而，在电子支付蓬勃发展的同时，支付的安全问题日益突出，包括电信诈骗、网络钓鱼、木马劫持、订单替换、网民个人敏感信息被某些电子商务系统或者机构泄露等等网络犯罪手段层出不穷，给消费者带来了巨大的安全威胁或者损失，信息网络的发展给支付带来便利的同时也带来了高度危险性。如果片面追求快捷而忽视安全，电子支付发展之路必定不会长远。电子支付的安全性问题已经成为电子支付发展的瓶颈，因此，如何建立一个安全、便捷的电子支付环境，已经成为商家和用户都十分关心的问题。

8.1.2　法律层面上的电子支付安全风险

法律层面上的电子支付安全，是指指令人能够不受外来因素的影响，完全控制和支配账户内的资金。这种安全是一种稳定的权益保障的状态。当前电子支付中存在的法律安全危险主要有如下三种。

1. 外来网络恶意攻击

电子支付系统都是通过互联网与银行和第三方支付平台发生关系，而由于互联网自身的特点，容易受到外来的恶意入侵者的攻击。种种外来的攻击行为，使指令人失去了对账户的控制。目前的攻击行为，主要有钓鱼式欺诈、计算机病毒及电脑黑客三种。钓鱼式欺诈是电子支付中正在面临的增长最为迅速的问题之一，通常表现为犯罪分子利用虚假电子邮件和模仿可信赖的网站，诱骗用户登录模仿合法网站的虚假网站并获取网络银行资料，然后通过真正的网上银行划拨用户资金。计算机病毒，最典型的是网银木马。网银木马是针对网上交易系统编写的木马病毒，其目的是盗取用户的卡号、密码，甚至安全证书。相对于钓鱼式欺诈和计算机病毒套取用户的支付信息，电脑黑客则攻陷网上银行的数据库，直接将用户的资金划走。这种行为给网上银行和用户造成的损失会更加惨重。

2. 网上银行与第三方支付平台的破产与其他经济危机

网上银行与第三方支付平台遭遇破产或者其他经济危机时，用户的资金账户安全将面临极大的威胁，甚至会脱离用户的控制。在我国，目前银行业具有体制优势，即使破产，也多半会走兼并重组的退出途径，不会倒闭。而我国网上银行几乎都由传统金融机构开设，因此，此种风险较小。相比之下，第三方支付平台面临的风险会较大。特别是在央行于 2010 年 6 月发布《非金融机构支付服务管理办法》以前，对第三方支付平台缺乏严格的市场准入机制，第三方支付市场规模迅速扩张，一些规模不大、盈利状况不佳的企业也纷纷涌入。随着市场竞争的加剧，不少企业面临破产危险，用户存放在其账户内的资金安全问题便尤为突出。

3. 盗窃、诈骗等违法犯罪行为

网上交易的匿名性、流动性和不确定性，在很大程度上削弱了对网上交易监管控制的能力，也给网络盗窃、诈骗提供了可乘之机。不少犯罪分子利用电子支付的便捷性，盗窃与诈骗用户网络银行账户内的资金，如盗取网上银行账号后转移用户账号资金，利用 QQ 诈骗，利用电话诈骗，诱导用户利用银行提供的 ATM 进行转账等。盗窃与诈骗方式多种多样，给广大用户特别是中老年用户带来巨大的损失。

应用实例

2014 年 2 月 16 日，市民张先生接到一条自称发自某银行的短信，内容是银行需要对他的手机银行口令卡维护更新，短信内附一个网站。张先生信以为真，按照网页提示，向对方提供了手机银行的手机号、银行卡号、密码及动态口令。直到发现自己的绑定银行卡被转出 2150 元，才知自己上当受骗。

类似的案例层出不穷。2013 年 12 月底，北京单先生在外出差时，突然发现手机没有信号，后到营业厅咨询，对方告诉已经有人给这个号补办了 SIM 卡。察觉情况不对，单先生急忙补办 SIM 卡并且报警。让他大吃一惊的是，当他查询自己的支付宝账号和捆绑的银行卡时，支付宝账号密码和淘宝账号密码都被修改了，支付宝内 65000 多元和捆绑的工行卡内 2000 元也被盗刷了。

2014 年 1 月，警方抓获该案犯罪嫌疑人林某、黄某。据林某交代，盗刷支付宝已不新鲜，在圈子里叫“洗宝”。根据林某供述，盗刷支付宝的第一个步骤就是购买信息，即通过网络购买大量的支付宝账号和密码，再用专业软件筛选出其中正确的信息。最让人感到惊讶的是，通过这些账号信息能够查到该用户的真实姓名、身份证号以及绑定的手机号，嫌疑人据此制作假身份证实施盗刷。

收购支付宝信息、伪造身份证、持假证办理手机卡、盗取支付宝账户余额，整个过程已形成一条犯罪产业链。

（资料来源：http://news.sina.com.cn/o/2014-03-04/150429619953.shtml）

任务二　电子支付安全的法律保障

8.2.1 《电子支付指引（第一号）》

2005年10月26日，中国人民银行发布了《电子支付指引（第一号）》（以下简称《指引》），对银行从事电子支付业务提出指导性要求，对规范和引导电子支付的发展提供了基础，开启了我国电子支付法制化建设的大门。

1. 制定《指引》的目的和意义

我国的电子支付近年来发展非常迅速，新兴电子支付工具不断出现，电子支付交易量也不断提高，已逐步成为我国零售支付体系的重要组成部分，这些都迫切要求我们就电子支付活动的业务规则、操作规范、交易认证方式、风险控制、参与各方的权利义务等进行规范，从而防范支付风险，维护电子支付交易参与者的合法权益，确保银行和客户资金的安全。

目前，我国电子支付业务处于创新发展时期，而涉及电子支付业务的许多法律制度问题仍处于研究和探索阶段。为了给电子支付业务的创新和发展创造较为宽松的制度环境，本着在发展中规范，以规范促进发展的指导思想，人民银行决定先通过“指引”这种规范性文件的方式引导和规范电子支付行为，待条件成熟后再上升至相应的部门规章或法律法规。

《指引》的实施将有利于规范电子支付活动，推动电子银行业务和电子商务的健康、有序发展；有利于明确电子支付活动参与各方的权利义务，防范支付风险；有利于推动支付工具创新，提升支付服务质量；有利于防范和打击洗钱及其他金融违法犯罪活动。

2. 《指引》的适用范围

《指引》的规范主体主要是银行及接受其电子支付服务的客户。根据参与主体的不同，电子支付至少可以区分为几类：银行之间、银行与其客户之间以及其他支付服务组织与其客户之间的电子支付。随着电子商务的发展，作为银行向客户提供的新型金融服务产品，大量的电子支付服务面对的是个人消费者和商业企业在经济交往中产生的一般性支付需求——服务对象数量众多、支付需求千差万别，与人们日常生活息息相关，社会影响广泛。故此，保证这类电子支付系统的独立性和效率非常重要。这类电子支付参与主体众多，涉及银行、客户、商家、系统开发商、网络运营服务商、认证服务提供机构等，其中银行与客户之间的关系是这类电子支付赖以存在的基础和前提。因此，《指引》以调整银行和客户之间的关系为主线，引导和规范境内发生的银行为客户提供的电子支付业务。

3.《指引》的主要内容

第一，《指引》对电子支付活动中客户和银行权利义务的基本规定。

《指引》明确要求，客户申请电子支付业务，必须与银行签订相关协议，并对协议的必要事项进行了列举。银行有权要求客户提供其身份证明资料，有义务向客户披露有关电子支付业务的初始信息并妥善保管客户资料。发起行、接收行应确保电子支付指令传递的可跟踪稽核和不可篡改。

《指引》要求客户应按照其与发起行的协议规定，发起电子支付指令；要求发起行建立必要的安全程序，对客户身份和电子支付指令进行确认，并形成日志文件等记录；要求银行按照协议规定及时发送、接收和执行电子支付指令，并回复确认。发起行执行通过安全程序的电子支付指令后，客户不得要求变更或撤销电子支付指令。同时还明确了电子支付差错处理中，银行和客户应尽的责任。

第二，《指引》对银行信息披露的规定。

为维护客户权益，《指引》要求办理电子支付的银行必须公开、充分披露其电子支付业务活动中的基本信息，尤其强调对电子支付业务风险的披露，并对银行作出如下要求：

(1) 明示特定电子支付交易品种可能存在的全部风险，包括该品种的操作风险、未采取的安全措施、无法采取安全措施的安全漏洞等。

(2) 明示客户使用特定电子支付交易品种可能产生的风险。

(3) 提醒客户妥善保管、妥善使用、妥善授权他人使用电子支付交易存取工具。

(4) 建立电子支付业务运作重大事项报告制度，按有关法律法规披露电子支付交易信息，及时向有关部门报告电子支付业务经营过程中发生的危及安全的事项。

第三，《指引》对电子支付安全性的规定。

安全性是电子支付的重中之重。《指引》要求银行采用符合有关规定的信息安全标准、技术标准、业务标准；建立针对电子支付业务的管理制度，采取适当的内部制约机制；保证电子支付业务处理系统的安全性，以及数据信息资料的完整性、可靠性、安全性、不可否认性；银行应采取必要措施为电子支付交易数据保密；提倡使用第三方认证，并应妥善保管密码、密钥等认证数据；明确银行对客户的责任不因相关业务的外包关系而转移，并应与开展电子支付业务相关的专业化服务机构签订协议，确立综合性、持续性的程序，以管理其外包关系；同时还要求银行具有一定的业务容量、业务连续性和应急计划等。

《指引》还要求银行根据审慎性原则，针对不同客户，在电子支付类型、单笔支付金额和每日累计支付金额等方面作出合理限制。同时，明确提出了在三种情况下的具体金额限制：(1)银行通过互联网为个人客户办理电子支付业务，除采用数字证书、电子签名等安全认证方式外，单笔金额不应超过1000元人民币，每日累计金额不应超过5000元人民币。(2)银行为客户办理电子支付业务，单位客户从其银行结算账户支付给个人银行结算账户的款项，其单笔金额不得超过5万元人民币，但银行与客户通过协议约定，能够事先提供有效付款依据的除外。(3)银行应在客户的信用卡授信额度内，设定用于网上支付交易的额度供客户选择，但该额度不得超过信用卡的预借现金额度。这些措施对防范电子支付风险，保障客户资金安全发挥着积极作用。

第四，《指引》对电子证据合法性的规定。

《指引》以《电子签名法》为法律依据，进一步确认了电子证据的法律效力和实际可采纳性。如《指引》第五条规定："电子支付指令与纸质支付凭证可以相互转换，二者具有同等效力。"这从原则上确定了电子证据的证据效力。第九条规定："银行应认真审核客户申请办理电子支付业务的基本资料，并以书面或电子方式与客户签订协议。银行应按会计档案的管理要求妥善保存客户的申请资料，保存期限至该客户撤销电子支付业务后5年。"这又从制度上保证了诉讼期间相关证据的可采纳性。此外，《指引》第十条规定："银行为客户办理电子支付业务，应根据客户性质、电子支付类型、支付金额等，与客户约定适当的认证方式，如密码、密钥、数字证书、电子签名等。认证方式的约定和使用应遵循《中华人民共和国电子签名法》等法律法规的规定。"这又进一步从操作的层面保证了电子证据的可采纳性。

另一方面，《指引》还从交易和管理的角度鼓励合理保存、采用电子证据。例如第十八条规定："发起行应采取有效措施，在客户发出电子支付指令前，提示客户对指令的准确性和完整性进行确认。"第十九条规定："发起行应确保正确执行客户的电子支付指令，对电子支付指令进行确认后，应能够向客户提供纸质或电子交易回单。发起行执行通过安全程序的电子支付指令后，客户不得要求变更或撤销电子支付指令。"第二十条规定："发起行、接收行应确保电子支付指令传递的可跟踪稽核和不可篡改。"第二十一条规定："发起行、接收行之间应按照协议规定及时发送、接收和执行电子支付指令，并回复确认。"第三十条规定："银行应采取必要措施为电子支付交易数据保密：(一)对电子支付交易数据的访问须经合理授权和确认；(二)电子支付交易数据须以安全方式保存，并防止其在公共、私人或内部网络上传输时被擅自查看或非法截取；(三)第三方获取电子支付交易数据必须符合有关法律法规的规定以及银行关于数据使用和保护的标准与控制制度；(四)对电子支付交易数据的访问均须登记，并确保该登记不被篡改。"所有这些规定都是围绕电子支付指令与签名的合法、有效性的，如果能够按照这样的程序去操作，再结合电子签名法的相关法律要求，理论上应该可以做到电子支付过程中相关电子证据的合法有效性。

第五，《指引》对信息安全的规定。

电子支付是通过开放的网络来实现的，支付信息很容易受到来自各种途径的攻击和破坏，信息的泄露和受损直接威胁到企业和用户的切身利益，所以信息安全是树立和维护客户对电子交易信心的关键。《指引》要求银行在物理上保证电子支付业务处理系统的设计和运行能够避免电子支付交易数据在传送、处理、存储、使用和修改过程中被泄露和篡改；采取有效的内部控制措施为交易数据保密；在法律法规许可和客户授权的范围内妥善保管和使用各种信息和交易资料；

明确规定按会计档案的要求保管电子支付交易数据；提倡由合法的第三方认证机构提供认证服务，以保证认证的公正性。此外，亦要求在境内完成境内发生的人民币电子支付交易信息处理及资金清算。

第六，《指引》对防止欺诈的规定。

目前，在电子支付领域，种种欺诈、“钓鱼”、冒充身份、非法侵入、篡改信息等现象屡见不鲜，这些欺诈侵权行为一旦得手，往往会给用户带来很大的损失。《指引》对于应用电子签名、签署书面协议、交易限额、日志记录、指令确认、回单确认、信息披露和及时通知都作出了一系列的要求，这些制度的设计都是围绕防止欺诈的。如果我们能够严格贯彻这些要求，应该可以对那些看似无孔不入的欺诈起到一定的防范作用。

第七，《指引》对差错处理的规定。

在《指引》的四十九条规定中，关于差错处理的规定就占了十条，应该说是规定得比较全面的。其不仅明确了电子支付差错处理应遵守的据实、准确和及时的原则，还充分考虑了用户资料被泄露或篡改，非资金所有人盗取他人存取工具发出电子支付指令，客户自身未按规定操作或由于自身其他原因造成电子支付指令未执行、未适当执行、延迟执行，接收行由于自身系统或内控制度等原因对电子支付指令未执行、未适当执行或延迟执行致使客户款项未准确入账，因银行自身系统、内控制度或为其提供服务的第三方服务机构的原因造成电子支付指令无法按约定时间传递、传递不完整或被篡改等多种实际情况，并明确了处理差错的原则和相应的补救措施。

8.2.2 《非金融机构支付服务管理办法》

根据《中华人民共和国中国人民银行法》等法律法规，中国人民银行制定了《非金融机构支付服务管理办法》(以下简称《办法》)，于 2010 年 6 月 21 日公布，自 2010 年 9 月 1 日起施行，以促进支付服务市场健康发展，规范非金融机构支付服务行为，防范支付风险，保护当事人的合法权益，切实维护支付服务市场的健康发展。

1. 制定《办法》的目的和意义

随着网络信息、通信技术的快速发展和支付服务的不断分工细化，越来越多的非金融机构借助互联网、手机等信息技术广泛参与支付业务。非金融机构提供支付服务、与银行业既合作又竞争，已经成为一支重要的力量。新兴的非金融机构介入支付服务体系，运用电子化手段为市场交易者提供前台支付或后台操作服务，因而往往被称作“第三方支付机构”。非金融机构支付服务的多样化、个性化等特点较好地满足了电子商务企业和个人的支付需求，促进了电子商务的发展，在支持“刺激消费、扩大内需”等宏观经济政策方面发挥了积极作用。虽然非金融机构的支付服务主要集中在零售支付领域，其业务量与银行业金融机构提供的支付服务量相比还很小，但其服务对象非常多，主要是网络用户、手机用户、银行卡和预付卡持卡人等，其影响非常广泛。随着非金融机构支付服务业务范围、规模的不断扩大和新的支付工具推广，以及市场竞争的日趋激烈，这个领域一些固有的问题逐渐暴露，新的风险隐患也相继产生，如客户备付金的权益保障问题、预付卡发行和受理业务中的违规问题、反洗钱义务的履行问题、支付服务相关的信息系统安全问题，以及违反市场竞争规则、无序从事支付服务问题等。这些问题仅仅依靠市场的力量难以解决，必须通过必要的法规制度和监管措施及时加以预防和纠正。

中国人民银行作为我国支付体系的法定监督管理者，认真贯彻落实党中央、国务院关于"大力发展金融市场，鼓励金融创新"、"加强风险管理，提高金融监管有效性"的要求，在鼓励各类支付服务主体通过业务创新不断丰富支付方式、提高支付服务效率、顺应社会公众不断发展变化的支付服务需求的同时，大力推进支付服务市场相关制度建设，强化对非金融机构支付服务的监督管理，防范各类金融风险。在组织开展非金融机构支付服务登记、征求社会各方面意见和建议、学习借鉴国际经验的基础上，中国人民银行制定并发布了本《办法》。

《办法》的制定和实施，是以科学发展观指导中国人民银行监督管理支付体系的重要实践，是落实党中央、国务院领导同志指示精神，顺应社会公众意愿的一项重要举措。《办法》的出台符合非金融机构在遵循平等竞争规则基础上规范有序发展的需要，符合广大消费者维护正当权益、保障资金安全的需要，符合国家关于鼓励金融创新、发展金融市场、维护金融稳定和社会稳定要求的需要，必将对我国金融体系的健康发展产生积极而重要的影响。

2.《办法》的适用范围和指导思想

《办法》平等适用于在我国境内从事支付业务的非金融机构，非金融机构提供支付服务，应当依据本《办法》规定取得《支付业务许可证》，成为支付机构。支付机构依法接受中国人民银行的监督管理。未经中国人民银行批准，任何非金融机构和个人不得从事或变相从事支付业务。本《办法》实施前已经从事支付业务的非金融机构，应当在本《办法》实施之日起 1 年内申请取得《支付业务许可证》。逾期未取得的，不得继续从事支付业务。

中国人民银行坚持以科学发展观为指导，加强对非金融机构支付服务监督管理，明确非金融机构支付服务监督管理工作思路为"结合国情、促进创新、市场主导、规范发展"，并据此确定《办法》的指导思想是"规范发展与促进创新并重"。"规范发展"，主要是指建立统一的非金融机构支付服务市场准入制度和严格的监督管理机制，保证不同机构从事相同业务时遵循相同的规则，防止不正当竞争，保护当事人的合法权益，维护支付服务市场稳定运行。"促进创新"，主要是指坚持支付服务的市场化发展方向，鼓励非金融机构在保证安全的前提下，以市场为主导，不断创新，更好地满足社会经济活动对支付服务的需求。

3.《办法》的主要内容

第一，《办法》对非金融机构提供支付服务范围的规定。

《办法》明确非金融机构支付服务是指非金融机构在收付款人之间作为中介机构提供的货币资金转移服务，包括网络支付、预付卡的发行与受理、银行卡收单以及中国人民银行确定的其他支付服务。

(1) 网络支付业务。《办法》所称网络支付是指非金融机构依托公共网络或专用网络在收付款人之间转移货币资金的行为，包括货币汇兑、互联网支付、移动电话支付、固定电话支付、数字电视支付等。

(2) 预付卡发行与受理业务。《办法》所称预付卡是指以营利为目的发行的、在发行机构之外购买商品或服务的预付价值，包括采取磁条、芯片等技术以卡片、密码等形式发行的预付卡。

(3) 银行卡收单业务。《办法》所称银行卡收单是指通过销售点(POS)终端等为银行卡特约商户代收货币资金的行为。

第二，《办法》对非金融机构提供支付服务具备的条件的规定。

《办法》规定非金融机构提供支付服务应具备相应的资质条件，以此建立统一规范的非金融机构支付服务市场准入秩序，强化非金融机构支付服务的持续发展能力。非金融机构提供支付服务应具备的条件主要包括：

(1) 商业存在。申请人必须是在我国依法设立的有限责任公司或股份有限公司，且为非金融机构法人。

(2) 资本实力。申请人申请在全国范围内从事支付业务的，其注册资本至少为1亿元人民币；申请在同一省(自治区、直辖市)范围内从事支付业务的，其注册资本至少为3千万元人民币，且均须为实缴货币资本。

(3) 主要出资人。申请人的主要出资人(包括拥有其实际控制权和10%以上股权的出资人)均应符合关于公司制企业法人性质、相关领域从业经验、一定盈利能力等相关资质的要求。

(4) 反洗钱措施。申请人应具备国家反洗钱法律法规规定的反洗钱措施，并于申请时提交相应的验收材料。

(5) 支付业务设施。申请人应在申请时提交必要支付业务设施的技术安全检测认证证明。

(6) 资信要求。申请人及其高管人员和主要出资人应具备良好的资信状况，并出具相应的无犯罪证明材料。

考虑支付服务的专业性和安全性要求等，申请人还应符合组织机构、内控制度、风控措施、营业场所等方面的规定。中国人民银行在《办法》实施细则中细化反洗钱措施验收材料、技术安全检测认证证明和无犯罪证明材料的具体要求。

第三，《办法》对非金融机构开展支付服务业务实行业务许可制度和制定《支付业务许可证》审批流程的规定。

根据国务院关于“建立公开平等规范的服务业准入制度，鼓励社会资本进入”等工作要求，中国人民银行依据《中国人民银行法》等法律法规，经国家行政审批部门认定，对非金融机构支付服务实行支付业务许可制度。无论是国有资本还是民营资本的非金融机构，只要符合《办法》的规定，都可以取得《支付业务许可证》。《办法》旨在通过严格的资质条件要求，遴选具备良好资信水平、较强盈利能力和一定从业经验的非金融机构进入支付服务市场，在中国人民银行的监督管理下规范从事支付业务，切实维护社会公众的合法权益。未经中国人民银行批准，任何非金融机构和个人不得从事或变相从事支付业务。中国人民银行对《支付业务许可证》不做数量限制，鼓励所有具有资质的非金融机构在支付服务市场中平等竞争，促进支付服务市场资源优化配置。

根据《中华人民共和国行政许可法》及其实施办法和《中国人民银行行政许可实施办法》的规定等，本《办法》规定《支付业务许可证》的审批流程主要包括：

(1) 申请人向所在地中国人民银行分支机构提交申请资料。《办法》所称中国人民银行分支机构包括中国人民银行上海总部，各分行、营业管理部，省会(首府)城市中心支行及副省级城市中心支行。

(2) 申请符合要求的，中国人民银行分支机构依法予以受理，并将初审意见和申请资料报送中国人民银行总行。

(3) 中国人民银行总行根据各分支机构的审查意见及社会监督反馈信息等，对申请资料进行审核。准予成为支付机构的，中国人民银行总行依法颁发《支付业务许可证》，并予以公告。

第四，《办法》对客户备付金保护措施的规定。

支付机构可以自主确定其所从事的支付业务是否接受客户备付金。客户备付金是指客户自愿委托支付机构保管的、只能用于办理客户委托的支付业务的货币资金。

《办法》在客户备付金保护措施方面做出了以下规定：

(1) 明确备付金的性质。支付机构接受的客户备付金不属于支付机构的自有财产。支付机构只能根据客户发起的支付指令转移备付金。禁止支付机构以任何形式挪用客户备付金。

(2) 限定备付金的持有形式。①支付机构必须选择商业银行作为备付金存管银行，专户存放接受的客户备付金。②支付机构只能在同一家商业银行专户存放客户备付金。③支付机构的分公司不能自行开立备付金专用存款账户。

(3) 强调商业银行的协作监督责任。商业银行作为备付金存管银行，应当对存放在本机构的客户备付金的使用情况进行监督，并有权对支付机构违反规定使用客户备付金的申请或指令予以拒绝。支付机构拟调整不同备付金专用存款账户的头寸时，必须经其备付金存管银行的法人机构进行复核。

(4) 突出人民银行的法定监管职责。支付机构和备付金存管银行应分别按规定向中国人民银行报送备付金存管协议、备付金专用存款账户及客户备付金的存管或使用情况等信息资料。中国人民银行将依法对支付机构的客户备付金专用存款账户及相关账户等进行现场检查。

第五，《办法》对虚假申请行为的处理规定。

《办法》强调申请行为必须真实、可信。区分申请是否已被受理或申请人是否已经取得《支付业务许可证》等情形，《办法》对申请人的虚假申请行为规定了不同的处理方式。

(1) 申请人以欺骗等不正当手段申请《支付业务许可证》但未获批准的，申请人及持有其5%以上股权的出资人3年内不得再次申请或参与申请《支付业务许可证》。

(2) 以欺骗等不正当手段申请《支付业务许可证》且已获批准的，由中国人民银行及其分支机构责令其终止支付业务，注销其《支付业务许可证》；涉嫌犯罪的，依法移送公安机关立案侦查；构成犯罪的，依法追究刑事责任；申请人及持有其5%以上股权的出资人不得再次申请或参与申请《支付业务许可证》。

第六，《办法》对非金融机构和个人擅自提供支付服务的惩罚规定。

《办法》规定：任何非金融机构和个人未经中国人民银行批准擅自从事或变相从事支付业务的，或者支付机构超出《支付业务许可证》有效期限继续从事支付业务的，均由中国人民银行及其分支机构责令其终止支付业务；涉嫌犯罪的，依法移送公安机关立案侦查；构成犯罪的，依法追究刑事责任。

为配合《非金融机构支付服务管理办法》实施工作，2010年12月1日，中国人民银行公布实施了《非金融机构支付服务管理办法实施细则》。实施细则主要对《办法》中有关申请人的资质条件、相关申请资料的内容以及有关责任主体的义务等条款进行细化与说明。相关业务办法主要是指导支付机构规范开展各类业务的具体办法（或指引），特别是有关预付卡的发行与受理、银行卡收单的业务办法。

知识拓展

联合国电子支付立法

1996年6月，联合国国贸法会提出了制订《电子商务示范法》的设想，同年12月，将其多次修订的《电子数据交换和有关数据通信手段法律方面的统一规则草案修订条文》交由联合国大会讨论，并且以大会51/162号决议的形式通过，正式命名为《电子商务示范法》（以下简称《示范法》），为各国电子商务立法提供了一个范本。《示范法》是迄今为止世界上第一个关于电子商务的法律。该示范法出台的目的是促进协调和统一国际贸易法、消除因贸易法不充分和差异而对国际贸易造成的不必要的阻碍，为各国在制定相关法律时提供一个值得参考的示范法规。它不仅能够帮助那些在传递和存储信息的现行法规不够完善或者已经过时的国家去完善和健全其法律法规和惯例，也有助于所有国家增强它们使用的通信和信息办法的立法，并有利于那些目前尚无这种立法的国家制定相关的法律、法规。

任务三　电子支付法律环境建设的建议

如何尽快构建和完善我国的电子支付法律，使电子支付有法可依，以有效保护电子支付当事人的合法权益，推动我国金融电子化的健康发展，是一个亟待解决的问题。建设电子支付法律环境，应从以下几个方面入手：

第一，完善电子支付法律体系。

目前我国有关电子支付完整的法律体系尚未建成。我国几乎所有的电子支付相关法律文件都是由中国人民银行制定，在法律层次上属于层次比较低的部门规章，就其名称、性质而言更多起到一种指导性意见作用。这些规范性法律文件如果与全国人大及其常委会制定的法律和国务院制定的行政法规等其他效力更高的规定发生冲突，就不能被适用，其规范作用势必受到影响。而且，其在涉及面上较窄，还有很多领域存在立法空白，比如主体之间权利义务关系确定，沉淀资金孳息归属，个人信息保护，在实际运用中当事人的权益保障，在诉讼过程中法律适用等。这些问题不解决，便会造成在现实生活中很多问题都无法可依，当事人的权益无法得到应有的保障，进而阻碍电子支付方式的发展，甚至引发金融危机。要完善电子支付法律体系，通过立法保障电子支付安全，明确各方当事人权利义务关系，明确当事人违反法律规定的义务应当承担的责任和归责的原则，加大打击非法资金转移、电子货币的欺诈和伪造等典型的通过电子支付进行的犯罪。

第二，电子支付立法应强调其商法之功能性。

商法的功能在于，对民法个别规定的补充、变更以及创设商法理念的新制度，并以独特的营利调节机制保护商事主体的合法权益。我国电子支付具体法律关系认定及分析方面，应充分体现出电子商务法的特性，即未来法律规范制定应进一步强调其功能性。在形式多样的电子支付模式中，双方或几方之间的法律关系可能无法运用传统民事法律概念予以界定，或者运用传统法律关系分析时过于繁复、冗杂而没有必要。此时应充分强调商法之功能性特质，以商法的功能为前提对电子商务领域内包括电子支付法律关系予以认定，即现实中实际存在的社会关系经由商事规范或团体自治，既不违反私法领域内意思自治基本原则的实现，同时又不违反国家强制法之规定时，法律应予承认。因此，按照商法的理念和价值取向，电子支付各方主体之间的权利义务主要应由其通过协议自主安排。协议条款不应违反现有法律禁止性规定。

第三，加强电子支付乃至电子商务领域内的立法引导性。

因电子支付的特殊性，在此领域还应注重发挥网络商事组织及个体主观积极性，创建有关电子商事活动自治规则。国家法律亦应注重加强网络环境内社会团体组织建设，如消费者权益保障组织、在线经营者权益保障组织、第三方支付客户团体组织等。通过此种方式既能促进电子支付领域内各方主体权益实现自主有效配置，降低国家立法、管理成本，又能在出现矛盾纠纷后充分实现有效的网络争端多元化解决机制。在此基础上，国家再依据我国电子商务和电子支付发展现状，对现有立法矛盾、冲突之处及时进行修订、完善，以保障电子支付各方主体权益均衡。

第四，电子支付立法还应借鉴国际立法经验。

我国在电子支付法制建设方面同其他发达国家还有着不小的差距。特别是目前电子支付各种规范性文件“政出多门”的非体系化状况，带来了很多问题，比如现有各规范性法律文件之间存在冲突，从而使得当事人以及司法裁判者面临困境。这种令出多门状况还导致由于部门利益以及规范性法律文件之间缺乏应有协调、配合，而给电子商务实践运行带来阻碍。而多国参与的国际公约的制定，在法律的协调方面，做得非常到位，比如《国际合同使用电子通信公约》与《联合国国际货物销售合同公约》等保持了很好的协调。所以国际公约谈判的运作模式、立法技巧，值得我们借鉴。

安全提示

手机丢失，应先冻结绑定银行卡

如果只是单纯丢失手机，不法分子几乎不能仅凭一部手机盗取银行资金。但是，如果将手机、身份证、银行卡一起丢失的话，就意味着你绑定在手机上的银行卡密码能够被修改，绑定的资金也可能被转移。

网络安全专家提醒，万一手机丢失，如果手机号已经绑定了支付工具，建议用户尽快向支付服务提供方（支付宝、微信等）挂失，联系通信运营商挂失 SIM 卡，并向银行挂失并冻结已经绑定的银行卡。如果身份证、银行卡连同手机一并丢失，需要尽快到公安机关和银行办理挂失。“手机丢失后，只要用户保护好自己的隐私，特别是像身份证号、银行卡号这些只要保护好，风险其实是可控的。”移动支付安全研究员申剑告诉记者。

中国电子商务研究中心网络零售部主任莫岱青则提醒，已经开通移动支付的用户，注意不点击不明链接，不安装不明软件。一旦手机突然没有信号，在排除了信号问题和手机故障后，要尽快到营业厅查询 SIM 卡是否被他人补办，并将支付平台内的余额转出。

此外，有记者分别采访腾讯和阿里巴巴，两家都表示针对网络披露的支付安全问题，技术部门在不断地对支付软件进行升级，如果确实是微信和支付宝支付造成资金被盗，用户只需提供相应的损失真实性证明和身份证明，都可获全额赔偿保障。

（资料来源：http://news.sina.com.cn/o/2014-03-04/150429619953.shtml）

知识技能练习题

1. 简述电子支付法律层面的风险。
2. 简述完善电子支付法律保障的意义。

应用实训题

1. 了解国外电子支付法律保障的状况。
2. 上网查阅相关资料，整理我国与国外电子支付法律保障的异同点。
3. 当电子交易过程中，买方不履行合同时，卖方可以采取什么样的措施？

参 考 文 献

[1] 何荣勤. CRM原理・设计・实践[M]. 北京:电子工业出版社,2003.

[2] 曹红辉. 中国电子支付发展研究[M]. 北京:经济管理出版社,2008.

[3] 胡桃,吕廷杰,尹涛. 电子商务及其在电信行业中的应用[M]. 杭州:浙江大学出版社,2006.

[4] 中国电信移动支付研究组. 走进移动支付:开启物联网时代的商务之门[M]. 北京:电子工业出版社,2012.

[5] 唐晓东. 电子商务中的信息安全[M]. 北京:北京交通大学出版社,2006.

[6] 帅青红. 电子支付与结算[M]. 大连:东北财经大学出版社,2011.

[7] 陈晓勤,钱守廉,李峰. 移动支付改变生活:电信运营商的移动支付创新与实践[M]. 北京:人民邮电出版社,2012.

[8] 杨国明,杨丽影. 移动支付产业链分析[J],商业时代,2007(10).

[9] 林政. 电子支付[M]. 北京:中国人民大学出版社,2013.

[10] 唐雄燕,侯玉华,潘海鹏. 第3代移动通信业务及其技术实现[M]. 北京:电子工业出版社,2008.

[11] 李正茂. 移动通信增值业务平台[M]. 北京:人民邮电出版社,2008.

[12] 张敏敏. 电子支付与电子银行[M]. 北京:中国人民大学出版社,2012.

[13] 杨国明,蔡军. 网络金融[M]. 北京:中国金融出版社,2006.

[14] 才书训. 电子商务概论[M]. 沈阳:东北大学出版社,2001.

[15] 陈进,黄健青. 电子支付与金融[M]. 北京:中国财政经济出版社,2005.

[16] 张波,孟祥瑞. 网上支付与电子银行[M]. 上海:华东理工大学出版社,2007.

[17] 蔡元萍. 网上支付与结算[M]. 大连:东北财经大学出版社. 2006.

[18] 纪香清. 网络金融实务[M]. 北京:电子工业出版社,2002.

[19] 刘亚. 电子商务应用基础[M]. 南京:南京大学出版社,2008.

[20] 柯新生. 网络支付与结算[M]. 北京:电子工业出版社,2010.

[21] 方玲玉,李念. 电子商务基础与应用—"学・用・做"一体化教程[M]. 北京:电子工业出版社,2010.

[22] 陈新林. 电子支付与网络银行[M]. 大连:大连理工大学出版社,2008.

[23] 汪蕾. 网上支付与结算[M]. 杭州:浙江大学出版社,2007.

[24] 祝凌曦. 电子支付与网络银行[M]. 北京:清华大学出版社,北京交通大学出版社,2010.

[25] 杨从亚. 电子商务[M]. 天津:天津大学出版社,2009.

[26] 尚永庆,周晓志. 网络金融与应用[M]. 西安:西安电子科技大学出版社,2009.

[27] 周虹. 电子支付与结算[M]. 北京:人民邮电出版社,2009.

[28] 赵英,帅青红. 基于SET协议的电子支付系统及其应用[M],成都:电子科技大学出版社,2005.

[29] 荆林波,刘波. 中国电子支付产业的发展研究[J]. 现代商业,2007(23).

[30] 尹丽. 网上支付与结算[M]. 武汉:武汉理工大学出版社出版,2005.

[31] 许国柱. 电子商务实务教程[M]. 广州:广东高等教育出版社,2005.

[32] 周曙东. 电子商务概论[M]. 南京:东南大学出版社,2008.
[33] 赵浩. 电子支付安全法律问题研究[J]. 信息网络安全,2011(4).
[34] 蔡秉坤. 我国网络交易中的电子支付法律关系分析与法制完善思考[J]. 兰州学刊,2013(3).
[35] 张磊,韩刚. 电子支付与安全[M]. 北京:人民邮电出版社,2006.
[36] 帅青红. 网上支付与安全[M]. 北京:北京大学出版社,2010.
[37] 王丹. 电子商务法律实务[M]. 上海:上海交通大学出版社,2013.
[38] 荆林波. 阿里巴巴集团考察:阿里巴巴业务模式分析[M]. 北京:经济管理出版社,2009.
[39] 宋颖. 全球移动支付发展现状及业务存在的问题[J]. 通信世界,2008(10).
[40] 杨坚争. 电子商务基础与应用(第五版)[M]. 西安:西安电子科技大学出版社,2006.
[41] 徐晋. 平台产业经典案例与解析[M]. 上海:上海交通大学出版社,2012.
[42]《电子支付指引(第一号)》中国人民银行公告〔2005〕第 23 号.
[43]《非金融机构支付服务管理办法》中国人民银行公告〔2010〕第 2 号.
[44]《非金融机构支付服务管理办法实施细则》中国人民银行公告〔2010〕第 17 号.
[45] 央行就《电子支付指引(第一号)》答记者问,http://news.xinhuanet.com/it/2005-10/31/content_3706219.htm.
[46] 中国人民银行有关部门负责人就《非金融机构支付服务管理办法》有关问题答记者问,http://www.pbc.gov.cn/publish/zhifujiesuansi/1068/2010/20100911200013779266250/20100911200013779266250_.html.